U0126631

坚持推动构建人类命运共同体。中国人民的梦想同各国人民的梦想息息相通，实现中国梦离不开和平的国际环境和稳定的国际秩序。必须统筹国内国际两个大局，始终不渝走和平发展道路、奉行互利共赢的开放战略，坚持正确义利观，树立共同、综合、合作、可持续的新安全观，谋求开放创新、包容互惠的发展前景，促进和而不同、兼收并蓄的文明交流，构筑尊崇自然、绿色发展的生态体系，始终做世界和平的建设者、全球发展的贡献者、国际秩序的维护者。

——在中国共产党第十九次全国代表大会上的报告《决胜全面建成小康社会，夺取新时代中国特色社会主义伟大胜利》

论坚持推动构建人类命运共同体

习近平

中央文献出版社

出 版 说 明

中国共产党是为中国人民谋幸福的政党，也是为人类进步事业而奋斗的政党。中国共产党始终把为人类作出新的更大的贡献作为自己的使命。党的十八大以来，习近平同志站在人类历史发展进程的高度，以大国领袖的责任担当，正确把握国际形势的深刻变化，顺应和平、发展、合作、共赢的时代潮流，深入思考"建设一个什么样的世界、如何建设这个世界"等关乎人类前途命运的重大课题，高瞻远瞩地提出构建人类命运共同体的重要论述。习近平同志对构建人类命运共同体的时代背景、重大意义、丰富内涵和实现途径等重大问题进行深刻阐述，引领中国特色大国外交理论与实践创新，为人类社会实现共同发展、持续繁荣、长治久安绘制了蓝图，体现了中国致力于为世界和平与发展作出更大贡献的崇高目标，体现了中国将自身发展与世界发展相统一的全球视野、世界胸怀和大国担当。

坚持推动构建人类命运共同体，是习近平新时代中国特色社会主义外交思想的重要内容，是习近平新时代中国特色社会主义思想的重要组成部分，对于统筹国内国际两个大局，始终不渝走和平发展道路、奉行互利共赢的开放战略，坚持正确义利观，树立共同、综合、合作、可持续的新安全观，谋求开放创新、包容互惠的发展前景，促进和而不同、兼收并蓄的文明交流，构筑尊崇自然、绿色发展的生态体系，始终做世界和平的建设者、全球发展的贡献者、国际秩序的维护者，为实现"两个一百年"奋斗目标和中华民族伟大复兴的中国梦营造更加有利的国际环境，具有十分重要的指导意义。为了帮助广大干部群众深入学习习近平同志关于坚持推动构建人类命运共同体的论述，我们将习近平同志的相关论著汇编为《论坚持推动构建人类命运共同体》一书。

本书收入党的十八大以来习近平同志关于坚持推动构建人类命运共同体的文稿共八十五篇。

中共中央党史和文献研究院

二〇一八年六月

目　　录

更好统筹国内国际两个大局，夯实走和平发展道路的基础*

（二〇一三年一月二十八日）

走和平发展道路，是我们党根据时代发展潮流和我国根本利益作出的战略抉择。我们要以邓小平理论、"三个代表"重要思想、科学发展观为指导，加强战略思维，增强战略定力，更好统筹国内国际两个大局，坚持开放的发展、合作的发展、共赢的发展，通过争取和平国际环境发展自己，又以自身发展维护和促进世界和平，不断提高我国综合国力，不断让广大人民群众享受到和平发展带来的利益，不断夯实走和平发展道路的物质基础和社会基础。

中华民族是爱好和平的民族。消除战争，实现和平，是近代以后中国人民最迫切、最深厚的愿望。走和平发展道路，是中华民族优秀文化传统的传承和发展，也是中国人民从近代以后苦难遭遇中得出的必然结论。

---

* 这是习近平同志主持中共十八届中央政治局第三次集体学习时讲话的要点。

中国人民对战争带来的苦难有着刻骨铭心的记忆，对和平有着孜孜不倦的追求，十分珍惜和平安定的生活。中国人民怕的就是动荡，求的就是稳定，盼的就是天下太平。

我们的和平发展道路来之不易，是新中国成立以来特别是改革开放以来，我们党经过艰辛探索和不断实践逐步形成的。我们党始终高举和平的旗帜，从来没有动摇过。在长期实践中，我们提出和坚持了和平共处五项原则，确立和奉行了独立自主的和平外交政策，向世界作出了永远不称霸、永远不搞扩张的庄严承诺，强调中国始终是维护世界和平的坚定力量。这些我们必须始终不渝坚持下去，永远不能动摇。

党的十八大明确提出了"两个一百年"的奋斗目标，我们还明确提出了实现中华民族伟大复兴的中国梦的奋斗目标。实现我们的奋斗目标，必须有和平国际环境。没有和平，中国和世界都不可能顺利发展；没有发展，中国和世界也不可能有持久和平。我们一定要抓住机遇，集中精力把自己的事情办好，使国家更加富强，使人民更加富裕，依靠不断发展起来的力量更好走和平发展道路。

世界潮流，浩浩荡荡，顺之则昌，逆之则亡。纵观世界历史，依靠武力对外侵略扩张最终都是要失败的。这就是历史规律。世界繁荣稳定是中国的机遇，中国发展也是世界的机遇。和平发展道路能不能走得通，很大程度上要看我们能不能把世界的机遇转变为中国的机遇，把中国的机遇转变为世界的机遇，在中国与世界各国良性互动、互利共赢中开拓前进。我们要坚持从我国实际出发，坚定不移走自己的路，同时我们要树立世界眼光，更好把国内发展与对外开放统一起来，把中国发展与世界发展联系起来，把中国人民利益同各国人民共同利益结合起来，不断扩大同各国的互利合作，以更加积极的姿态参与国际事务，共同应对全球性挑战，努力为全球发展作出贡献。

我们要坚持走和平发展道路，但决不能放弃我们的正当权益，决不能牺牲国家核心利益。任何外国不要指望我们会拿自己的核心利益做交易，不要指望我们会吞下损害我国主权、安全、发展利益的苦果。中国走和平发展道路，其他国家也都要走和平发展道路，只有各国都走和平发展道路，各国才能共同发展，国与国才能和平相处。我们要广泛深入宣传我国坚持走和平发展道路的战略思想，引导国际社会正确认识和对待我国的发展，中国发展绝不以牺牲别国利益为代价，我们绝不做损人利己、以邻为壑的事情，将坚定不移做和平发展的实践者、共同发展的推动者、多边贸易体制的维护者、全球经济治理的参与者。

顺应时代前进潮流，促进世界和平发展[*]

（二〇一三年三月二十三日）

尊敬的托尔库诺夫院长，

尊敬的戈洛杰茨副总理，

老师们，同学们：

今天，有机会来到美丽的莫斯科国际关系学院，同各位老师、同学见面，感到十分高兴。

莫斯科国际关系学院是享誉世界的知名学府，名师荟萃，英才辈出，我对贵院在各领域取得的优异成绩，表示热烈的祝贺！

俄罗斯是中国的友好邻邦。这次访问俄罗斯，是我担任中国国家主席后第一次出访，是这次出访的第一站，也是时隔三年再次来到你们美丽富饶的国家。昨天，我同普京总统举行了富有成果的会谈，并共同出席了俄罗斯中国旅游年开幕式。

早春三月，意味着一个新的万物复苏季节的到来，

---

* 这是习近平同志在俄罗斯莫斯科国际关系学院的演讲。

意味着一个新的播种的时刻的到来。常言道，一年之计在于春。中俄双方把握这美好的早春时节，为两国关系和世界和平与发展辛勤耕耘，必将收获新的成果，造福两国人民和各国人民。

老师们、同学们！

国际关系学院是专门从事国际问题研究和教学的高等学府，相信你们对国际形势更加关注，更能感受到过去几十年国际社会沧海桑田般的巨大变化。我们所处的是一个风云变幻的时代，面对的是一个日新月异的世界。

——这个世界，和平、发展、合作、共赢成为时代潮流，旧的殖民体系土崩瓦解，冷战时期的集团对抗不复存在，任何国家或国家集团都再也无法单独主宰世界事务。

——这个世界，一大批新兴市场国家和发展中国家走上发展的快车道，十几亿、几十亿人口正在加速走向现代化，多个发展中心在世界各地区逐渐形成，国际力量对比继续朝着有利于世界和平与发展的方向发展。

——这个世界，各国相互联系、相互依存的程度空前加深，人类生活在同一个地球村里，生活在历史和现实交汇的同一个时空里，越来越成为你中有我、我中有你的命运共同体。

——这个世界，人类依然面临诸多难题和挑战，国际金融危机深层次影响继续显现，形形色色的保护主义明显升温，地区热点此起彼伏，霸权主义、强权政治和新干涉主义有所上升，军备竞争、恐怖主义、网络安全等传统安全威胁和非传统安全威胁相互交织，维护世界和平、促进共同发展依然任重道远。

我们希望世界变得更加美好，我们也有理由相信，世界会变得更加美好。同时，我们也清楚地知道，前途是光明的，道路是曲折的。车尔尼雪夫斯基曾经写道："历史的道路不是涅瓦大街上的人行道，它完全是在田野中前进的，有时穿过尘埃，有时穿过泥泞，有时横渡沼泽，有时行经丛林。"人类社会发展的历史证明，无论会遇到什么样的曲折，历史都总是按照自己的规律向前发展，没有任何力量能够阻挡历史前进的车轮。

世界潮流，浩浩荡荡，顺之则昌，逆之则亡。要跟上时代前进步伐，就不能身体已进入二十一世纪，而脑袋还停留在过去，停留在殖民扩张的旧时代里，停留在冷战思维、零和博弈的老框框内。

面对国际形势的深刻变化和世界各国同舟共济的客观要求，各国应该共同推动建立以合作共赢为核心的新型国际关系，各国人民应该一起来维护世界和平、促进共同发展。

我们主张，各国和各国人民应该共同享受尊严。要坚持国家不分大小、强弱、贫富一律平等，尊重各国人民自主选择发展道路的权利，反对干涉别国内政，维护国际公平正义。"鞋子合不合脚，自己穿了才知道"。一个国家的发展道路合不合适，只有这个国家的人民才最有发言权。

我们主张，各国和各国人民应该共同享受发展成果。每个国家在谋求自身发展的同时，要积极促进其他各国共同发展。世界长期发展不可能建立在一批国家越来越富裕而另一批国家却长期贫穷落后的基础之上。只有各国共同发展了，世界才能更好发展。那种以邻为壑、转嫁危机、损人利己的做法既不道德，也难以持久。

我们主张，各国和各国人民应该共同享受安全保障。各国要同心协力，妥善应对各种问题和挑战。越是面临全球性挑战，越要合作应对，共同变压力为动力、化危机为生机。面对错综复杂的国际安全威胁，单打独斗不行，迷信武力更不行，合作安全、集体安全、共同安全才是解决问题的正确选择。

随着世界多极化、经济全球化深入发展和文化多样化、社会信息化持续推进，今天的人类比以往任何时候都更有条件朝和平与发展的目标迈进，而合作共赢就是实现这一目标的现实途径。

世界的命运必须由各国人民共同掌握。各国主权范围内的事情只能由本国政府和人民去管，世界上的事情只能由各国政府和人民共同商量来办。这是处理国际事务的民主原则，国际社会应该共同遵守。

老师们、同学们！

去年十一月，中国共产党召开了第十八次全国代表大会，明确了今后一个时期中国的发展蓝图，提出到二〇二〇年国内生产总值和城乡居民人均收入将在二〇一〇年的基础上翻一番，在中国共产党建党一百年时全面建成小康社会，在新中国成立一百年时建成富强民主文明和谐的社会主义现代化国家。同时，我们也清醒地认识到，作为拥有十三亿多人口的发展中大国，中国在发展道路上面临的风险和挑战依然会很大、很严峻，要实现已确定的奋斗目标必须付出持续的艰辛努力。

实现中华民族伟大复兴，是近代以来中国人民最伟大的梦想，我们称之为"中国梦"，基本内涵是实现国家富强、民族振兴、人民幸福。中华民族历来爱好和平。近代以来，中国人民蒙受了外国侵略和内部战乱的百年苦难，深知和平的宝贵，最需要在和平环境中进行国家建设，以不断改善人民生活。中国将坚定不移走和平发展道路，致力于促进开放的发展、合作的发展、共赢的发展，同时呼吁各国共同走和平发展道路。中国始终奉行防御性的国防政策，不搞军备竞赛，不对任何国家构成军事威胁。中国发展壮大，带给世界的是更多机遇而不是什么威胁。我们要实现的中国梦，不仅造福中国人民，而且造福各国人民。

我们高兴地看到，中俄两国互为最大邻国，在国家发展蓝图上有很多契合之处。俄罗斯提出到二〇二〇年人均国内生产总值将达到或接近发达国家水平的目标，现在正在强国富民的道路上加快前进。我们衷心祝愿俄罗斯早日实现自己的奋斗目标。一个繁荣强大的俄罗斯，符合中国利益，也有利于亚太与世界和平稳定。

中俄关系是世界上最重要的一组双边关系，更是最好的一组大国关系。一个高水平、强有力的中俄关系，不仅符合中俄双方利益，也是维护国际战略平衡和世界和平稳定的重要保障。经过双方二十多年不懈努力，中俄建立起全面战略协作伙伴关系，这种关系充分照顾对方利益和关切，给两国人民带来了实实在在的好处。我们两国彻底解决了历史遗留的边界问题，签署了《中俄睦邻友好合作条约》，为中俄关系长远发展奠定了坚实基础。

当前，中俄都处在民族复兴的重要时期，两国关系已进入互相提供重要发展机遇、互为主要优先合作伙伴的新阶段。对发展新形势下的中俄关系，我认为应该在以下几个方面多下功夫。

第一，坚定不移发展面向未来的关系。中俄世代友好、永不为敌，是两国人民共同心愿。我们双方要登高望远，统筹谋划两国关系发展。普京总统讲过："俄罗斯需要一个繁荣稳定的中国，中国也需要一个强大成功的俄罗斯。"我完全同意他的看法。我们两国共同发展，将给中俄全面战略协作伙伴关系提供更广阔发展空间，将为国际秩序和国际体系朝着公正合理的方向发展提供正能量。我们两国要永做好邻居、好朋友、好伙伴，以实际行动坚定支持对方维护本国核心利益，坚定支持对方发展复兴，坚定支持对方走符合本国国情的发展道路，坚定支持对方办好自己的事情。

第二，坚定不移发展合作共赢的关系。中俄国情不同、条件各异，彼此密切合作、取长补短可以起到一加一大于二的效果。去年，中俄贸易额达到八百八十二亿美元，人员交流达到三百三十万人次，这些数字充分反映出中俄关系的巨大发展潜力和广阔发展前景。中俄两国的能源合作不断深化。继十七世纪的"万里茶道"之后，中俄油气管道成为联通两国新的"世纪动脉"。当前，我们两国正积极推动各自国家和地区发展战略相互对接，不断创造出更多利益契合点和合作增长点。我们要推动两国合作从能源资源向投资、基础设施建设、高技术、金融等领域拓展，从商品进出口向联合研发、联合生产转变，不断提高两国务实合作层次和水平。

第三，坚定不移发展两国人民友好关系。国之交在于民相亲。人民的深厚友谊是国家关系发展的力量源泉。这里，我想讲几个两国人民相互支持和帮助的事例。抗日战争时期，苏联飞行大队长库里申科来华同中国人民并肩作战，他动情地说："我像体验我的祖国的灾难一样，体验着中国劳动人民正在遭受的灾难。"他英勇牺牲在中国大地上。中国人民没有忘记这位英雄，一对普通的中国母子已为他守陵半个多世纪。二〇〇四年俄罗斯发生别斯兰人质事件后，中国邀请部分受伤儿童赴华接受康复治疗，这些孩子在中国受到精心照料，俄方带队医生阿兰表示："你们的医生给孩子们这么大的帮助，我们的孩子会永远记住你们的。"二〇〇八年中国汶川特大地震发生后，俄罗斯在第一时间向中国伸出援手，并邀请灾区孩子到俄罗斯远东等地疗养。三年前，我在符拉迪沃斯托克"海洋"全俄儿童中心，亲眼目睹了俄罗斯老师给予中国儿童的悉心照料和温馨关怀。中国孩子亲身体会到了俄罗斯人民的友爱和善良，这应验了大爱无疆这句中国人常说的话。这样的感人事迹还有很多，滋润着两国人民友谊之树枝繁叶茂。

中俄两国都具有悠久的历史、灿烂的文化，人文交流对增进两国人民友谊具有不可替代的作用。孔子、老子等中国古代思想家为俄罗斯人民所熟悉。中国老一辈革命家深受俄罗斯文化影响，我们这一代人也读了很多俄罗斯文学的经典作品。我年轻时就读过普希金、莱蒙托夫、屠格涅夫、陀思妥耶夫斯基、托尔斯泰、契诃夫等文学巨匠的作品，让我感受到俄罗斯文学的魅力。中俄两国文化交流有着深厚基础。

青年是国家的未来，是世界的未来，也是中俄友好事业的未来。这次访俄期间，我和普京总统共同宣布，两国将于二〇一四年和二〇一五年互办中俄青年友好交流年。中方还将邀请包括莫斯科国际关系学院学生在内的俄罗斯大学生代表团访华。在座各位同学是俄罗斯青年一代的精英。我期待着越来越多的中俄青年接过中俄友谊的接力棒，积极投身两国人民友好事业。

老师们、同学们！

俄罗斯有句谚语："大船必能远航。"中国有句古诗："长风破浪会有时，直挂云帆济沧海。"我相信，在两国政府和人民共同努力下，中俄关系一定能够继续乘风破浪、扬帆远航，更好造福两国人民，更好促进世界和平与发展！

谢谢大家。

永远做可靠朋友和真诚伙伴*

（二〇一三年三月二十五日）

尊敬的基奎特总统，

女士们，先生们，朋友们：

哈巴里[1]！哈巴里！今天，能够在坦桑尼亚尼雷尔国际会议中心同各位朋友见面，感到十分高兴和亲切。

这是我担任中国国家主席之后首次访问非洲，也是我第六次踏上非洲大陆。一踏上坦桑尼亚这片美丽的土地，我就感受到了坦桑尼亚人民对中国人民热情奔放的友情，坦桑尼亚政府和人民举行了特殊的隆重欢迎仪式。这不仅是对我和中国代表团的重视，更体现了中坦两国和两国人民深厚的传统友谊。

首先，我谨代表中国政府和人民，并以我个人的名义，向在座各位朋友，向兄弟的坦桑尼亚人民和非洲人民，致以诚挚的问候和良好的祝愿！我还要感谢基奎特总统和坦桑尼亚政府为我这次访问所作的精心安排和热情接待！

坦桑尼亚是人类发源地之一。坦桑尼亚人民有着光

---

*　这是习近平同志在坦桑尼亚尼雷尔国际会议中心的演讲。

荣传统，为非洲人民赢得争取民族独立、反对种族隔离斗争的胜利作出了重要贡献。

近年来，在基奎特总统领导下，坦桑尼亚政局保持稳定，建设事业蒸蒸日上，在非洲和国际事务中发挥了重要作用。中国人民为你们取得的成就感到由衷的高兴，衷心祝愿兄弟的坦桑尼亚人民不断取得新的更大的成就。

来到非洲，总有两个突出印象。一是常来常新，每次非洲之行都能深切感受到这片大陆的新发展新变化，让人欢欣鼓舞。二是热情似火，非洲人民对中国人民发自内心的友好情谊，就像非洲的阳光那样温暖热烈，让人难以忘怀。

非洲有句谚语：“河有源泉水才深。”中非友好交往源远流长。上世纪五六十年代，毛泽东、周恩来等新中国第一代领导人和非洲老一辈政治家共同开启了中非关系新纪元。从那时起，中非人民在反殖反帝、争取民族独立和解放的斗争中，在发展振兴的道路上，相互支持、真诚合作，结下了同呼吸、共命运、心连心的兄弟情谊。

今天，在双方共同努力下，中非关系已经进入全面发展的快车道。双方成立了中非合作论坛，构建起新型战略伙伴关系，各领域合作取得显著成果。二〇一二年，中非贸易额接近二千亿美元，中非人员往来超过一百五十万人次。截至去年，中国对非洲的直接投资累计超过一百五十亿美元。今年是中国向非洲派出医疗队五十周年，五十年来累计派出一万八千人次的医疗人员，诊治了二亿五千万人次的非洲患者。

非洲人民也给了中国人民大力支持和无私帮助。二〇〇八年北京奥运会火炬在达累斯萨拉姆传递过程中，坦桑尼亚人民像欢庆自己的节日一样，载歌载舞迎接奥运圣火，喜庆的画面深深定格在中国人民的脑海中。

中国汶川特大地震发生后，非洲国家纷纷伸出援手，有的国家自己也不富裕、人口不到二百万，向地震灾区慷慨捐出二百万欧元，相当于人均一欧元，这份情谊让中国人民备感温暖。

我们双方不断加强在国际和地区事务中的协调和配合，有力维护了发展中国家共同利益。中国人民和非洲人民的友谊和合作，已经成为中非关系的标志，在国际社会传为佳话。

过去半个多世纪的共同努力及其产生的丰富成果，为我们继续推进中非关系打下了坚实基础、积累了宝贵经验。

——这段历史告诉我们，中非关系不是一天就发展起来的，更不是什么人赐予的，而是我们双方风雨同舟、患难与共，一步一个脚印走出来的。饮水不忘挖井人。我们将永远铭记为中非关系发展披荆斩棘、呕心沥血的人们，不断从历史中汲取前进的动力。

——这段历史告诉我们，中非从来都是命运共同体，共同的历史遭遇、共同的发展任务、共同的战略利益把我们紧紧联系在一起。我们都把对方的发展视为自己的机遇，都在积极通过加强合作促进共同发展繁荣。

——这段历史告诉我们，中非关系的本质特征是真诚友好、相互尊重、平等互利、共同发展。我们双方谈得来，觉得相互平等；我们不把自己的意志强加给你们，你们也不把自己的意志强加给我们。中国为非洲发展提供了力所能及的帮助，中国更感谢非洲国家和非洲人民长期以来给予中国的大力支持和无私帮助，我们在事关对方核心利益的问题上，从来都是立场鲜明、毫不含糊地支持对方。

——这段历史告诉我们，中非关系要保持旺盛生命力，必须与时俱进、开拓创新。半个多世纪以来，在中非关系发展的每一个关键时期，我们双方都能登高望远，找到中非合作新的契合点和增长点，推动中非关系实现新的跨越。这种逢山开路、遇水架桥的开拓精神，是我们不断提高中非合作水平的重要法宝。

女士们、先生们！

当前，中非关系正站在新的历史起点上，具备天时、地利、人和的优势。作为"希望的大陆"、"发展的热土"，今天的非洲已经成为全球经济增长最快的地区之一，非洲雄狮正在加速奔跑，而中国也继续保持着良好发展势头。中非合作基础更加坚实、合作意愿更加强烈、合作机制更加完善，推进中非合作是双方人民共同心愿，是大势所趋、人心所向。

这里，我可以明确告诉各位朋友，新形势下，中非关系的重要性不是降低了而是提高了，双方共同利益不是减少了而是增多了，中方发展对非关系的力度不会削弱、只会加强。

第一，对待非洲朋友，我们讲一个"真"字。真朋友最可贵。中非传统友谊弥足珍贵，值得倍加珍惜。我们始终把发展同非洲国家的团结合作作为中国对外政策的重要基础，这一点绝不会因为中国自身发展和国际地位提高而发生变化。中国坚持国家不分大小、强弱、贫富一律平等，秉持公道、伸张正义，反对以大欺小、以强凌弱、以富压贫，反对干涉别国内政，将继续同非方在涉及对方核心利益和重大关切的问题上相互支持，继续在国际和地区事务中坚定支持非洲国家的正义立场，维护发展中国家共同利益。中国将继续坚定支持非洲自主解决本地区问题的努力，为促进非洲和平与安全作出更大贡献。

世界上没有放之四海而皆准的发展模式，各方应该尊重世界文明多样性和发展模式多样化。中国将继续坚定支持非洲国家探索适合本国国情的发展道路，加强同非洲国家在治国理政方面的经验交流，从各自的古老文明和发展实践中汲取智慧，促进中非共同发展繁荣。

家和万事兴。全非洲是一个命运与共的大家庭。今年是非洲统一组织成立五十周年，对追求联合自强的非洲各国人民具有里程碑意义。中方真诚祝愿并坚定支持非洲在联合自强的道路上步子迈得更大一些,推动非洲和平与发展事业不断跨上新的台阶。

中方希望中非关系发展得越来越好,也希望其他国家同非洲关系发展得越来越好。非洲是非洲人的非洲,任何国家发展同非洲关系,都应该尊重非洲的尊严和自主性。

第二,开展对非合作,我们讲一个"实"字。中国不仅是合作共赢的倡导者,更是积极实践者。中国致力于把自身发展同非洲发展紧密联系起来,把中国人民利益同非洲人民利益紧密结合起来,把中国发展机遇同非洲发展机遇紧密融合起来,真诚希望非洲国家发展得更快一些,非洲人民日子过得更好一些。中国在谋求自身发展的同时,始终向非洲朋友提供力所能及的支持和帮助。特别是近些年来,中国加大了对非援助和合作力度。只要是中方作出的承诺,就一定会不折不扣落到实处。

中国将继续扩大同非洲的投融资合作,落实好三年内向非洲提供二百亿美元贷款额度的承诺,实施好"非洲跨国跨区域基础设施建设合作伙伴关系",加强同非洲国家在农业、制造业等领域的互利合作,帮助非洲国家把资源优势转化为发展优势,实现自主发展和可持续发展。

授人以鱼,更要授人以渔。中方将积极实施"非洲人才计划"，未来三年将为非洲国家培训三万名各类人才，提供一万八千个奖学金留学生名额，加强对非洲技术转让和经验共享。

随着中国经济实力和综合国力不断提高，中国将继续为非洲发展提供应有的、不附加任何政治条件的帮助。

第三，加强中非友好，我们讲一个"亲"字。中国人民和非洲人民有着天然的亲近感。"人生乐在相知心。"中非如何知心？我以为，很重要的一点就是要通过深入对话和实际行动获得心与心的共鸣。

中非关系的根基和血脉在人民，中非关系发展应该更多面向人民。近年来，随着中非关系发展，中非人民越走越近。一些非洲朋友活跃在中国文艺舞台上，成了中国家喻户晓的明星。中国电视剧《媳妇的美好时代》在坦桑尼亚热播，使坦桑尼亚观众了解到中国老百姓家庭生活的酸甜苦辣。

我听说了一个故事，有一对中国年轻人，他们从小就通过电视节目认识了非洲，对非洲充满了向往。后来他们结婚了，把蜜月旅行目的地选在了坦桑尼亚。在婚后的第一个情人节，他们背上行囊来到了坦桑尼亚，领略了这里的风土人情和塞伦盖蒂草原的壮美。回国后，他们把在坦桑尼亚的所见所闻发布在博客上，得到了数万次的点击和数百条回复。他们说，我们真的爱上了非洲，我们的心从此再也离不开这片神奇的土地。这个故事说明，中非人民有着天然的亲近感，只要不断加强人民之间的交流，中非人民友谊就一定能根深叶茂。

我们要更加重视中非人文交流，增进中非人民的相互了解和认知，厚植中非友好事业的社会基础。中非关系是面向未来的事业，需要一代又一代中非有志青年共同接续奋斗。双方应该积极推动青年交流，使中非友好事业后继有人，永葆青春和活力。

第四，解决合作中的问题，我们讲一个"诚"字。中国和非洲都处在快速发展过程中，相互认知需要不断与时俱进。中方坦诚面对中非关系面临的新情况新问题，对出现的问题，我们应该本着相互尊重、合作共赢的精神加以妥善解决。

我相信，机遇总比挑战大，办法总比困难多。中方已经并将继续同非洲国家一道，采取切实措施，妥善解决中非经贸合作中存在的问题，使非洲国家从合作中更多受益。同时，我们也真诚希望非洲国家为中国企业和公民在非洲开展合作提供相应的便利条件。

女士们、先生们！

新中国成立六十多年来特别是改革开放三十多年来，中国共产党领导中国人民成功开辟出中国特色社会主义道路，中国发展取得了历史性进步，经济总量已经跃升到世界第二位，综合国力显著增强，人民生活明显改善。作为有着十三亿多人口的国家，中国用几十年的时间走完了发达国家几百年走过的发展历程，这其中的艰辛和曲折是可想而知的。

现在，中国基本国情仍然是人口多、底子薄、发展不平衡，经济总量虽大，但除以十三亿多人口，人均国内生产总值还排在世界第九十位左右。根据联合国标准，中国还有一亿二千八百万人生活在贫困线以下。让十三亿多人民都过上富裕的日子，仍然还有很长的路要走，还需要付出长期的艰苦努力。随着中国不断发展，中国人民生活水平必将不断提高。但是，无论中国发展到哪一步，中国永远都把非洲国家当作自己的患难之交。

女士们、先生们！

中国的发展离不开世界、离不开非洲，世界和非洲的繁荣稳定也需要中国。中非虽然远隔重洋，但我们的心是相通的。联结我们的不仅是深厚的传统友谊、密切的利益纽带，还有我们各自的梦想。

十三亿多中国人民正致力于实现中华民族伟大复兴的中国梦，十亿多非洲人民正致力于实现联合自强、发展振兴的非洲梦。中非人民要加强团结合作、加强相互支持和帮助，努力实现我们各自的梦想。我们还要同国际社会一道，推动实现持久和平、共同繁荣的世界梦，为人类和平与发展的崇高事业作出新的更大的贡献！

阿桑特尼萨那[2]！

注　释

〔1〕哈巴里，斯瓦希里语，意为"大家好"。
〔2〕阿桑特尼萨那，斯瓦希里语，意为"谢谢大家"。

携手合作，共同发展*

（二〇一三年三月二十七日）

尊敬的祖马总统，罗塞夫总统，普京总统，辛格总理，
女士们，先生们：

时隔两年再次来到彩虹之邦，心情十分愉快。我深
深感受到南非人民的热情好客和对金砖国家合作的积极
支持。在这里，我谨对祖马总统和南非政府为这次会晤
所作的周到安排表示衷心的感谢！

中国有句古话，志合者，不以山海为远。我们来自
世界四大洲的五个国家，为了构筑伙伴关系、实现共同
发展的宏伟目标走到了一起，为了推动国际关系民主
化、推进人类和平与发展的崇高事业走到了一起。求和
平、谋发展、促合作、图共赢，是我们共同的愿望和
责任。

我们要坚定维护国际公平正义，维护世界和平稳
定。当今世界并不安宁，各种全球性威胁和挑战层出不
穷。金砖国家都热爱和平、珍视和平。实现世界持久和

---

* 这是习近平同志在南非德班举行的金砖国家领导人第五次会晤
时的主旨讲话。

平，让世界上每一个国家都有和平稳定的社会环境，让每一个国家的人民都能安居乐业，是我们的共同愿望。

不管国际风云如何变幻，我们都要始终坚持和平发展、合作共赢，要和平不要战争，要合作不要对抗，在追求本国利益时兼顾别国合理关切。

不管国际格局如何变化，我们都要始终坚持平等民主、兼容并蓄，尊重各国自主选择社会制度和发展道路的权利，尊重文明多样性，做到国家不分大小、强弱、贫富都是国际社会的平等成员，一国的事情由本国人民做主，国际上的事情由各国商量着办。

不管全球治理体系如何变革，我们都要积极参与，发挥建设性作用，推动国际秩序朝着更加公正合理的方向发展，为世界和平稳定提供制度保障。

我们要大力推动建设全球发展伙伴关系，促进各国共同繁荣。独木不成林。在经济全球化深入发展的时代条件下，金砖国家发展不能独善其身，必须在谋求本国发展的同时促进各国共同发展。

我们要努力发展经济、改善民生，做好自己的事情，为世界经济多添一些增长点。我们要推动各国加强宏观经济政策协调，改革国际货币金融体系，推动贸易和投资自由化便利化，促进全球经济更加强劲发展。

我们要共同参与国际发展议程的制定，充分利用人类积累的生产力和物质资源，完成联合国千年发展目标，缩小南北发展差距，促进全球发展更加平衡。今天会晤主题提出的"致力于发展、一体化和工业化的伙伴关系",既是金砖国家的发展目标,也是金砖国家同非洲国家合作的重要方向。

我们要用伙伴关系把金砖各国紧密联系起来,下大气力推进经贸、金融、基础设施建设、人员往来等领域合作,朝着一体化大市场、多层次大流通、陆海空大联通、文化大交流的目标前进。

我们要共同支持非洲在谋求强劲增长、加快一体化、实现工业化方面作出的努力,促进非洲经济成为世界经济的新亮点。

我们要深化互利合作、谋求互利共赢。金砖国家三十亿人要都过上好日子,全面实现人民对美好生活的向往,还有很长的路要走。这条路,主要靠各国自力更生,也需要金砖国家加强合作。

我们要继续增强五国政治互信和人民友谊,加强治国理政经验交流,共同推动工业化、信息化、城镇化、农业现代化进程,把握发展规律,创新发展理念,破解发展难题。要继续加强在联合国、二十国集团、国际经济金融机构等框架内的协调和配合,维护共同利益。

我们要把各国的政治共识转化为具体行动,积极推进金砖国家开发银行、外汇储备库等项目,加快各领域务实合作,夯实合作的经济社会基础,展现金砖国家内谋发展、外促合作的积极形象。

金砖国家刚刚成立五年,还处于起步发展阶段。我们要扎扎实实把自己的事情办好，把金砖国家合作伙伴关系发展好，把金砖国家合作机制建设好。只要我们坚定对自身发展道路的自信、对金砖国家合作的自信，不为任何风险所惧，不被任何干扰所惑，我们的事业一定能够兴旺发达。

各位同事！

大家都很关心中国的未来发展。面向未来，中国将相继朝着两个宏伟目标前进：一是到二〇二〇年国内生产总值和城乡居民人均收入比二〇一〇年翻一番，全面建成惠及十几亿人口的小康社会。二是到二〇四九年新中国成立一百年时建成富强民主文明和谐的社会主义现代化国家。

为了实现这两大目标，我们将继续把发展作为第一要务，把经济建设作为中心任务，继续推动国家经济社会发展。我们将坚持以人为本，全面推进经济建设、政治建设、文化建设、社会建设、生态文明建设，促进现代化建设各个方面、各个环节相协调，建设美丽中国。

这一发展是开放的发展，我们将坚持对外开放的基本国策，坚持互利共赢的开放战略，不断提高开放型经济水平。

这一发展是合作的发展，我们将坚持共同发展的理念，在平等互利的基础上开展同世界各国的经济技术合作，通过合作促进自身发展和各国共同发展。

为了实现这两大目标，我们需要良好外部环境。中国将继续奉行独立自主的和平外交政策，把中国人民利益同各国人民共同利益结合起来，继续同世界各国加强宏观经济政策协调，反对保护主义，改善全球经济治理，共同促进世界经济增长。

各位同事！

加强同金砖国家合作，始终是中国外交政策的优先方向之一。中国将继续同金砖国家加强合作，使金砖国家经济增长更加强劲、合作架构更加完善、合作成果更加丰富，为各国人民带来实实在在的利益，为世界和平与发展作出更大贡献！

谢谢大家。

共同创造亚洲和世界的美好未来[*]

（二〇一三年四月七日）

尊敬的各位元首、政府首脑、议长、国际组织负责人、部长，

博鳌亚洲论坛理事会各位成员，

各位来宾，

女士们，先生们，朋友们：

椰风暖人，海阔天高。在这美好的季节里，同大家相聚在美丽的海南岛，参加博鳌亚洲论坛二〇一三年年会，我感到十分高兴。

首先，我谨代表中国政府和人民，并以我个人的名义，对各位朋友的到来，表示诚挚的欢迎！对年会的召开，表示热烈的祝贺！

十二年来，博鳌亚洲论坛日益成为具有全球影响的重要论坛。在中国文化中，每十二年是一个生肖循环，照此说来，博鳌亚洲论坛正处在一个新的起点上，希望能更上一层楼。

本届年会以"革新、责任、合作：亚洲寻求共同发展"为主题，很有现实意义。相信大家能够充分发表远

---

* 这是习近平同志在博鳌亚洲论坛二〇一三年年会上的主旨演讲。

见卓识，共商亚洲和世界发展大计，为促进本地区乃至全球和平、稳定、繁荣贡献智慧和力量。

当前，国际形势继续发生深刻复杂变化。世界各国相互联系日益紧密、相互依存日益加深，遍布全球的众多发展中国家、几十亿人口正在努力走向现代化，和平、发展、合作、共赢的时代潮流更加强劲。

同时，天下仍很不太平，发展问题依然突出，世界经济进入深度调整期，整体复苏艰难曲折，国际金融领域仍然存在较多风险，各种形式的保护主义上升，各国调整经济结构面临不少困难，全球治理机制有待进一步完善。实现各国共同发展，依然任重而道远。

亚洲是当今世界最具发展活力和潜力的地区之一，亚洲发展同其他各大洲发展息息相关。亚洲国家积极探索适合本国情况的发展道路，在实现自身发展的同时有力促进了世界发展。亚洲与世界其他地区共克时艰，合作应对国际金融危机，成为拉动世界经济复苏和增长的重要引擎，近年来对世界经济增长的贡献率已超过百分之五十，给世界带来了信心。亚洲同世界其他地区的区域次区域合作展现出勃勃生机和美好前景。

当然，我们也清醒地看到，亚洲要谋求更大发展、更好推动本地区和世界其他地区共同发展，依然面临不少困难和挑战，还需要爬一道道的坡、过一道道的坎。

——亚洲发展需要乘势而上、转型升级。对亚洲来说，发展仍是头等大事，发展仍是解决面临的突出矛盾和问题的关键，迫切需要转变经济发展方式、调整经济结构，提高经济发展质量和效益，在此基础上不断提高人民生活水平。

——亚洲稳定需要共同呵护、破解难题。亚洲稳定面临着新的挑战，热点问题此起彼伏，传统安全威胁和非传统安全威胁都有所表现，实现本地区长治久安需要地区国家增强互信、携手努力。

——亚洲合作需要百尺竿头、更进一步。加强亚洲地区合作的机制和倡议很多，各方面想法和主张丰富多样，协调各方面利益诉求、形成能够保障互利共赢的机制需要更好增进理解、凝聚共识、充实内容、深化合作。

女士们、先生们、朋友们！

人类只有一个地球，各国共处一个世界。共同发展是持续发展的重要基础，符合各国人民长远利益和根本利益。我们生活在同一个地球村，应该牢固树立命运共同体意识，顺应时代潮流，把握正确方向，坚持同舟共济，推动亚洲和世界发展不断迈上新台阶。

第一，勇于变革创新，为促进共同发展提供不竭动力。长期以来，各国各地区在保持稳定、促进发展方面形成了很多好经验好做法。对这些好经验好做法，要继续发扬光大。同时，世间万物，变动不居。"明者因时而变，知者随世而制。"要摒弃不合时宜的旧观念，冲破制约发展的旧框框，让各种发展活力充分迸发出来。要加大转变经济发展方式、调整经济结构力度，更加注重发展质量，更加注重改善民生。要稳步推进国际经济金融体系改革，完善全球治理机制，为世界经济健康稳定增长提供保障。亚洲历来具有自我变革活力，要勇做时代的弄潮儿，使亚洲变革和世界发展相互促进、相得益彰。

第二，同心维护和平，为促进共同发展提供安全保障。和平是人民的永恒期望。和平犹如空气和阳光，受益而不觉，失之则难存。没有和平，发展就无从谈起。国家无论大小、强弱、贫富，都应该做和平的维护者和促进者，不能这边搭台、那边拆台，而应该相互补台、好戏连台。国际社会应该倡导综合安全、共同安全、合作安全的理念，使我们的地球村成为共谋发展的大舞台，而不是相互角力的竞技场，更不能为一己之私把一个地区乃至世界搞乱。各国交往频繁，磕磕碰碰在所难免，关键是要坚持通过对话协商与和平谈判，妥善解决矛盾分歧，维护相互关系发展大局。

第三，着力推进合作，为促进共同发展提供有效途径。"一花独放不是春，百花齐放春满园。"世界各国联系紧密、利益交融，要互通有无、优势互补，在追求本国利益时兼顾他国合理关切，在谋求自身发展中促进各国共同发展，不断扩大共同利益汇合点。要加强南南合作和南北对话，推动发展中国家和发达国家平衡发展，夯实世界经济长期稳定发展基础。要积极创造更多合作机遇，提高合作水平，让发展成果更好惠及各国人民，为促进世界经济增长多作贡献。

第四，坚持开放包容，为促进共同发展提供广阔空间。"海纳百川，有容乃大。"我们应该尊重各国自主选择社会制度和发展道路的权利，消除疑虑和隔阂，把世界多样性和各国差异性转化为发展活力和动力。我们要秉持开放精神，积极借鉴其他地区发展经验，共享发展资源，推进区域合作。进入新世纪十多年来，亚洲地区内贸易额从八千亿美元增长到三万亿美元，亚洲同世界其他地区贸易额从一万五千亿美元增长到四万八千亿美元，这表明亚洲合作是开放的，区域内合作和同其他地区合作并行不悖，大家都从合作中得到了好处。亚洲应该欢迎域外国家为本地区稳定和发展发挥建设性作用，同时，域外国家也应该尊重亚洲的多样性特点和已经形成的合作传统，形成亚洲发展同其他地区发展良性互动、齐头并进的良好态势。

女士们、先生们、朋友们！

中国是亚洲和世界大家庭的重要成员。中国发展离不开亚洲和世界，亚洲和世界繁荣稳定也需要中国。

去年十一月，中国共产党召开了第十八次全国代表大会，明确了中国今后一个时期的发展蓝图。我们的奋斗目标是，到二〇二〇年国内生产总值和城乡居民人均收入在二〇一〇年的基础上翻一番，全面建成小康社会；到本世纪中叶建成富强民主文明和谐的社会主义现代化国家，实现中华民族伟大复兴的中国梦。展望未来，我们充满信心。

我们也认识到，中国依然是世界上最大的发展中国家，中国发展仍面临着不少困难和挑战，要使全体中国人民都过上美好生活，还需要付出长期不懈的努力。我们将坚持改革开放不动摇，牢牢把握转变经济发展方式这条主线，集中精力把自己的事情办好，不断推进社会主义现代化建设。

"亲望亲好，邻望邻好。"中国将坚持与邻为善、以邻为伴，巩固睦邻友好，深化互利合作，努力使自身发展更好惠及周边国家。

我们将大力促进亚洲和世界发展繁荣。新世纪以来，中国同周边国家贸易额由一千多亿美元增至一万三千亿美元，已成为众多周边国家的最大贸易伙伴、最大出口市场、重要投资来源地。中国同亚洲和世界的利益融合达到前所未有的广度和深度。当前和今后一个时期，中国经济将继续保持健康发展势头，国内需求特别是消费需求将持续扩大，对外投资也将大幅增加。据测算，今后五年，中国将进口十万亿美元左右的商品，对外投资规模将达到五千亿美元，出境旅游有可能超过四亿人次。中国越发展，越能给亚洲和世界带来发展机遇。

我们将坚定维护亚洲和世界和平稳定。中国人民对战争和动荡带来的苦难有着刻骨铭心的记忆，对和平有着孜孜不倦的追求。中国将通过争取和平国际环境发展自己，又以自身发展维护和促进世界和平。中国将继续妥善处理同有关国家的分歧和摩擦，在坚定捍卫国家主权、安全、领土完整的基础上，努力维护同周边国家关系和地区和平稳定大局。中国将在国际和地区热点问题上继续发挥建设性作用，坚持劝和促谈，为通过对话谈判妥善处理有关问题作出不懈努力。

我们将积极推动亚洲和世界范围的地区合作。中国将加快同周边国家的互联互通建设，积极探讨搭建地区性融资平台，促进区域内经济融合，提高地区竞争力。中国将积极参与亚洲区域合作进程，坚持推进同亚洲之外其他地区和国家的区域次区域合作。中国将继续倡导并推动贸易和投资自由化便利化，加强同各国的双向投资，打造合作新亮点。中国将坚定支持亚洲地区对其他地区的开放合作，更好促进本地区和世界其他地区共同发展。中国致力于缩小南北差距，支持发展中国家增强自主发展能力。

女士们、先生们、朋友们！

亲仁善邻，是中国自古以来的传统。亚洲和世界和平发展、合作共赢的事业没有终点，只有一个接一个的新起点。中国愿同五大洲的朋友们携手努力，共同创造亚洲和世界的美好未来，造福亚洲和世界人民！

最后，预祝年会取得圆满成功！

构建中美新型大国关系*

（二〇一三年六月七日）

刚才，我同奥巴马总统进行了第一场会晤，就各自国家的内外政策、中美新型大国关系以及共同关心的重大国际和地区问题坦诚深入交换了意见，并达成重要共识。

我明确告诉奥巴马总统，中国将坚定不移走和平发展道路，坚定不移深化改革、扩大开放，努力实现中华民族伟大复兴的中国梦，努力促进人类和平与发展的崇高事业。

中国梦要实现国家富强、民族复兴、人民幸福，是和平、发展、合作、共赢的梦，与包括美国梦在内的世界各国人民的美好梦想相通。

我和奥巴马总统都认为，面对经济全球化迅速发展和各国同舟共济的客观需求，中美应该而且可以走出一条不同于历史上大国冲突对抗的新路。双方同意，共同努力构建新型大国关系，相互尊重，合作共赢，造福两

---

* 这是习近平同志在美国加利福尼亚州安纳伯格庄园同美国总统奥巴马会晤后共同会见记者时讲话的要点。

国人民和世界人民。国际社会也期待中美关系能够不断改善和发展。中美两国合作好了，就可以做世界稳定的压舱石、世界和平的助推器。

双方同意加强各层次对话沟通，不断增进相互理解和信任。我和奥巴马总统将继续通过互访、会晤、通话、通信等方式保持密切联系。我邀请奥巴马总统适时来华举行新一轮会晤。我和奥巴马总统将尽早实现互访。双方团队将密切配合，确保新一轮中美战略与经济对话、人文交流高层磋商取得积极成果。中国国防部长和外交部长将应邀访美。

双方同意加强经贸、能源、环境、人文、地方等广泛领域合作，深化全方位利益交融格局；改善和发展两军关系，推进新型军事关系建设；加强宏观经济政策协调，在两国经济发展过程中拓展合作，推动亚太地区和全球经济强劲、可持续、平衡增长。

事在人为。我对中美建设新型大国关系抱有信心。第一，双方都有建设新型大国关系的政治意愿。第二，四十多年双方合作的积累，使两国合作具有很好的基础。第三，双方建立了战略与经济对话、人文交流高层磋商等九十多个对话沟通机制，为建设新型大国关系提供了机制保障。第四，双方建立了二百二十多对友好省州和友好城市。中国有近十九万学生在美留学，美国有二万多学生在华留学。建设中美新型大国关系具有深厚民意基础。第五，未来两国有着广泛的合作空间。

　　中美建设新型大国关系前无古人、后启来者。中美需要在加强对话、增加互信、发展合作、管控分歧的过程中，不断推进新型大国关系建设。

　　中华民族和美利坚民族都是伟大的民族，两国人民都是伟大的人民。我坚信，只要双方拿出决心和信心，保持耐心和智慧，既大处着眼、登高望远，又小处着手、积微成著，就一定能够完成这项事业。

共同维护和发展开放型世界经济[*]

（二〇一三年九月五日）

尊敬的普京总统，

各位同事：

很高兴在美丽的圣彼得堡同大家见面，共同讨论促进世界经济增长和就业之策。首先，我谨对普京总统和俄罗斯政府为本次峰会所作的积极努力和周到安排，表示衷心的感谢！

当前，世界经济逐步走出低谷，形势继续朝好的方向发展。同时，国际金融危机负面影响依然存在，一些国家经济尚未摆脱衰退，全球经济复苏依然有很长的路要走。

形势决定任务，行动决定成效。为此，我们要放眼长远，努力塑造各国发展创新、增长联动、利益融合的世界经济，坚定维护和发展开放型世界经济。

——发展创新，是世界经济可持续增长的要求。单纯依靠刺激政策和政府对经济大规模直接干预的增长，

---

* 这是习近平同志在俄罗斯圣彼得堡举行的二十国集团领导人峰会第一阶段会议上关于世界经济形势的发言。

只治标、不治本，而建立在大量资源消耗、环境污染基础上的增长则更难以持久。要提高经济增长质量和效益，避免单纯以国内生产总值增长率论英雄。各国要通过积极的结构改革激发市场活力，增强经济竞争力。

——增长联动，是世界经济强劲增长的要求。一个强劲增长的世界经济来源于各国共同增长。各国要树立命运共同体意识，真正认清"一荣俱荣、一损俱损"的连带效应，在竞争中合作，在合作中共赢。在追求本国利益时兼顾别国利益，在寻求自身发展时兼顾别国发展。不同国家相互帮助共同解决面临的突出问题，是世界经济发展的客观要求。让每个国家发展都能同其他国家增长形成联动效应，相互带来正面而非负面的外溢效应。

——利益融合，是世界经济平衡增长的需要。平衡增长不是转移增长的零和游戏，而是各国福祉共享的增长。各国要充分发挥比较优势，共同优化全球经济资源配置，完善全球产业布局，建设利益共享的全球价值链，培育普惠各方的全球大市场，实现互利共赢的发展。

塑造这样的世界经济，需要二十国集团各成员建设更加紧密的经济伙伴关系，肩负起应有的责任。

第一，采取负责任的宏观经济政策。各主要经济体要首先办好自己的事，确保自己的经济不出大的乱子。这是我们最起码的责任。我们要完善宏观经济政策协调机制，加强相互沟通和协调。

宏观微观经济政策和社会政策是一个整体，各国要用社会政策托底经济政策，为宏观微观经济政策执行创造条件。二十国集团财长和就业部长会议决定加强经济政策和就业政策的协调，是个正确的路子，要坚定不移走下去。

在这方面，中国采取的经济政策既对中国经济负责，也对世界经济负责。中国经济基本面良好，今年上半年国内生产总值增长百分之七点六。中国也面临着地方政府债务、部分行业产能过剩等问题。这些问题处于可控范围之内，我们正在采取措施解决。

我们认识到，为了从根本上解决经济的长远发展问题，必须坚定推动结构改革，宁可将增长速度降下来一些。任何一项事业，都需要远近兼顾、深谋远虑，杀鸡取卵、竭泽而渔式的发展是不会长久的。

中国经济同世界经济高度融合。一个经济运行更稳定、增长质量更高、增长前景更可持续的中国，对世界经济发展是长期利好的。中国有条件有能力实现经济持续健康发展，为各国创造更广阔的市场和发展空间，为世界经济带来更多正面外溢效应。

第二，共同维护和发展开放型世界经济。"一花独放不是春，百花齐放春满园。"各国经济，相通则共进，相闭则各退。我们必须顺应时代潮流，反对各种形式的保护主义，统筹利用国际国内两个市场、两种资源。

我们要维护自由、开放、非歧视的多边贸易体制，不搞排他性贸易标准、规则、体系，避免造成全球市场分割和贸易体系分化。要探讨完善全球投资规则，引导全球发展资本合理流动，更加有效地配置发展资源。

第三，完善全球经济治理，使之更加公平公正。二十国集团是发达国家和发展中国家就国际经济事务进行充分协商的重要平台。我们要把二十国集团建设成稳定世界经济、构建国际金融安全网、改善全球经济治理的重要力量。

我们要继续改革国际金融机构，各有关国家要进一步抓紧落实好国际货币基金组织份额和治理改革方案。要制定反映各国经济总量在世界经济中权重的新份额公式。要继续加强国际金融市场监管，使金融体系真正依靠、服务、促进实体经济发展。要建设稳定、抗风险的国际货币体系，改革特别提款权货币篮子组成，加强国际和区域金融合作机制的联系，建立金融风险防火墙。

中国支持加强多边反避税合作，愿为健全国际税收治理机制尽一份力。

我想强调，为推动中国经济社会持续健康发展，中国将坚定不移推进改革。我们正在就全面深化改革进行总体研究，以统筹推进经济、政治、文化、社会、生态文明领域体制改革，进一步解放和发展社会生产力、解放和增加全社会创造活力。中国将加强市场体系建设，推进宏观调控、财税、金融、投资、行政管理等领域体制改革，更加充分地发挥市场在资源配置中的基础性作用。中国将努力深化利率和汇率市场化改革，增强人民币汇率弹性，逐步实现人民币资本项目可兑换。中国将坚持互利共赢的开放战略，深化投资、贸易体制改革，完善法律法规，为各国在华企业创造公平经营的法治环境，通过协商解决同相关国家的贸易争端。

各位同事！

只要我们携手努力，建设更紧密伙伴关系，二十国集团就会走得更稳、更好、更远，各国人民就会对世界经济更有信心、对未来生活更有信心。

谢谢大家。

共同建设"丝绸之路经济带"*

（二〇一三年九月七日）

二千一百多年前，中国汉代的张骞肩负和平友好使命，两次出使中亚，开启了中国同中亚各国友好交往的大门，开辟出一条横贯东西、连接欧亚的丝绸之路。

我的家乡陕西，就位于古丝绸之路的起点。站在这里，回首历史，我仿佛听到了山间回荡的声声驼铃，看到了大漠飘飞的袅袅孤烟。这一切，让我感到十分亲切。

哈萨克斯坦这片土地，是古丝绸之路经过的地方，曾经为沟通东西方文明，促进不同民族、不同文化相互交流和合作作出过重要贡献。东西方使节、商队、游客、学者、工匠川流不息，沿途各国互通有无、互学互鉴，共同推动了人类文明进步。

古丝绸之路上的古城阿拉木图有一条冼星海大道，人们传诵着这样一个故事。一九四一年伟大卫国战争爆发，中国著名音乐家冼星海辗转来到阿拉木图。在举目无亲、贫病交加之际，哈萨克音乐家拜卡达莫夫接纳了

---

* 这是习近平同志在哈萨克斯坦纳扎尔巴耶夫大学的演讲《弘扬人民友谊，共创美好未来》的一部分。

他，为他提供了一个温暖的家。

在阿拉木图，冼星海创作了《民族解放》、《神圣之战》、《满江红》等著名音乐作品，并根据哈萨克民族英雄阿曼盖尔德的事迹创作出交响诗《阿曼盖尔德》，激励人们为抗击法西斯而战，受到当地人民广泛欢迎。

千百年来，在这条古老的丝绸之路上，各国人民共同谱写出千古传诵的友好篇章。两千多年的交往历史证明，只要坚持团结互信、平等互利、包容互鉴、合作共赢，不同种族、不同信仰、不同文化背景的国家完全可以共享和平，共同发展。这是古丝绸之路留给我们的宝贵启示。

二十多年来，随着中国同欧亚国家关系快速发展，古老的丝绸之路日益焕发出新的生机活力，以新的形式把中国同欧亚国家的互利合作不断推向新的历史高度。

远亲不如近邻。中国同中亚国家是山水相连的友好邻邦。中国高度重视发展同中亚各国的友好合作关系，将其视为外交优先方向。

当前，中国同中亚国家关系发展面临难得机遇。我们希望同中亚国家一道，不断增进互信、巩固友好、加强合作，促进共同发展繁荣，为各国人民谋福祉。

——我们要坚持世代友好，做和谐和睦的好邻居。中国坚持走和平发展道路，坚定奉行独立自主的和平外交政策。我们尊重各国人民自主选择的发展道路和奉行的内外政策，决不干涉中亚国家内政。中国不谋求地区事务主导权，不经营势力范围。我们愿同俄罗斯和中亚各国加强沟通和协调，共同为建设和谐地区作出不懈努力。

——我们要坚定相互支持，做真诚互信的好朋友。在涉及国家主权、领土完整、安全稳定等重大核心利益问题上坚定相互支持，是中国同中亚各国战略伙伴关系的实质和重要内容。我们愿同各国在双边和上海合作组织框架内加强互信、深化合作，合力打击"三股势力"、贩毒、跨国有组织犯罪，为地区经济发展和人民安居乐业创造良好环境。

——我们要大力加强务实合作，做互利共赢的好伙伴。中国和中亚国家都处在关键发展阶段，面对前所未有的机遇和挑战。我们都提出了符合本国国情的中长期发展目标。我们的战略目标是一致的，那就是确保经济长期稳定发展，实现国家繁荣富强和民族振兴。我们要全面加强务实合作，将政治关系优势、地缘毗邻优势、经济互补优势转化为务实合作优势、持续增长优势，打造互利共赢的利益共同体。

——我们要以更宽的胸襟、更广的视野拓展区域合作，共创新的辉煌。当前，世界经济融合加速发展，区域合作方兴未艾。欧亚地区已经建立起多个区域合作组织。欧亚经济共同体和上海合作组织成员国、观察员国地跨欧亚、南亚、西亚，通过加强上海合作组织同欧亚经济共同体合作，我们可以获得更大发展空间。

为了使我们欧亚各国经济联系更加紧密、相互合作更加深入、发展空间更加广阔，我们可以用创新的合作模式，共同建设"丝绸之路经济带"。这是一项造福沿途各国人民的大事业。我们可从以下几个方面先做起来，以点带面，从线到片，逐步形成区域大合作。

第一，加强政策沟通。各国可以就经济发展战略和对策进行充分交流，本着求同存异原则，协商制定推进区域合作的规划和措施，在政策和法律上为区域经济融合"开绿灯"。

第二，加强道路联通。上海合作组织正在协商交通便利化协定。尽快签署并落实这一文件，将打通从太平洋到波罗的海的运输大通道。在此基础上，我们愿同各方积极探讨完善跨境交通基础设施，逐步形成连接东亚、西亚、南亚的交通运输网络，为各国经济发展和人员往来提供便利。

第三，加强贸易畅通。丝绸之路经济带总人口近三十亿，市场规模和潜力独一无二。各国在贸易和投资领域合作潜力巨大。各方应该就贸易和投资便利化问题进行探讨并作出适当安排，消除贸易壁垒，降低贸易和投资成本，提高区域经济循环速度和质量，实现互利共赢。

第四，加强货币流通。中国和俄罗斯等国在本币结算方面开展了良好合作，取得了可喜成果，也积累了丰富经验。这一好的做法有必要加以推广。如果各国在经常项下和资本项下实现本币兑换和结算，就可以大大降低流通成本，增强抵御金融风险能力，提高本地区经济国际竞争力。

第五，加强民心相通。国之交在于民相亲。搞好上述领域合作，必须得到各国人民支持，必须加强人民友好往来，增进相互了解和传统友谊，为开展区域合作奠定坚实民意基础和社会基础。

弘扬"上海精神",促进共同发展[*]

（二〇一三年九月十三日）

尊敬的阿坦巴耶夫总统，
尊敬的各位同事：

很高兴出席上海合作组织比什凯克峰会，感谢主席国吉尔吉斯斯坦为峰会顺利举行所做的精心准备和周到安排。一年来，吉方为推动本组织发展做了大量富有成效的工作，中方对此高度评价。

面对国际和地区形势的最新发展变化，并根据成员国维护稳定、发展经济、改善民生的共同诉求，本次峰会把落实《上海合作组织成员国长期睦邻友好合作条约》作为主题，并将批准《条约》实施纲要，规划本组织未来五年发展的宏伟蓝图，这将为本组织开辟更加广阔的发展前景。

当前，上海合作组织发展既面临难得机遇，也面临严峻挑战。"三股势力"、贩毒、跨国有组织犯罪威胁着本地区安全稳定。受国际金融危机影响，各国经济发展

---

* 这是习近平同志在吉尔吉斯斯坦比什凯克举行的上海合作组织成员国元首理事会第十三次会议上的讲话。

都不同程度遇到困难，进入调整期和恢复期。

对这些挑战，任何一个国家都难以独自应对。我们必须加强合作，联合自强。基于上述情况，我建议本组织在以下几方面加强合作。

第一，弘扬"上海精神"。落实"上海精神"，不断增进成员国互信，在平等、协商、互谅互让的基础上开展互利合作，顺应和平与发展的时代潮流，符合各成员国人民利益和诉求。

我们要高举这面旗帜，切实落实《上海合作组织成员国长期睦邻友好合作条约》，真心实意推动本组织框架内各领域合作，使成员国成为和睦相处的好邻居、同舟共济的好朋友、休戚与共的好伙伴。

第二，共同维护地区安全稳定。安全稳定的环境是开展互利合作、实现共同发展繁荣的必要条件。要落实《打击恐怖主义、分裂主义和极端主义上海公约》及合作纲要，完善本组织执法安全合作体系，赋予地区反恐怖机构禁毒职能，并在此基础上建立应对安全威胁和挑战综合中心。

各成员国相关部门也应该建立日常信息沟通渠道，探讨联合行动方式，合力打击"三股势力"，为本地区各国人民生产生活创造良好环境。

阿富汗是本组织观察员国，阿富汗局势走向与本地区安全稳定息息相关。本组织应该支持阿富汗民族和解进程，帮助阿富汗早日实现和平稳定，共同维护地区安全。

第三,着力发展务实合作。务实合作是上海合作组织发展的物质基础和原动力。上海合作组织六个成员国和五个观察员国都位于古丝绸之路沿线。作为上海合作组织成员国和观察员国,我们有责任把丝绸之路精神传承下去,发扬光大。

一是开辟交通和物流大通道。尽快签署《国际道路运输便利化协定》。《协定》签署后,建议按照自愿原则广泛吸收观察员国参与,从而通畅从波罗的海到太平洋、从中亚到印度洋和波斯湾的交通运输走廊。

二是商谈贸易和投资便利化协定。在充分照顾各方利益和关切基础上寻求在贸易和投资领域广泛开展合作,充分发挥各成员国合作潜力,实现优势互补,促进共同发展繁荣。

三是加强金融领域合作。推动建立上海合作组织开发银行,为本组织基础设施建设和经贸合作项目提供融资保障和结算平台。同时,尽快设立上海合作组织专门账户,为本组织框架内项目研究和交流培训提供资金支持。用好上海合作组织银行联合体这一机制,加强本地区各国金融机构交流合作。

四是成立能源俱乐部。协调本组织框架内能源合作,建立稳定供求关系,确保能源安全,同时在提高能效和开发新能源等领域开展广泛合作。

五是建立粮食安全合作机制。在农业生产、农产品贸易、食品安全等领域加强合作,确保粮食安全。

第四，加强人文交流和民间交往，为上海合作组织发展打牢民意基础和社会基础。我们要在文化、教育、影视、卫生、体育、旅游等领域广泛开展合作。

中方在北京峰会上已经宣布未来十年为其他成员国提供三万名政府奖学金名额。我们愿意同各成员国密切合作，落实好这一项目。

中方将在上海政法学院设立"中国—上海合作组织国际司法交流合作培训基地"，愿意利用这一平台为其他成员国培养司法人才。

传统医学是各方合作的新领域，中方愿意同各成员国合作建设中医医疗机构，充分利用传统医学资源为成员国人民健康服务。

根据各方达成的共识，中方已经率先成立上海合作组织睦邻友好合作委员会。建议各成员国和观察员国也成立类似社会团体，增进各国人民相互了解和传统友谊。

本次峰会发表的《比什凯克宣言》已就叙利亚问题阐述了上海合作组织成员国的立场。我愿在此强调，中方高度关注叙利亚局势，支持国际社会积极推动停火止暴、劝和促谈，呼吁叙利亚冲突双方通过政治途径解决危机。中方支持俄方提出的将叙利亚化学武器交由国际社会监管并销毁的建议，愿通过联合国安理会与有关各方加强沟通和协调，为推动政治解决叙利亚问题继续作出不懈努力。

谢谢各位。

共同建设二十一世纪
"海上丝绸之路"*

（二〇一三年十月三日）

中国和东盟国家山水相连、血脉相亲。今年是中国和东盟建立战略伙伴关系十周年，中国和东盟关系正站在新的历史起点上。

中方高度重视印尼在东盟的地位和影响，愿同印尼和其他东盟国家共同努力，使双方成为兴衰相伴、安危与共、同舟共济的好邻居、好朋友、好伙伴，携手建设更为紧密的中国—东盟命运共同体，为双方和本地区人民带来更多福祉。

为此，我们要着重从以下几个方面作出努力。

第一，坚持讲信修睦。人与人交往在于言而有信，国与国相处讲究诚信为本。中国愿同东盟国家真诚相待、友好相处，不断巩固政治和战略互信。

世界上没有放之四海而皆准的发展模式，也没有一

＊ 这是习近平同志在印度尼西亚国会的演讲《携手建设中国—东盟命运共同体》的一部分。

成不变的发展道路。中国和东盟国家人民勇于变革创新，不断开拓进取，探索和开辟顺应时代潮流、符合自身实际的发展道路，为经济社会发展打开了广阔前景。

我们应该尊重彼此自主选择社会制度和发展道路的权利，尊重各自推动经济社会发展、改善人民生活的探索和实践，坚定对对方战略走向的信心，在对方重大关切问题上相互支持，牢牢把握中国—东盟战略合作的大方向。

中国愿同东盟国家商谈缔结睦邻友好合作条约，共同绘就睦邻友好的美好蓝图。中国将一如既往支持东盟发展壮大，支持东盟共同体建设，支持东盟在区域合作中发挥主导作用。

第二，坚持合作共赢。"计利当计天下利。"中国愿在平等互利的基础上，扩大对东盟国家开放，使自身发展更好惠及东盟国家。中国愿提高中国—东盟自由贸易区水平，争取使二〇二〇年双方贸易额达到一万亿美元。

中国致力于加强同东盟国家的互联互通建设。中国倡议筹建亚洲基础设施投资银行，愿支持本地区发展中国家包括东盟国家开展基础设施互联互通建设。

东南亚地区自古以来就是"海上丝绸之路"的重要枢纽，中国愿同东盟国家加强海上合作，使用好中国政府设立的中国—东盟海上合作基金，发展好海洋合作伙伴关系，共同建设二十一世纪"海上丝绸之路"。中国愿通过扩大同东盟国家各领域务实合作，互通有无、优势互补，同东盟国家共享机遇、共迎挑战，实现共同发展、共同繁荣。

第三，坚持守望相助。中国和东盟国家唇齿相依，肩负着共同维护地区和平稳定的责任。历史上，中国和东盟国家人民在掌握民族命运的斗争中曾经并肩战斗、风雨同舟。近年来，从应对亚洲金融危机到应对国际金融危机，从抗击印度洋海啸到抗击中国汶川特大地震灾害，我们各国人民肩并着肩、手挽着手，形成了强大合力。

我们应该摒弃冷战思维，积极倡导综合安全、共同安全、合作安全的新理念，共同维护本地区和平稳定。我们应该深化在防灾救灾、网络安全、打击跨国犯罪、联合执法等方面的合作，为本地区人民营造更加和平、更加安宁、更加温馨的地区家园。

中国愿同东盟国家进一步完善中国—东盟防长会议机制，就地区安全问题定期举行对话。

对中国和一些东南亚国家在领土主权和海洋权益方面存在的分歧和争议，双方要始终坚持以和平方式，通过平等对话和友好协商妥善处理，维护双方关系和地区稳定大局。

第四，坚持心心相印。"合抱之木，生于毫末；九层之台，起于累土"。保持中国—东盟友谊之树长青，必须夯实双方关系的社会土壤。去年，中国和东盟国家人员往来达一千五百万人次，每周有一千多个航班往返于中国和东盟国家之间。交往多了，感情深了，心与心才能贴得更近。

我们要促进青年、智库、议会、非政府组织、社会团体等的友好交流，为中国—东盟关系发展提供更多智力支撑，增进人民了解和友谊。中国愿向东盟派出更多志愿者，支持东盟国家文化、教育、卫生、医疗等领域事业发展。中国倡议将二〇一四年确定为中国—东盟文化交流年。今后三到五年，中国将向东盟国家提供一万五千个政府奖学金名额。

第五，坚持开放包容。"海纳百川，有容乃大。"在漫长历史进程中，中国和东盟国家人民创造了丰富多彩、享誉世界的辉煌文明。这里是充满多样性的区域，各种文明在相互影响中融合演进，为中国和东盟国家人民相互学习、相互借鉴、相互促进提供了重要文化基础。

我们要积极借鉴其他地区发展经验，欢迎域外国家为本地区发展稳定发挥建设性作用。同时，域外国家也应该尊重本地区的多样性，多做有利于本地区发展稳定的事情。中国—东盟命运共同体和东盟共同体、东亚共同体息息相关，应发挥各自优势，实现多元共生、包容共进，共同造福于本地区人民和世界各国人民。

一个更加紧密的中国—东盟命运共同体，符合求和平、谋发展、促合作、图共赢的时代潮流，符合亚洲和世界各国人民共同利益，具有广阔发展空间和巨大发展潜力。

发挥亚太引领作用，
维护和发展开放型世界经济[*]

（二〇一三年十月七日）

尊敬的苏西洛总统，

各位同事：

很高兴能在美丽的巴厘岛同大家共商世界经济大计，共谋亚太合作未来。首先，我谨对苏西洛总统和印尼政府为本次会议所作的周到安排表示衷心的感谢！

当前，世界经济形势总体朝好的方向发展，但不稳定不确定因素依然突出。国际金融危机深层次影响仍未消除，跨境金融风险不可忽视。主要发达经济体结构性问题远未解决，加强宏观经济政策协调必要性突出。一些亚太新兴市场经济体面临的外部风险和压力增大，金融市场波动，经济增速放缓。世界贸易组织多哈回合谈判进展缓慢，贸易和投资保护主义有新的发展。实现世界经济全面复苏和健康成长仍然面临严峻挑战。

---

  * 这是习近平同志在印度尼西亚巴厘岛举行的亚太经合组织领导人会议第一阶段会议上关于全球经济形势和多边贸易体制的发言。

亚太经合组织承载着推动本地区和全球发展的重要使命，面对上述挑战，应该展示勇气和决心，发挥引领和协调作用，维护和发展开放型世界经济，推动亚太地区继续在世界经济复苏方面发挥引擎作用。

第一，加强宏观经济政策协调，携手推动亚太共同发展。经济全球化背景下各经济体一荣俱荣、一损俱损，应该争取通过宏观经济政策协调，放大正面联动效应，防止和减少负面外溢效应。我们要秉持开放包容、合作共赢精神，不能互相踩脚，甚至互相抵消。主要储备货币发行经济体要实施负责任的宏观经济政策，对有关政策特别是货币政策调整尤其需要慎重，不管是进入还是退出，都要考虑对本地区的影响，加强同其他经济体的沟通和协调。

亚太经合组织也应该发挥同样作用，推动形成亚太地区政策协调、增长联动、利益融合的开放发展格局。

第二，客观判断形势，沉着应对挑战，全力维护亚太经济金融稳定。当前，世界经济变动对亚太金融市场、资金流动、汇率稳定带来挑战，增加了本地区经济金融风险。我们要注意防范风险叠加造成亚太经济金融大动荡，以社会政策托底经济政策，防止经济金融风险演化为政治社会问题。

同时要看到，亚太地区谋和平、求稳定、促发展的共同愿望没有改变，亚太地区在世界政治经济版图中的地位和作用上升的历史趋势没有改变，亚太地区经济持续快速增长的动力和潜力没有改变。亚太经济体已经从过去的经历中吸取了教训，抵御风险能力显著增强。我们有理由对亚太发展前景保持信心。

第三，着眼长远，推动各成员深化经济结构调整，为亚太持久发展注入更大动力。人无远虑，必有近忧。在解决当前问题的同时，更要谋划长远。长远发展的关键，在于改革创新。要转变经济发展方式，调整经济结构，推进改革创新，释放内需潜力、创新动力、市场活力，为经济持续健康发展提供内生动力。改革之路从无坦途，无论发达成员还是发展中成员，都要做好为改革付出必要成本的准备。惟其艰难，才更显勇毅；惟其笃行，才弥足珍贵。

亚太各经济体应该加快自身经济结构调整，加深产业链和价值链融合，推动亚太地区在全球率先形成新的增长产业群，继续担负起世界经济引擎的重要责任。

各位同事！

两个月后举行的世界贸易组织第九届部长级会议，将对多哈回合谈判命运、多边贸易体制前途产生重要影响。与此同时，区域贸易安排呈现并进格局，规则标准各异、路径选择不同。对此，我愿意提出以下主张。

一是形成合力，共同推动亚太经济一体化进程。中方对任何有利于亚太区域融合的机制安排都持开放态度。同时认为，有关安排应该建立合作而非对立的关系，倡导开放而非封闭的理念，寻求共赢而非零和的结果，实现一体化而非碎片化的目标。要相互借鉴、相互促进，形成彼此融合、互为补充的局面。

亚太经合组织成员应该秉持开放、包容、透明原则，体现灵活性，建立并尽早启动自由贸易区信息交流机制，发挥亚太经合组织引领和协调作用，推动有关区域贸易安排向亚太经合组织领导人汇报谈判进展及落实情况，加强沟通交流，为最终实现亚太自由贸易区创造有利条件。

二是致力于开放式发展，坚决反对贸易保护主义。各成员经济，开放则共进，封闭则自困。今年会议回归茂物目标诞生地，具有特殊意义。我们要秉持茂物目标精神，坚持开放的区域主义，不能"各家自扫门前雪，莫管他人瓦上霜"。发达成员要在扩大市场开放上作好表率，更加重视经济技术合作，帮助发展中成员提升竞争力。

三是坚定信心，为多边贸易体制注入新的活力。亚太经合组织曾经为结束乌拉圭回合谈判发挥过重要作用，更是多哈回合的坚定支持者。历史又来到了同样的时刻，我们应该勇于担当，为推动多哈回合谈判发出强有力政治信号，给予贸易部长们更多政治指导和灵活性，力促各方达成早期收获，坚定全面完成多哈回合的决心，并确定具体路线图。

各位同事！

亚太经合组织正在进入新的发展时期。站在历史新起点上，让我们携起手来，秉持开放包容、合作共赢的思想，推动亚太经合组织发挥更大作用！

谢谢大家。

牢固树立亚太命运共同体意识[*]

（二〇一三年十月七日）

亚太是个大家庭，中国是大家庭中的一员。中国发展离不开亚太，亚太繁荣也离不开中国。中国经济持续健康发展，将会给亚太发展带来更大机遇。

中国将坚定维护地区和平稳定，为亚太共赢夯实基础。我在今年博鳌亚洲论坛等多个场合说过，和平犹如空气和阳光，受益而不觉，失之则难存。没有和平，发展就是无源之水、无本之木。家和万事兴，中国是亚太大家庭的一员，愿意同所有家庭成员和睦相处、守望相助，也希望亚太各方能珍惜来之不易的和平稳定局面，共同推动建设一个持久和平、共同繁荣的和谐亚太。

中国将大力促进地区发展繁荣，为亚太共赢拓展机遇。中国是亚太许多经济体的最大贸易伙伴、最大出口市场、主要投资来源地。二〇一二年，中国对亚洲经济增长的贡献率已经超过百分之五十。截至二〇一二年

---

* 这是习近平同志在印度尼西亚巴厘岛举行的亚太经合组织工商领导人峰会上的演讲《深化改革开放，共创美好亚太》的一部分。

底，中国累计批准外商投资企业七十六万多家，外商直接投资约一万三千亿美元。中国已经同二十个国家和地区签署了十二个自由贸易协定，正在谈判的有六个，其中大多数自由贸易伙伴是亚太经合组织成员。今后五年，中国进口商品将超过十万亿美元，对外投资将超过五千亿美元，出境旅游将超过四亿人次。中国国内需求特别是消费和投资需求扩大，将给国外投资者带来更多合作机会。

中国将致力于构建横跨太平洋两岸、惠及各方的地区合作框架。太平洋之所以广大，是因为它没有任何自然阻隔，我们也不应该为它设定人为的阻隔。我们要发挥亚太经合组织引领和协调作用，秉持开放包容、互利共赢思想，加强宏观经济政策协调、促进区域自由贸易安排的协调，深化区域一体化进程，防止出现"意大利面碗"现象，推动在太平洋两岸构建更紧密伙伴关系，共谋亚太长远发展。

"浩渺行无极，扬帆但信风。"亚太是我们共同发展的空间，我们都是亚太这片大海中前行的风帆。亚太未来发展攸关亚太经合组织每个成员的利益。

中国对本次亚太经合组织领导人非正式会议充满期待，希望同亚太伙伴们携手同心，共同创建引领世界、惠及各方、造福子孙的美好亚太。对此，我愿分享四点愿景。

第一，亚太地区应该谋求共同发展。亚太各经济体联系紧密、利益交融，要充分发挥各自优势，优化经济资源配置，完善产业布局，建设利益共享的亚太价值链，培育普惠各方的亚太大市场。发达经济体应该为发展中经济体提供更多支持和帮助，后者也要迎头赶上。只有缩小发展差距，亚太才能水涨船高。

第二，亚太地区应该坚持开放发展。第二次世界大战结束后，全球有十三个经济体实现二十五年多的高速增长，其共同特征就是采取开放政策。我们要顺应时代潮流，维护自由、开放、非歧视的多边贸易体制，反对各种形式的保护主义。我们要携手建设开放型经济和区域合作框架，以开放包容精神推进亚太自由贸易区建设。

第三，亚太地区应该推动创新发展。单纯依靠财政刺激政策和非常规货币政策的增长不可持续，建立在过度资源消耗和环境污染基础上的增长得不偿失。我们既要创新发展思路，也要创新发展手段。要打破旧的思维定式和条条框框，坚持绿色发展、循环发展、低碳发展。要不断提高创新能力，用创新培育新兴产业，用创新发掘增长动力，用创新提升核心竞争力。

第四，亚太地区应该寻求联动发展。亚太各经济体利益交融，命运与共，一荣俱荣，一损俱损。在这个动态平衡的链条中，每个经济体的发展都会对其他经济体产生连锁反应。我们要牢固树立亚太命运共同体意识，以自身发展带动他人发展，以协调联动最大限度发挥各自优势，传导正能量，形成各经济体良性互动、协调发展的格局。

当前，亚洲国家特别是新兴市场和发展中国家的基础设施建设融资需求巨大，特别是近来还面临经济下行风险增大和金融市场动荡等严峻挑战，有必要动员更多资金进行基础设施建设，以保持经济持续稳定增长，促进区域互联互通和经济一体化。为此，中国倡议筹建亚洲基础设施投资银行，愿向包括东盟国家在内的本地区发展中国家的基础设施建设提供资金支持。新的亚洲基础设施投资银行将与域内外现有多边开发银行一道，共同合作，相互补充，共同促进亚洲经济的持续稳定发展。

坚持亲、诚、惠、容的
周边外交理念[*]

（二〇一三年十月二十四日）

　　做好周边外交工作，是实现"两个一百年"奋斗目标、实现中华民族伟大复兴的中国梦的需要，要更加奋发有为地推进周边外交，为我国发展争取良好的周边环境，使我国发展更多惠及周边国家，实现共同发展。

　　新中国成立后，以毛泽东同志为核心的党的第一代中央领导集体，以邓小平同志为核心的党的第二代中央领导集体，以江泽民同志为核心的党的第三代中央领导集体，以胡锦涛同志为总书记的党中央，都高度重视周边外交，提出了一系列重要战略思想和方针政策，开创和发展了我国总体有利的周边环境，为我们继续做好周边外交工作打下了坚实基础。党的十八大以来，党中央在保持外交大政方针延续性和稳定性的基础上，积极运筹外交全局，突出周边在我国发展大局和外交全局中的重要作用，开展了一系列重大外交活动。

---

[*] 这是习近平同志在周边外交工作座谈会上讲话的要点。

　　无论从地理方位、自然环境还是相互关系看，周边对我国都具有极为重要的战略意义。思考周边问题、开展周边外交要有立体、多元、跨越时空的视角。审视我国的周边形势，周边环境发生了很大变化，我国同周边国家的关系发生了很大变化，我国同周边国家的经贸联系更加紧密、互动空前密切。这客观上要求我们的周边外交战略和工作必须与时俱进、更加主动。

　　我国周边充满生机活力，有明显发展优势和潜力，我国周边环境总体上是稳定的，睦邻友好、互利合作是周边国家对华关系的主流。我们要谋大势、讲战略、重运筹，把周边外交工作做得更好。

　　我国周边外交的战略目标，就是服从和服务于实现"两个一百年"奋斗目标、实现中华民族伟大复兴，全面发展同周边国家的关系，巩固睦邻友好，深化互利合作，维护和用好我国发展的重要战略机遇期，维护国家主权、安全、发展利益，努力使周边同我国政治关系更加友好、经济纽带更加牢固、安全合作更加深化、人文联系更加紧密。

　　我国周边外交的基本方针，就是坚持与邻为善、以邻为伴，坚持睦邻、安邻、富邻，突出体现亲、诚、惠、容的理念。发展同周边国家睦邻友好关系是我国周边外交的一贯方针。要坚持睦邻友好，守望相助；讲平等、重感情；常见面，多走动；多做得人心、暖人心的事，使周边国家对我们更友善、更亲近、更认同、更支持，增强亲和力、感召力、影响力。要诚心诚意对待周边国家，争取更多朋友和伙伴。要本着互惠互利的原则同周边国家开展合作，编织更加紧密的共同利益网络，把双方利益融合提升到更高水平，让周边国家得益于我国发展，使我国也从周边国家共同发展中获得裨益和助力。要倡导包容的思想，强调亚太之大容得下大家共同发展，以更加开放的胸襟和更加积极的态度促进地区合作。这些理念，首先我们自己要身体力行，使之成为地区国家遵循和秉持的共同理念和行为准则。

做好新形势下周边外交工作，要从战略高度分析和处理问题，提高驾驭全局、统筹谋划、操作实施能力，全面推进周边外交。要着力维护周边和平稳定大局。走和平发展道路是我们党根据时代发展潮流和我国根本利益作出的战略抉择，维护周边和平稳定是周边外交的重要目标。

要着力深化互利共赢格局。统筹经济、贸易、科技、金融等方面资源，利用好比较优势，找准深化同周边国家互利合作的战略契合点，积极参与区域经济合作。要同有关国家共同努力，加快基础设施互联互通，建设好丝绸之路经济带、二十一世纪海上丝绸之路。要以周边为基础加快实施自由贸易区战略，扩大贸易、投资合作空间，构建区域经济一体化新格局。要不断深化区域金融合作，积极筹建亚洲基础设施投资银行，完善区域金融安全网络。要加快沿边地区开放，深化沿边省区同周边国家的互利合作。

要着力推进区域安全合作。我国同周边国家毗邻而居，开展安全合作是共同需要。要坚持互信、互利、平等、协作的新安全观，倡导全面安全、共同安全、合作安全理念，推进同周边国家的安全合作，主动参与区域和次区域安全合作，深化有关合作机制，增进战略互信。

要着力加强对周边国家的宣传工作、公共外交、民间外交、人文交流，巩固和扩大我国同周边国家关系长远发展的社会和民意基础。关系亲不亲，关键在民心。要全方位推进人文交流，深入开展旅游、科教、地方合作等友好交往，广交朋友，广结善缘。要对外介绍好我国的内外方针政策，讲好中国故事，传播好中国声音，把中国梦同周边各国人民过上美好生活的愿望、同地区发展前景对接起来，让命运共同体意识在周边国家落地生根。

政策和策略是党的生命，也是外交工作的生命。做好外交工作，胸中要装着国内国际两个大局，国内大局就是"两个一百年"奋斗目标，实现中华民族伟大复兴的中国梦；国际大局就是为我国改革发展稳定争取良好外部条件，维护国家主权、安全、发展利益，维护世界和平稳定、促进共同发展。要找到利益的共同点和交汇点，坚持正确义利观，有原则、讲情谊、讲道义，多向发展中国家提供力所能及的帮助。要推进外交工作改革创新，加强外交活动的策划设计，力求取得最大效果。

要做好外交工作的统筹兼顾，组织和协调好方方面面，注意发挥各自优势，把外交工作办得更好。

周边外交任务艰巨繁重，从事外交工作的同志们要增强责任感、使命感、紧迫感，牢记宗旨、提高本领、锤炼作风，讲奉献、敢担当、勇创新，更加积极有为地做好周边外交工作。

坚持理性、协调、并进的核安全观[*]

（二〇一四年三月二十四日）

尊敬的吕特首相，

各位同事：

今天，我们共聚海牙，探讨加强核安全对策，意义十分重大。首先，我谨对吕特首相和荷兰政府为本次峰会所作的积极努力和周到安排，表示衷心的感谢！

上个世纪，原子的发现和核能的开发利用给人类发展带来了新的动力，极大增强了我们认识世界和改造世界的能力。同时，核能发展也伴生着核安全风险和挑战。人类要更好利用核能、实现更大发展，就必须应对好各种核安全挑战，维护好核材料和核设施安全。

各位同事！

加强核安全是一个持续进程。核能事业发展不停步，加强核安全的努力就不能停止。从二〇一〇年的华盛顿，到二〇一二年的首尔，再到今天的海牙，核安全峰会承载着凝聚各国共识、深化核安全努力的重要使命。我们要坚持理性、协调、并进的核安全观，把核安

---

* 这是习近平同志在荷兰海牙核安全峰会上的讲话。

全进程纳入健康持续发展的轨道。

第一，发展和安全并重，以确保安全为前提发展核能事业。作为保障能源安全和应对气候变化的重要途径，和平利用核能事业，如同普罗米修斯带到人间的火种，为人类发展点燃了希望之火，拓展了美好前景。同时，如果不能有效保障核能安全，不能妥善应对核材料和核设施的潜在安全风险，就会给这一美好前景蒙上阴影，甚至带来灾难。要使核能事业发展的希望之火永不熄灭，就必须牢牢坚持安全第一原则。

我们要秉持为发展求安全、以安全促发展的理念，让发展和安全两个目标有机融合，使各国政府和核能企业认识到，任何以牺牲安全为代价的核能发展都难以持续，都不是真正的发展。只有采取切实举措，才能真正管控风险；只有实现安全保障，核能才能持续发展。

第二，权利和义务并重，以尊重各国权益为基础推进国际核安全进程。没有规矩，不成方圆。各国要切实履行核安全国际法律文书规定的义务，全面执行联合国安理会有关决议，巩固和发展现有核安全法律框架，为国际核安全努力提供制度保障和普遍遵循的指导原则。中国呼吁更多国家积极考虑批准核材料实物保护公约及其修订案、制止核恐怖主义行为国际公约。

各国国情不同，核能事业处于不同发展阶段，面临的核安全挑战也不尽相同。一把钥匙开一把锁。在强调各国履行有关国际义务的同时，也要尊重各国根据本国国情采取最适合自己的核安全政策和举措的权利，尊重各国保护核安全敏感信息的权利，坚持公平原则，本着务实精神，积极稳妥推进国际核安全进程。

第三，自主和协作并重，以互利共赢为途径寻求普遍核安全。核安全首先是国家课题，首要责任应该由各国政府承担。各国政府要知责任、负责任，强化核安全意识，培育核安全文化，加强机制建设，提升技术水平。这既是对自己负责，也是对世界负责。

核安全也是全球性课题。一个木桶的盛水量，是由最短的那块板决定的。一国核材料丢失，全世界都将面临威胁。实现普遍核安全，需要各国携手努力。我们要吸引更多国家加入国际核安全进程，使各国既从中受益，也为之作出贡献，争取实现核安全进程全球化。我们要加强交流、互鉴共享，有关多边机制和倡议要统筹协调、协同努力，争取做到即使不在同一起跑线上起跑，也不让一个伙伴掉队。

第四，治标和治本并重，以消除根源为目标全面推进核安全努力。核安全涉及不同层面，既包括实施科学有效管理，发展先进安全核能技术，也包括妥善应对核恐怖主义和核扩散。完善核安全政策举措，发展现代化和低风险的核能技术，坚持核材料供需平衡，加强防扩散出口控制，深化打击核恐怖主义的国际合作，是消除核安全隐患和核扩散风险的直接和有效途径。

治标还要治本。只有营造和平稳定的国际环境，发展和谐友善的国家关系，开展和睦开放的文明交流，才能从根源上解决核恐怖主义和核扩散问题，实现核能的持久安全和发展。

各位同事！

中国一向把核安全工作放在和平利用核能事业的首要位置，按照最严格标准对核材料和核设施实施管理。发展核能事业五十多年来，中国保持了良好的核安全记录。

荷兰哲人伊拉斯谟说过，预防胜于治疗。近几年，国际上发生的重大核事故为各国敲响了警钟，我们必须尽一切可能防止历史悲剧重演。

为防患于未然，中国全面采取了核安全保障举措。我们着力提高核安全技术水平，提高核安全应急能力，对全国核设施开展了全面安全检查，确保所有核材料和核设施得到有效安全保障。我们制定和实施了核安全中长期规划，完善国家核安全法规体系，正在制定国家核安全条例，扎实推进核安全工作机制化、法制化。

中国积极推动核安全国际合作。中国同美国合建的核安全示范中心举行了奠基仪式，工程建设进展顺利。这个中心将为地区乃至国际核安全技术交流合作作出贡献。中国在打击核材料非法贩运领域同俄罗斯和哈萨克斯坦等国开展一系列合作项目。中国支持在经济和技术可行的情况下，尽可能减少高浓铀使用，正在国际原子能机构框架内帮助加纳把一个使用高浓铀的研究堆改造为使用低浓铀燃料。中国向国际原子能机构核安全基金捐款，通过举办培训班等方式，提升亚太地区国家核安全能力。

各位同事！

光明前进一分，黑暗便后退一分。我们在核安全领域多作一份努力，恐怖主义就少一次可乘之机。为实现持久核安全，中国愿意继续作出自己的努力和贡献。

第一，中国将坚定不移增强自身核安全能力，继续致力于加强核安全政府监管能力建设，加大核安全技术研发和人力资源投入力度，坚持培育和发展核安全文化。

第二，中国将坚定不移参与构建国际核安全体系，同各国一道推动建立公平、合作、共赢的国际核安全体系，促进各国共享和平利用核能事业的成果。

第三，中国将坚定不移支持核安全国际合作，愿意为此分享技术和经验，贡献资源和平台，促进地区和国际核安全合作。中国支持国际原子能机构发挥主导作用，鼓励其帮助发展中国家提高核安全能力。中国将继续积极参与核安全活动，邀请国际原子能机构开展实物保护咨询服务。

第四，中国将坚定不移维护地区和世界和平稳定，坚持和平发展、合作共赢，通过平等对话和友好协商妥善处理矛盾和争端，同各国一道致力于消除核恐怖主义和核扩散存在的根源。

各位同事！

加强核安全，既是我们的共同承诺，也是我们的共同责任。让我们携手合作，使各国人民对实现持久核安全更有信心、对核能事业造福人类更有信心！

谢谢大家。

在联合国教科文组织总部的演讲

（二〇一四年三月二十七日）

尊敬的博科娃总干事，

女士们，先生们，朋友们：

大家好！有机会来到联合国教科文组织总部，感到十分高兴。首先，我谨对博科娃女士再次当选教科文组织总干事，表示衷心的祝贺！对教科文组织为推动人类文明交流互鉴作出的卓越贡献，表示诚挚的敬意！

教科文组织诞生于六十九年前，那时世界反法西斯战争硝烟刚刚散去。面对战争给人类带来的惨烈后果，人类又一次反思战争与和平的真谛。千百年来，人类都梦想着持久和平，但战争始终像一个幽灵一样伴随着人类发展历程。此时此刻，世界上很多孩子正生活在战乱的惊恐之中。我们必须作出努力，让战争远离人类，让全世界的孩子们都在和平的阳光下幸福成长。

在教科文组织总部大楼前的石碑上，用多种语言镌刻着这样一句话："战争起源于人之思想，故务需于人之思想中筑起保卫和平之屏障。"

只要世界人民在心灵中坚定了和平理念、扬起了和平风帆，就能形成防止和反对战争的强大力量。人们希望通过文明交流、平等教育、普及科学，消除隔阂、偏见、仇视，播撒和平理念的种子。这就是教科文组织成立的初衷。

这样一种期待，这样一种憧憬，是我们今天依然要坚守的。不仅要坚守，而且要通过跨国界、跨时空、跨文明的教育、科技、文化活动，让和平理念的种子在世界人民心中生根发芽，让我们共同生活的这个星球生长出一片又一片和平的森林。

自一九四五年成立以来，教科文组织忠实履行使命，在增进世界人民相互了解和信任、推动不同文明交流互鉴方面进行了不懈努力。中国高度重视同教科文组织的合作，愿意加大参与教科文组织的各项活动。为体现对非洲的支持和帮助，我们决定把通过教科文组织向包括非洲国家在内的发展中国家提供的长城奖学金名额由每年二十五人扩大为七十五人，我们还将同教科文组织一道把援助非洲信托基金的活动继续开展下去。

女士们、先生们、朋友们！

文明因交流而多彩，文明因互鉴而丰富。文明交流互鉴，是推动人类文明进步和世界和平发展的重要动力。

推动文明交流互鉴，需要秉持正确的态度和原则。我认为，最重要的是坚持以下几点。

第一，文明是多彩的，人类文明因多样才有交流互鉴的价值。阳光有七种颜色，世界也是多彩的。一个国家和民族的文明是一个国家和民族的集体记忆。人类在漫长的历史长河中，创造和发展了多姿多彩的文明。从茹毛饮血到田园农耕，从工业革命到信息社会，构成了波澜壮阔的文明图谱，书写了激荡人心的文明华章。

"一花独放不是春，百花齐放春满园。"如果世界上只有一种花朵，就算这种花朵再美，那也是单调的。不论是中华文明，还是世界上存在的其他文明，都是人类文明创造的成果。

我参观过法国卢浮宫，也参观过中国故宫博物院，它们珍藏着千万件艺术珍品，吸引人们眼球的正是其展现的多样文明成果。文明交流互鉴不应该以独尊某一种文明或者贬损某一种文明为前提。中国人在二千多年前就认识到了"物之不齐，物之情也"的道理。推动文明交流互鉴，可以丰富人类文明的色彩，让各国人民享受更富内涵的精神生活、开创更有选择的未来。

第二，文明是平等的，人类文明因平等才有交流互鉴的前提。各种人类文明在价值上是平等的，都各有千秋，也各有不足。世界上不存在十全十美的文明，也不存在一无是处的文明，文明没有高低、优劣之分。

我访问过世界上许多地方，最喜欢做的一件事情就是了解五大洲的不同文明，了解这些文明与其他文明的不同之处、独到之处，了解在这些文明中生活的人们的世界观、人生观、价值观。我到过代表古玛雅文明的奇琴伊察，也到过带有浓厚伊斯兰文明色彩的中亚古城撒马尔罕。我深深感到，要了解各种文明的真谛，必须秉持平等、谦虚的态度。如果居高临下对待一种文明，不仅不能参透这种文明的奥妙，而且会与之格格不入。历史和现实都表明，傲慢和偏见是文明交流互鉴的最大障碍。

第三，文明是包容的，人类文明因包容才有交流互鉴的动力。海纳百川，有容乃大。人类创造的各种文明都是劳动和智慧的结晶。每一种文明都是独特的。在文明问题上，生搬硬套、削足适履不仅是不可能的，而且是十分有害的。一切文明成果都值得尊重，一切文明成果都要珍惜。

历史告诉我们，只有交流互鉴，一种文明才能充满生命力。只要秉持包容精神，就不存在什么"文明冲突"，就可以实现文明和谐。这就是中国人常说的："萝卜青菜，各有所爱。"

中华文明经历了五千多年的历史变迁，但始终一脉相承，积淀着中华民族最深层的精神追求，代表着中华民族独特的精神标识，为中华民族生生不息、发展壮大提供了丰厚滋养。中华文明是在中国大地上产生的文明，也是同其他文明不断交流互鉴而形成的文明。

公元前一百多年，中国就开始开辟通往西域的丝绸之路。汉代张骞于公元前一百三十八年和一百一十九年两次出使西域，向西域传播了中华文化，也引进了葡萄、苜蓿、石榴、胡麻、芝麻等西域文化成果。西汉时期，中国的船队就到达了印度和斯里兰卡，用中国的丝绸换取了琉璃、珍珠等物品。中国唐代是中国历史上对外交流的活跃期。据史料记载，唐代中国通使交好的国家多达七十多个，那时候的首都长安里来自各国的使臣、商人、留学生云集成群。这个大交流促进了中华文化远播世界，也促进了各国文化和物产传入中国。十五世纪初，中国明代著名航海家郑和七次远洋航海，到了东南亚很多国家，一直抵达非洲东海岸的肯尼亚，留下了中国同沿途各国人民友好交往的佳话。明末清初，中国人积极学习现代科技知识，欧洲的天文学、医学、数学、几何学、地理学知识纷纷传入中国，开阔中国人的知识视野。之后，中外文明交流互鉴更是频繁展开，这其中有冲突、矛盾、疑惑、拒绝，但更多是学习、消化、融合、创新。

佛教产生于古代印度，但传入中国后，经过长期演化，佛教同中国儒家文化和道家文化融合发展，最终形成了具有中国特色的佛教文化，给中国人的宗教信仰、哲学观念、文学艺术、礼仪习俗等留下了深刻影响。中国唐代玄奘西行取经，历尽磨难，体现的是中国人学习域外文化的坚韧精神。根据他的故事演绎的神话小说《西游记》，我想大家都知道。中国人根据中华文化发展了佛教思想，形成了独特的佛教理论，而且使佛教从中国传播到了日本、韩国、东南亚等地。

二千多年来，佛教、伊斯兰教、基督教等先后传入中国，中国音乐、绘画、文学等也不断吸纳外来文明的优长。中国传统画法同西方油画融合创新，形成了独具魅力的中国写意油画，徐悲鸿等大师的作品受到广泛赞赏。中国的造纸术、火药、印刷术、指南针四大发明带动了世界变革，推动了欧洲文艺复兴。中国哲学、文学、医药、丝绸、瓷器、茶叶等传入西方，渗入西方民众日常生活之中。《马可·波罗游记》令无数人对中国心向往之。

大家都知道，中国有秦俑，人们称之为"地下的军团"。法国总统希拉克参观之后说："不看金字塔，不算真正到过埃及。不看秦俑，不算真正到过中国。"一九八七年，这一尘封了二千多年的中华文化珍品被列入世界文化遗产。中国还有大量文明成果被教科文组织列入世界文化遗产、世界非物质文化遗产、世界记忆遗产名录。这里，我要对教科文组织为保存和传播中华文明作出的贡献，表示衷心的感谢！

女士们、先生们、朋友们！

当今世界，人类生活在不同文化、种族、肤色、宗教和不同社会制度所组成的世界里，各国人民形成了你中有我、我中有你的命运共同体。

中国人早就懂得了"和而不同"的道理。生活在二千五百年前的中国史学家左丘明在《左传》中记录了齐国上大夫晏子关于"和"的一段话："和如羹焉，水、火、醯、醢、盐、梅，以烹鱼肉。""声亦如味，一气，二体，三类，四物，五声，六律，七音，八风，九歌，以相成也。""若以水济水，谁能食之？若琴瑟之专壹，谁能听之？"

世界上有二百多个国家和地区，二千五百多个民族和多种宗教。如果只有一种生活方式，只有一种语言，只有一种音乐，只有一种服饰，那是不可想象的。

雨果说，世界上最宽阔的是海洋，比海洋更宽阔的是天空，比天空更宽阔的是人的胸怀。对待不同文明，我们需要比天空更宽阔的胸怀。文明如水，润物无声。我们应该推动不同文明相互尊重、和谐共处，让文明交流互鉴成为增进各国人民友谊的桥梁、推动人类社会进步的动力、维护世界和平的纽带。我们应该从不同文明中寻求智慧、汲取营养，为人们提供精神支撑和心灵慰藉，携手解决人类共同面临的各种挑战。

一九八七年，在中国陕西的法门寺，地宫中出土了二十件美轮美奂的琉璃器，这是唐代传入中国的东罗马和伊斯兰的琉璃器。我在欣赏这些域外文物时，一直在思考一个问题，就是对待不同文明，不能只满足于欣赏它们产生的精美物件，更应该去领略其中包含的人文精神；不能只满足于领略它们对以往人们生活的艺术表现，更应该让其中蕴藏的精神鲜活起来。

女士们、先生们、朋友们！

拿破仑曾经说过，世上有两种力量：利剑和思想；从长而论，利剑总是败在思想手下。我们要积极发展教育事业，通过普及教育，启迪心智，传承知识，陶冶情操，使人们在持续的格物致知中更好认识各种文明的价值，让教育为文明传承和创造服务。我们要大力发展科技事业，通过科技进步和创新，认识自我，认识世界，改造社会，使人们在持续的天工开物中更好掌握科技知识和技能，让科技为人类造福。我们要大力推动文化事业发展，通过文化交流，沟通心灵，开阔眼界，增进共识，让人们在持续的以文化人中提升素养，让文化为人类进步助力。

女士们、先生们、朋友们！

中国人民正在为实现中华民族伟大复兴的中国梦而奋斗。实现中华民族伟大复兴的中国梦，就是要实现国家富强、民族振兴、人民幸福，既深深体现了今天中国人的理想，也深深反映了中国人自古以来不懈追求进步的光荣传统。

实现中国梦，是物质文明和精神文明均衡发展、相互促进的结果。没有文明的继承和发展，没有文化的弘扬和繁荣，就没有中国梦的实现。中华民族的先人们早就向往人们的物质生活充实无忧、道德境界充分升华的大同世界。中华文明历来把人的精神生活纳入人生和社会理想之中。所以，实现中国梦，是物质文明和精神文明比翼双飞的发展过程。随着中国经济社会不断发展，中华文明也必将顺应时代发展焕发出更加蓬勃的生命力。

每一种文明都延续着一个国家和民族的精神血脉，既需要薪火相传、代代守护，更需要与时俱进、勇于创新。中国人民在实现中国梦的进程中，将按照时代的新进步，推动中华文明创造性转化和创新性发展，激活其生命力，把跨越时空、超越国度、富有永恒魅力、具有当代价值的文化精神弘扬起来，让收藏在博物馆里的文物、陈列在广阔大地上的遗产、书写在古籍里的文字都活起来，让中华文明同世界各国人民创造的丰富多彩的文明一道，为人类提供正确的精神指引和强大的精神动力。

女士们、先生们、朋友们！

"等闲识得东风面，万紫千红总是春。"明年是教科文组织成立七十周年，我相信，在博科娃总干事领导下，教科文组织一定能为推动人类文明交流互鉴、促进世界和平谱写新的篇章。

谢谢大家。

中国梦是追求和平、追求幸福、奉献世界的梦[*]

（二〇一四年三月二十七日）

有梦想，有机会，有奋斗，一切美好的东西都能创造出来。当前，中国人民正在为实现中华民族伟大复兴的中国梦而奋斗。奥朗德总统也提出了法国梦。去年奥朗德总统访华时还向我建议，在两国人民实现各自梦想的基础上，努力实现"中法梦"。

近代以来，中华民族最大的梦想就是实现中华民族伟大复兴。中国的历史文化、历史命运、历史条件决定了中国人民必须在自己选择的道路上实现自己的梦想。

——中国梦是追求和平的梦。中国梦需要和平，只有和平才能实现梦想。天下太平、共享大同是中华民族绵延数千年的理想。历经苦难，中国人民珍惜和平，希望同世界各国一道共谋和平、共护和平、共享和平。历史将证明，实现中国梦给世界带来的是机遇不是威胁，

＊ 这是习近平同志在法国巴黎举行的中法建交五十周年纪念大会上讲话的一部分。

是和平不是动荡，是进步不是倒退。拿破仑说过，中国是一头沉睡的狮子，当这头睡狮醒来时，世界都会为之发抖。中国这头狮子已经醒了，但这是一只和平的、可亲的、文明的狮子。

——中国梦是追求幸福的梦。中国梦是中华民族的梦，也是每个中国人的梦。我们的方向就是让每个人获得发展自我和奉献社会的机会，共同享有人生出彩的机会，共同享有梦想成真的机会，保证人民平等参与、平等发展权利，维护社会公平正义，使发展成果更多更公平惠及全体人民，朝着共同富裕方向稳步前进。

——中国梦是奉献世界的梦。"穷则独善其身，达则兼善天下。"这是中华民族始终崇尚的品德和胸怀。中国一心一意办好自己的事情，既是对自己负责，也是为世界作贡献。随着中国不断发展，中国已经并将继续尽己所能，为世界和平与发展作出自己的贡献。

为了实现中国梦，我们确立了"两个一百年"奋斗目标，就是到二〇二〇年实现国内生产总值和城乡居民人均收入比二〇一〇年翻一番，全面建成小康社会；到本世纪中叶建成富强民主文明和谐的社会主义现代化国家，实现中华民族伟大复兴。

我们认识到，为了实现中国梦，必须全面深化改革，进一步解放思想、解放和发展社会生产力、解放和增强社会活力。去年十一月，中国共产党召开了十八届三中全会，对全面深化改革作出总体部署，吹响了新一轮全面改革的集合号。我们将通过经济、政治、文化、社会、生态文明等各领域改革，完善和发展中国特色社会主义制度、推进国家治理体系和治理能力现代化，使市场在资源配置中起决定性作用，更好发挥政府作用。目前，这些改革举措都建立了总台账、明确了责任制，正在逐项抓落实。展望未来，中国发展潜力巨大、前景广阔，中国发展必将为世界各国提供更大合作空间。

"万物并育而不相害，道并行而不相悖。"中国梦是法国的机遇，法国梦也是中国的机遇。开创紧密持久的中法全面战略伙伴关系新时代，是我们唯一正确的选择，也是我这次访法期间，同奥朗德总统达成的最重要战略共识。我真诚希望，中法两国和两国人民在实现中国梦和法国梦的过程中相互理解、相互帮助，共同实现"中法梦"。

在德国科尔伯基金会的演讲

（二〇一四年三月二十八日）

尊敬的魏茨泽克前总统，

尊敬的施密特前总理，

尊敬的魏迈尔副主席，

女士们，先生们，朋友们：

古腾塔克[1]！大家好！我很高兴应魏茨泽克前总统和科尔伯基金会的邀请，与大家见面。首先，我谨对科尔伯基金会在促进中欧相互了解和理解方面作出的努力和贡献，表示诚挚的谢意！

五年前，我曾访问过贵国。当时，国际金融危机影响还在发酵，欧债问题初露端倪，全球经济笼罩在一片不安之中，颇有"黑云压城城欲摧"之感。那次访问期间，中德决定推动各领域合作向更高层次迈进，以实际行动共克时艰。

五年后，我高兴地看到，欧洲在应对主权债务问题上取得了积极进展，经济复苏迹象明显。德国作为欧洲经济"稳定锚"和欧洲一体化的推动者，发挥了关键作用，赢得了国际社会赞誉。我们为中国同德国和欧洲合作应对国际金融危机冲击取得的成果感到高兴。

当前，中德关系正处在历史最好时期，双方交流合作的广度、深度、热度都达到了前所未有的水平。事实证明，中德实现优势互补、共同发展，不仅可以造福两国和两国人民，而且可以为世界和平与发展发挥重要促进作用。

女士们、先生们、朋友们！

为什么中德两国交流合作能出现这样的好局面？我认为，一个重要因素就是经过双方长期努力，懂得了不同历史文化、不同国情、不同社会制度的国家要相互理解、真诚相待，善于倾听对方意见，设身处地从对方的角度思考问题。

相互了解、相互理解是促进国家关系发展的基础性工程。了解越多，理解越深，交流合作的基础就越牢固、越广泛。

众所周知，经过改革开放三十多年的快速发展，中国经济总量已经位居世界第二。面对中国的块头不断长大，有些人开始担心，也有一些人总是戴着有色眼镜看中国，认为中国发展起来了必然是一种"威胁"，甚至把中国描绘成一个可怕的"墨菲斯托"，似乎哪一天中国就要摄取世界的灵魂。尽管这种论调像天方夜谭一样，但遗憾的是，一些人对此却乐此不疲。这只能再次证明了一条真理：偏见往往最难消除。

纵观人类历史，把人们隔离开来的往往不是千山万水，不是大海深壑，而是人们相互认知上的隔膜。莱布尼茨说，唯有相互交流我们各自的才能，才能共同点燃我们的智慧之灯。

借此机会，我想以中国坚持走和平发展道路为题，就中国改革发展谈点体会，希望有助于增进大家对中国的了解和理解。

中国早就向世界郑重宣示：中国坚定不移走和平发展道路，既通过维护世界和平发展自己，又通过自身发展维护世界和平。走和平发展道路，是中国对国际社会关注中国发展走向的回应，更是中国人民对实现自身发展目标的自信和自觉。这种自信和自觉，来源于中华文明的深厚渊源，来源于对实现中国发展目标条件的认知，来源于对世界发展大势的把握。

中华民族是爱好和平的民族。一个民族最深沉的精神追求，一定要在其薪火相传的民族精神中来进行基因测序。有着五千多年历史的中华文明，始终崇尚和平，和平、和睦、和谐的追求深深植根于中华民族的精神世界之中，深深溶化在中国人民的血脉之中。中国自古就提出了"国虽大，好战必亡"的箴言。"以和为贵"、"和而不同"、"化干戈为玉帛"、"国泰民安"、"睦邻友邦"、"天下太平"、"天下大同"等理念世代相传。中国历史上曾经长期是世界上最强大的国家之一，但没有留下殖民和侵略他国的记录。我们坚持走和平发展道路，是对几千年来中华民族热爱和平的文化传统的继承和发扬。

中国已经确定了未来发展目标，这就是到二〇二〇年国内生产总值和城乡居民人均收入比二〇一〇年翻一番、全面建成小康社会，到本世纪中叶建成富强民主文明和谐的社会主义现代化国家。我们形象地把这个目标概括为实现中华民族伟大复兴的中国梦。中国有十三亿多人，只要道路正确，整体的财富水平和幸福指数可以迅速上升，但每个个体的财富水平和幸福指数的提高就不那么容易了。同样一桌饭，即使再丰盛，八个人吃和八十个人吃、八百个人吃是完全不一样的。我们深知，在相当长时期内，中国仍然是世界上最大的发展中国家，提高十三亿多人的生活水平和质量需要我们付出艰苦的努力。中国要聚精会神搞建设，需要两个基本条件，一个是和谐稳定的国内环境，一个是和平安宁的国际环境。

历史是最好的老师，它忠实记录下每一个国家走过的足迹，也给每一个国家未来的发展提供启示。从一八四〇年鸦片战争到一九四九年新中国成立的一百多年间，中国社会战火频频、兵燹不断，内部战乱和外敌入侵循环发生，给中国人民带来了不堪回首的苦难。仅日本军国主义发动的侵华战争，就造成了中国军民伤亡三千五百多万人的人间惨剧。这段悲惨的历史，给中国人留下了刻骨铭心的记忆。中国人历来讲求"己所不欲，勿施于人"。中国需要和平，就像人需要空气一样，就像万物生长需要阳光一样。只有坚持走和平发展道路，

只有同世界各国一道维护世界和平，中国才能实现自己
的目标，才能为世界作出更大贡献。

中国民主革命的先行者孙中山先生说："世界潮流，
浩浩荡荡，顺之则昌，逆之则亡。"历史告诉我们，一
个国家要发展繁荣，必须把握和顺应世界发展大势，反
之必然会被历史抛弃。什么是当今世界的潮流？答案只
有一个，那就是和平、发展、合作、共赢。中国不认同
"国强必霸"的陈旧逻辑。当今世界，殖民主义、霸权
主义的老路还能走得通吗？答案是否定的。不仅走不
通，而且一定会碰得头破血流。只有和平发展道路可以
走得通。所以，中国将坚定不移走和平发展道路。

事实胜于雄辩。几十年来，中国始终坚持独立自主
的和平外交政策，始终强调中国外交政策的宗旨是维护
世界和平、促进共同发展。中国多次公开宣示，中国反
对各种形式的霸权主义和强权政治，不干涉别国内政，
永远不称霸，永远不搞扩张。我们在政策上是这样规定
的、制度上是这样设计的，在实践中更是一直这样做
的。当然，中国将坚定不移维护自己的主权、安全、发
展利益，任何国家都不要指望我们会吞下损害中国主
权、安全、发展利益的苦果。

总之，中国走和平发展道路，不是权宜之计，更不
是外交辞令，而是从历史、现实、未来的客观判断中得
出的结论，是思想自信和实践自觉的有机统一。和平发
展道路对中国有利、对世界有利，我们想不出有任何理

由不坚持这条被实践证明是走得通的道路。

女士们、先生们、朋友们！

去年十一月，中国共产党召开了十八届三中全会，对未来中国改革开放作出了顶层设计，提出了改革的路线图和时间表，我们的总目标是完善和发展中国特色社会主义制度、推进国家治理体系和治理能力现代化，为中国长远发展奠定更好的制度基础。

中国正在加快推进新型工业化、信息化、城镇化、农业现代化，将激发巨大的投资和消费需求。中国人均国内生产总值已接近七千美元，进入了居民消费结构和产业结构快速升级的时期。二〇一三年，中国服务业比重首次超过工业制造业。中国服务业比重和地位将继续提高，高附加值和高技术产业比重将不断上升，新的消费热点和经济增长点也将不断涌现。未来五年，中国预计将进口超过十万亿美元的商品，对外投资规模累计将超过五千亿美元，还将有超过五亿人次出境旅游。

中国先哲老子讲："大邦者下流。"就是说，大国要像居于江河下游那样，拥有容纳天下百川的胸怀。中国愿意以开放包容心态加强同外界对话和沟通，虚心倾听世界的声音。我们期待时间能够消除各种偏见和误解，也期待外界能够更多以客观、历史、多维的眼光观察中国，真正认识一个全面、真实、立体的中国。

中国的发展绝不以牺牲别国利益为代价，我们绝不做损人利己、以邻为壑的事情。我们将从世界和平与发展的大义出发，贡献处理当代国际关系的中国智慧，贡献完善全球治理的中国方案，为人类社会应对二十一世纪的各种挑战作出自己的贡献。

女士们、先生们、朋友们！

中华民族和德意志民族是两个伟大民族，为人类文明进步作出了重大贡献。德国不仅以其发达的科学技术和现代制造业闻名世界，而且在哲学、文学、音乐等领域诞生许多享誉全球的巨擘，他们的许多作品早已为中国民众所熟知。这些作品中，有歌德、席勒、海涅等人的文学巨著和不朽诗篇，有莱布尼茨、康德、黑格尔、费尔巴哈、马克思、海德格尔、马尔库塞等人的哲学辩论，有巴赫、贝多芬、舒曼、勃拉姆斯等人的优美旋律。包括我本人在内的很多中国读者都从他们的作品中获得愉悦、感受到思想的力量、加深了对世界和人生的认识。

德国人说，山和山不相遇，人和人要相逢。中国人民同德国人民有着悠久交往历史和深厚友谊。此时此刻，我不由得想起了一位中国人民爱戴的德国友人，他就是拉贝。七十多年前，日本军国主义侵入中国南京市，制造了屠杀三十多万中国军民的惨绝人寰的血案。在那个危急关头，拉贝联络了其他十几位在华外国人士，设立了"南京安全区"，为二十多万中国人提供了栖身之所。拉贝在日记中详细记录了大屠杀内情，成为研究这段历史的重要证据。一九九六年，中德共同建立的拉贝纪念馆在南京开放。去年底，由南京市建造的拉贝墓园修复工程落成。中国人民纪念拉贝，是因为他对生命有大爱、对和平有追求。

还有一位德国友人叫诺博，是德国葡萄专家，二〇〇〇年至二〇〇九年间他同助手汉斯十七次来到中国山东枣庄，向当地农民传授葡萄栽培、嫁接改优技术，将传承几百年的家族商标无偿授予当地酒厂使用。诺博和汉斯资助了八名当地家庭经济困难学生上学。二〇〇七年，汉斯突患癌症，弥留之际仍不忘自己资助的两名学生尚未念完高中，嘱托诺博把二千元助学款带给他们。二〇〇八年八月一日，当诺博把钱交到孩子手中时，在场的所有人都感动得潸然泪下。

这只是中德两国人民友好的两个感人片段。长期以来，众多的德国朋友为中德关系发展、为中国改革开放事业作出了重要贡献。

二十一世纪是合作的世纪。心胸有多宽，合作舞台就有多广。未来五年至十年对中德来说都是改革发展的关键时期。随着改革进程的深化，两国合作将呈现更多契合点，不断获得新动力。我相信，当"德国制造"和"中国制造"真诚牵手合作，我们所制造的将不只是高质量的产品，更是两国人民的幸福和理想。作为亚洲和欧洲最主要的两大经济体，中德经济加强融合，实现亚欧两大经济增长极强强联手，定将对世界经济产生积极影响。

女士们、先生们、朋友们！

今年是第一次世界大战爆发一百周年、第二次世界大战爆发七十五周年。德国文学家莱辛说，历史不应该是记忆的负担，而应该是理智的启迪。贵国前总理勃兰特曾经说过："谁忘记历史，谁就会在灵魂上生病。"中国人说，前事不忘，后事之师。中国人民从自身经历中形成了走和平发展道路的自觉选择，我们也真诚希望世界各国都走和平发展道路，携手建设持久和平、共同繁荣的和谐世界。

谢谢大家。

注　释

〔1〕古腾塔克，德语，意为"大家好"。

在布鲁日欧洲学院的演讲

（二〇一四年四月一日）

尊敬的菲利普国王夫妇，

尊敬的范龙佩主席，

尊敬的迪吕波首相，

尊敬的德维戈主席、莫纳尔院长，

尊敬的各位使节，

老师们，同学们，

女士们，先生们，朋友们：

大家好！很高兴来到欧洲学院同大家见面。首先，我向学院的老师们、同学们，向各位关心和支持中国发展的欧洲朋友们，致以诚挚的问候和良好的祝愿！

在弗拉芒语中，布鲁日就是"桥"的意思。桥不仅方便了大家的生活，同时也是沟通、理解、友谊的象征。我这次欧洲之行，就是希望同欧洲朋友一道，在亚欧大陆架起一座友谊和合作之桥。

刚才，我和菲利普国王夫妇一起，参观了位于根特的沃尔沃汽车工厂。这家工厂是比利时最大的汽车生产企业，也是中国、比利时、瑞典三方经济技术合作的典范，在"中国投资"和"欧洲技术"之间架起了一座互利共赢的桥梁。

欧洲学院诞生于第二次世界大战结束之后，是人们反思战争、渴望和平的产物。人类历史总是伴随着战争魔咒。第二次世界大战的惨烈，促使欧洲人民痛定思痛，在让·莫内、罗伯特·舒曼等一批政治家领导下，开始联合自强，为实现持久和平与繁荣而奋斗。

经过半个多世纪发展，欧洲学院不仅成为欧盟的重要智库，而且成为"欧洲政治精英的摇篮"。范龙佩先生说，欧洲学院"始终位于欧洲一体化的核心"，体现了"在战争废墟上诞生的欧洲信念"。

老师们、同学们！

就在欧洲学院成立的一九四九年，中华人民共和国成立了，中华民族的发展从此开启了新的历史纪元。一九七五年，周恩来总理和索姆斯爵士审时度势，作出了中欧建交的决定。现在，中欧建立了全面战略伙伴关系，在六十多个领域建立了对话磋商机制；二〇一三年双方贸易额达到五千五百九十一亿美元，双方每年人员往来五百多万人次，留学生总数近三十万人。中欧关系已经成为世界上最具影响力的双边关系之一。

同时，我们也要看到，中欧关系发展空间还很大，潜力还远远没有发挥出来。为了把中欧关系推向前进，中方需要加深对欧洲的了解，欧方也需要加深对中国的了解。历史是现实的根源，任何一个国家的今天都来自昨天。只有了解一个国家从哪里来，才能弄懂这个国家今天怎么会是这样而不是那样，也才能搞清楚这个国家未来会往哪里去和不会往哪里去。

借此机会，我想给大家谈谈中国是一个什么样的国家，希望有助于大家观察中国、研究中国、认识中国。介绍中国是一个很大的课题，我选择中国几个最显著的特点来讲讲。

第一，中国是有着悠久文明的国家。在世界几大古代文明中，中华文明是没有中断、延续发展至今的文明，已经有五千多年历史了。我们的祖先在几千年前创造的文字至今仍在使用。二千多年前，中国就出现了诸子百家的盛况，老子、孔子、墨子等思想家上究天文、下穷地理，广泛探讨人与人、人与社会、人与自然关系的真谛，提出了博大精深的思想体系。他们提出的很多理念，如孝悌忠信、礼义廉耻、仁者爱人、与人为善、天人合一、道法自然、自强不息等，至今仍然深深影响着中国人的生活。中国人看待世界、看待社会、看待人生，有自己独特的价值体系。中国人独特而悠久的精神世界，让中国人具有很强的民族自信心，也培育了以爱国主义为核心的民族精神。

第二，中国是经历了深重苦难的国家。在工业革命发生前的几千年时间里，中国经济、科技、文化一直走在世界的第一方阵之中。近代以后，中国的封建统治者夜郎自大、闭关锁国，导致中国落后于时代发展步伐，中国逐步成为半殖民地半封建社会。外国列强入侵不断，中国社会动荡不已，人民生活极度贫困。穷则思变，乱则思定。中国人民经过逾百年前赴后继的不屈抗争，付出几千万人伤亡的巨大牺牲，终于掌握了自己的命运。中国人民对被侵略、被奴役的历史记忆犹新，尤其珍惜今天的生活。中国人民希望和平、反对战争，所以始终奉行独立自主的和平外交政策，坚持不干涉别国内政、也不允许别人干涉中国内政。我们过去一直是这样做的，今后也会这样做下去。

第三，中国是实行中国特色社会主义的国家。一九一一年，孙中山先生领导的辛亥革命，推翻了统治中国几千年的君主专制制度。旧的制度推翻了，中国向何处去？中国人苦苦寻找适合中国国情的道路。君主立宪制、复辟帝制、议会制、多党制、总统制都想过了、试过了，结果都行不通。最后，中国选择了社会主义道路。在建设社会主义实践中，我们有成功也有失误，甚至发生过严重曲折。改革开放以后，在邓小平先生领导下，我们从中国国情和时代要求出发，探索和开拓国家发展道路，形成了中国特色社会主义，提出要建设社会主义市场经济、民主政治、先进文化、和谐社会、生态文明，维护社会公平正义，促进人的全面发展，坚持和平发展，全面建成小康社会，进而实现现代化，逐步实现全体人民共同富裕。独特的文化传统，独特的历史命运，独特的国情，注定了中国必然走适合自己特点的发展道路。我们走出了这样一条道路，并且取得了成功。

　　第四，中国是世界上最大的发展中国家。中国发展取得了历史性进步，经济总量已经跃升到世界第二位。作为有着十三亿多人口的国家，中国用几十年的时间走完了发达国家几百年走过的发展历程，无疑是值得骄傲和自豪的。同时，我们也清醒认识到，中国经济总量虽大，但除以十三亿多人口，人均国内生产总值还排在世界第八十位左右。中国城乡低保人口有七千四百多万人，每年城镇新增劳动力有一千多万人，几亿农村劳动力需要转移就业和落户城镇，还有八千五百多万残疾人。根据世界银行的标准，中国还有二亿多人口生活在贫困线以下，这差不多相当于法国、德国、英国人口的总和。今年春节前后的四十天里，中国航空、铁路、公路承载了大约三十六亿人次的流动，相当于每天都有九千万人在流动之中。所以，让十三亿多人都过上好日子，还需要付出长期的艰苦努力。中国目前的中心任务依然是经济建设，并在经济发展的基础上推动社会全面进步。

　　第五，中国是正在发生深刻变革的国家。我们的先人早就提出了"天行健，君子以自强不息"的思想，强调要"苟日新，日日新，又日新"。在激烈的国际竞争中前行，就如同逆水行舟，不进则退。改革是由问题倒逼而产生，又在不断解决问题中而深化。我们强调，改革开放只有进行时、没有完成时。中国已经进入改革的深水区，需要解决的都是难啃的硬骨头，这个时候需要

"明知山有虎，偏向虎山行"的勇气，不断把改革推向前进。我们推进改革的原则是胆子要大、步子要稳。"图难于其易，为大于其细。天下难事，必作于易；天下大事，必作于细。"随着中国改革不断推进，中国必将继续发生深刻变化。同时，我也相信，中国全面深化改革，不仅将为中国现代化建设提供强大推动力量，而且将为世界带来新的发展机遇。

总之，观察和认识中国，历史和现实都要看，物质和精神也都要看。中华民族五千多年文明史，中国人民近代以来一百七十多年斗争史，中国共产党九十多年奋斗史，中华人民共和国六十多年发展史，改革开放三十多年探索史，这些历史一脉相承，不可割裂。脱离了中国的历史，脱离了中国的文化，脱离了中国人的精神世界，脱离了当代中国的深刻变革，是难以正确认识中国的。

世界是多向度发展的，世界历史更不是单线式前进的。中国不能全盘照搬别国的政治制度和发展模式，否则的话不仅会水土不服，而且会带来灾难性后果。二千多年前中国人就认识到了这个道理："橘生淮南则为橘，生于淮北则为枳，叶徒相似，其实味不同。所以然者何？水土异也。"

有一个法国作家说，朋友看朋友是透明的，他们彼此交换生命。希望我的介绍能够让中国在你们眼前更透明一些。我也真诚希望，欧洲学院能够培养出大批了解中国、理解中国的人才，为中欧关系发展源源不断提供人才和智力支撑。

老师们、同学们！

中国和欧洲虽然远隔万里，但都生活在同一个时间、同一个空间之内，生活息息相关。当前，中欧都处于发展的关键时期，都面临着前所未有的机遇和挑战。刚才，我说到我们希望同欧洲朋友一道，在亚欧大陆架起一座友谊和合作之桥。我们要共同努力建造和平、增长、改革、文明四座桥梁，建设更具全球影响力的中欧全面战略伙伴关系。

——我们要建设和平稳定之桥，把中欧两大力量连接起来。中国和欧盟面积占世界十分之一，人口占世界四分之一，在联合国安理会拥有三个常任理事国席位。要和平不要战争、要多边不要单边、要对话不要对抗是双方的共识。我们要加强在全球性问题上的沟通和协调，为维护世界和平稳定发挥关键性作用。文明文化可以传播，和平发展也可以传播。中国愿意同欧盟一道，让和平的阳光驱走战争的阴霾，让繁荣的篝火温暖世界经济的春寒，促进全人类走上和平发展、合作共赢的道路。

——我们要建设增长繁荣之桥，把中欧两大市场连接起来。中国和欧盟经济总量占世界三分之一，是世界最重要的两大经济体。我们要共同坚持市场开放，加快投资协定谈判，积极探讨自由贸易区建设，努力实现到二〇二〇年双方贸易额达到一万亿美元的宏伟目标。我们还要积极探讨把中欧合作和丝绸之路经济带建设结合起来，以构建亚欧大市场为目标，让亚欧两大洲人员、企业、资金、技术活起来、火起来，使中国和欧盟成为世界经济增长的双引擎。

　　——我们要建设改革进步之桥，把中欧两大改革进程连接起来。中国和欧盟都在经历人类历史上前所未有的改革进程，都在走前人没有走过的路。双方要加强在宏观经济、公共政策、区域发展、农村发展、社会民生等领域对话和合作，尊重双方的改革道路，借鉴双方的改革经验，以自身改革带动世界发展进步。

　　——我们要建设文明共荣之桥，把中欧两大文明连接起来。中国是东方文明的重要代表，欧洲则是西方文明的发祥地。正如中国人喜欢茶而比利时人喜爱啤酒一样，茶的含蓄内敛和酒的热烈奔放代表了品味生命、解读世界的两种不同方式。但是，茶和酒并不是不可兼容的，既可以酒逢知己千杯少，也可以品茶品味品人生。中国主张"和而不同"，而欧盟强调"多元一体"。中欧要共同努力，促进人类各种文明之花竞相绽放。

　　无论国际风云如何变幻，中国始终支持欧洲一体化进程，始终支持一个团结、稳定、繁荣的欧盟在国际事务中发挥更大作用。中国即将发表第二份对欧盟政策文件，重申中国对欧盟和发展中欧关系的高度重视。去年，中欧共同制定了中欧合作二〇二〇战略规划，在近百个领域提出了一系列具有雄心的合作目标。双方应该一道努力，尽早把蓝图变为现实，让未来十年的中欧关系更加美好。

老师们、同学们！

近年来，欧洲学院日益重视中国，开设了欧中关系课程，还积极筹建欧中研究中心，致力于欧中关系研究。中方决定同欧洲学院共建中国在欧盟国家的第一个"中国馆"，提供一万册介绍中国历史、文化等各领域发展情况的图书和影视片用于学术研究。

"读万卷书"，还要"行万里路"。建议同学们多到中国去看看。耳闻是虚，眼观为实。中国愿同欧方一道努力，争取到二〇二〇年实现中欧学生年度双向交流达到三十万人次。

青年最富有朝气、最富有梦想。中国的未来属于年轻一代，欧洲的未来属于年轻一代，世界的未来属于年轻一代。希望中欧双方的同学们用平等、尊重、爱心来看待这个世界，用欣赏、包容、互鉴的态度来看待世界上的不同文明，促进中国和欧洲人民的相互了解和理解，促进中国、欧洲同世界其他国家人民的相互了解和理解，用青春的活力和青春的奋斗，让我们生活的这个星球变得更加美好。

谢谢大家。

中国人民不接受
"国强必霸"的逻辑[*]

（二〇一四年五月十五日）

人民友好是促进世界和平与发展的基础力量，是实现合作共赢的基本前提，相互信任、平等相待是开展合作、实现互利互惠的先决条件。各国人民只有用友好的理念、友好的情谊凝聚起来，才能实现和平与发展的共同心愿。

随着世界多极化、经济全球化、社会信息化不断发展，各国利益交融、兴衰相伴、安危与共，形成了你中有我、我中有你的命运共同体。面对复杂多变的国际形势和严峻突出的全球性问题，各国人民需要加强友好交流，携手合作，同舟共济。

当今时代，中国正在发展，中国正在改革，中国正在前进。我们确定了"两个一百年"奋斗目标，就是到二〇二〇年实现国内生产总值和城乡居民人均收入比二

---

* 这是习近平同志在中国国际友好大会暨中国人民对外友好协会成立六十周年纪念活动上讲话的一部分。

〇一〇年翻一番，全面建成小康社会；到本世纪中叶建成富强民主文明和谐的社会主义现代化国家，实现中华民族伟大复兴的中国梦。中国梦既是中国人民追求幸福的梦，也同世界人民的梦想息息相通。中国将在实现中国梦的过程中，同世界各国一道，推动各国人民更好实现自己的梦想。

中国人民为实现中国梦的努力，将为世界带来极大的机遇。二〇一三年十一月，中国共产党召开了十八届三中全会，吹响了全面深化改革的号角。中国正在落实已经制定的改革蓝图，新一轮改革将为中国发展提供强大推动力。这对世界经济发展无疑是重大利好。

海纳百川，有容乃大。中国将继续全面对外开放，推进同世界各国的互利合作，推动建设丝绸之路经济带和二十一世纪海上丝绸之路，实现各国在发展机遇上的共创共享。中国将以更加开放的胸襟、更加包容的心态、更加宽广的视角，大力开展中外文化交流，在学习互鉴中，为推动人类文明进步作出应有贡献。

这些年来，随着中国快速发展，国际上有些人担心中国会走"国强必霸"的路子，一些人提出了所谓的"中国威胁论"。有这样的看法和想法，大多数人是由于认知上的误读，当然也有少数人是出于一种根深蒂固的偏见。

中华民族历来是爱好和平的民族。中华文化崇尚和谐，中国"和"文化源远流长，蕴涵着天人合一的宇宙观、协和万邦的国际观、和而不同的社会观、人心和善的道德观。在五千多年的文明发展中，中华民族一直追求和传承着和平、和睦、和谐的坚定理念。以和为贵，与人为善，己所不欲、勿施于人等理念在中国代代相传，深深植根于中国人的精神中，深深体现在中国人的行为上。

中国的先人早就知道"国虽大，好战必亡"。自古以来，中华民族就积极开展对外交往通商，而不是对外侵略扩张；执着于保家卫国的爱国主义，而不是开疆拓土的殖民主义。二千一百多年前，中国人就开通了丝绸之路，推动东西方平等开展文明交流，留下了互利合作的足迹，沿路各国人民均受益匪浅。六百多年前，中国的郑和率领当时世界上最强大的船队七次远航太平洋和西印度洋，到访了三十多个国家和地区，没有占领一寸土地，播撒了和平友谊的种子，留下的是同沿途人民友好交往和文明传播的佳话。中国近代史，是一部充满灾难、落后挨打的悲惨屈辱史，是一部中华民族抵抗外来侵略、实现民族独立的伟大斗争史。历经苦难的中国人民珍惜和平，绝不会将自己曾经遭受过的悲惨经历强加给其他民族。

中华民族的血液中没有侵略他人、称霸世界的基因，中国人民不接受"国强必霸"的逻辑，愿意同世界各国人民和睦相处、和谐发展，共谋和平、共护和平、共享和平。

历史告诉我们，战争好似魔鬼和梦魇，给人民带来深重灾难和痛苦，必须高度警惕；和平犹如空气和阳光，受益而不觉，失之则难存，必须精心维护。当今世界，战火和战争的危险依然存在，很多国家和地区的民众依然身陷炮声硝烟之中，无数妇女儿童的生命面临着严重威胁。一切有良知、爱好和平的人们都应该行动起来，共同制止战争、维护和平。

中国将坚持走和平发展道路，同时也将推动各国共同坚持和平发展。中国将积极承担更多国际责任，同世界各国共同维护人类良知和国际公理，在世界和地区事务中主持公道、伸张正义，更加积极有为地参与热点问题的解决，既通过维护世界和平来发展自己，又以自身发展促进世界和平。中国将继续通过平等协商处理矛盾和分歧，以最大诚意和耐心，坚持对话解决分歧。

二〇一五年是世界反法西斯战争胜利七十周年。长期以来，在爱好和平的各国人民共同努力下，第二次世界大战的胜利成果和战后形成的国际秩序得到维护，和平与发展成为时代主题，这为各国发展创造了必要环境。中国人民将同世界各国人民一道，共同纪念这一伟大胜利，共同珍惜和呵护来之不易的和平。

国之交在于民相亲，民相亲在于心相通。不久前，我访问了联合国教科文组织总部，在其大楼前的石碑上，用多种语言镌刻着这样一句话："战争起源于人之思想，故务需于人之思想中筑起保卫和平之屏障。"这句话揭示了一个真理，就是维护世界和平也好，促进各国共同发展也好，关键是要让各国人民充分认识和平与发展对人类的意义。因此，我们必须大力加强文明交流互鉴，而民间外交则是推进文明交流互鉴最深厚的力量。

文明因交流而多彩，文明因互鉴而丰富。文明交流互鉴，是推动人类文明进步和世界和平与发展的重要动力。我们要通过推动跨国界、跨时空、跨文明的交流互鉴活动，促进各国人民相互了解、相互理解、相互支持、相互帮助，在世界各国人民心灵中坚定和平理念、坚定共同发展理念，形成防止和反对战争、推动共同发展的强大力量。

积极树立亚洲安全观，
共创安全合作新局面[*]

（二〇一四年五月二十一日）

各位来宾，各位同事，

女士们，先生们，朋友们：

感谢土耳其总统特别代表达武特奥卢外长刚才的发言。值此中方担任亚信主席国之际，我谨对各方特别是亚信倡议国哈萨克斯坦和前任主席国土耳其给予中方的信任和支持，表示衷心的感谢！

现在，我代表中华人民共和国发言。

今天，包括亚信成员国、观察员、峰会客人在内的四十七个国家和国际组织的领导人及代表相聚上海，大家围绕"加强对话、信任与协作，共建和平、稳定与合作的新亚洲"这一主题，共商安全合作大计，共谋长治久安良策，共襄发展繁荣盛举，对亚洲和世界安全都意义重大、影响深远。

---

[*] 这是习近平同志在上海举行的亚洲相互协作与信任措施会议第四次峰会上的讲话。

今天的亚洲，拥有全世界百分之六十七的人口和三分之一的经济总量，是众多文明、民族的汇聚交融之地。亚洲和平发展同人类前途命运息息相关，亚洲稳定是世界和平之幸，亚洲振兴是世界发展之福。

今天的亚洲，虽然面临的风险和挑战增多，但依然是世界上最具发展活力和潜力的地区，和平、发展、合作、共赢始终是地区形势主流，通过协商谈判处理分歧争端也是地区国家主要政策取向。亚洲在世界战略全局中的地位不断上升，在世界多极化、国际关系民主化进程中发挥着越来越重要的作用。亚洲良好局面来之不易，值得倍加珍惜。

今天的亚洲，区域经济合作方兴未艾，安全合作正在迎难而上，各种合作机制更加活跃，地区安全合作进程正处在承前启后的关键阶段。

"明者因时而变，知者随世而制。"形势在发展，时代在进步。要跟上时代前进步伐，就不能身体已进入二十一世纪，而脑袋还停留在冷战思维、零和博弈的旧时代。我们认为，应该积极倡导共同、综合、合作、可持续的亚洲安全观，创新安全理念，搭建地区安全和合作新架构，努力走出一条共建、共享、共赢的亚洲安全之路。

共同，就是要尊重和保障每一个国家安全。亚洲多样性特点突出，各国大小、贫富、强弱很不相同，历史文化传统和社会制度千差万别，安全利益和诉求也多种多样。大家共同生活在亚洲这个大家园里，利益交融、安危与共，日益成为一荣俱荣、一损俱损的命运共同体。

安全应该是普遍的。不能一个国家安全而其他国家不安全，一部分国家安全而另一部分国家不安全，更不能牺牲别国安全谋求自身所谓绝对安全。否则，就会像哈萨克斯坦谚语说的那样："吹灭别人的灯，会烧掉自己的胡子。"

安全应该是平等的。各国都有平等参与地区安全事务的权利，也都有维护地区安全的责任。任何国家都不应该谋求垄断地区安全事务，侵害其他国家正当权益。

安全应该是包容的。应该把亚洲多样性和各国的差异性转化为促进地区安全合作的活力和动力，恪守尊重主权、独立和领土完整、互不干涉内政等国际关系基本准则，尊重各国自主选择的社会制度和发展道路，尊重并照顾各方合理安全关切。强化针对第三方的军事同盟不利于维护地区共同安全。

综合，就是要统筹维护传统领域和非传统领域安全。亚洲安全问题极为复杂，既有热点敏感问题又有民族宗教矛盾，恐怖主义、跨国犯罪、环境安全、网络安全、能源资源安全、重大自然灾害等带来的挑战明显上升，传统安全威胁和非传统安全威胁相互交织，安全问题的内涵和外延都在进一步拓展。

我们应该通盘考虑亚洲安全问题的历史经纬和现实状况，多管齐下、综合施策，协调推进地区安全治理。

既要着力解决当前突出的地区安全问题，又要统筹谋划如何应对各类潜在的安全威胁，避免头痛医头、脚痛医脚。

对恐怖主义、分裂主义、极端主义这"三股势力"，必须采取零容忍态度，加强国际和地区合作，加大打击力度，使本地区人民都能够在安宁祥和的土地上幸福生活。

合作，就是要通过对话合作促进各国和本地区安全。有句谚语说得好："力量不在胳膊上，而在团结上。"要通过坦诚深入的对话沟通，增进战略互信，减少相互猜疑，求同化异、和睦相处。要着眼各国共同安全利益，从低敏感领域入手，积极培育合作应对安全挑战的意识，不断扩大合作领域、创新合作方式，以合作谋和平、以合作促安全。要坚持以和平方式解决争端，反对动辄使用武力或以武力相威胁，反对为一己之私挑起事端、激化矛盾，反对以邻为壑、损人利己。

亚洲的事情归根结底要靠亚洲人民来办，亚洲的问题归根结底要靠亚洲人民来处理，亚洲的安全归根结底要靠亚洲人民来维护。亚洲人民有能力、有智慧通过加强合作来实现亚洲和平稳定。

亚洲是开放的亚洲。亚洲国家在加强自身合作的同时，要坚定致力于同其他地区国家、其他地区和国际组织的合作，欢迎各方为亚洲安全和合作发挥积极和建设性作用，努力实现双赢、多赢、共赢。

　　可持续，就是要发展和安全并重以实现持久安全。"求木之长者，必固其根本；欲流之远者，必浚其泉源。"发展是安全的基础，安全是发展的条件。贫瘠的土地上长不成和平的大树，连天的烽火中结不出发展的硕果。对亚洲大多数国家来说，发展就是最大安全，也是解决地区安全问题的"总钥匙"。

　　要建造经得起风雨考验的亚洲安全大厦，就应该聚焦发展主题，积极改善民生，缩小贫富差距，不断夯实安全的根基。要推动共同发展和区域一体化进程，努力形成区域经济合作和安全合作良性互动、齐头并进的大好局面，以可持续发展促进可持续安全。

　　女士们、先生们、朋友们！

　　亚信是亚洲覆盖范围最大、成员数量最多、代表性最广的地区安全论坛。二十多年来，亚信以增进互信协作、促进亚洲安全稳定为己任，秉持协商一致原则，为加深理解、凝聚共识、深化合作作出了重要贡献。

　　当前，亚洲人民对和平稳定的渴望更加强烈，对携手应对安全挑战的需求更加迫切。

　　中方建议，推动亚信成为覆盖全亚洲的安全对话合作平台，并在此基础上探讨建立地区安全合作新架构。中方认为，可以考虑根据形势发展需要，适当增加亚信外长会乃至峰会频率，以加强对亚信的政治引领，规划好亚信发展蓝图。

　　中方建议，加强亚信能力和机制建设，支持完善亚信秘书处职能，在亚信框架内建立成员国防务磋商机制及各领域信任措施落实监督行动工作组，深化反恐、经贸、旅游、环保、人文等领域交流合作。

中方建议，通过举办亚信非政府论坛等方式，建立亚信各方民间交流网络，为广泛传播亚信安全理念、提升亚信影响力、推进地区安全治理奠定坚实社会基础。

中方建议，增强亚信的包容性和开放性，既要加强同本地区其他合作组织的协调和合作，也要扩大同其他地区和有关国际组织的对话和沟通，共同为维护地区和平稳定作出贡献。

中国将履行亚信主席国职责，同各方一道，进一步提升亚信地位和作用，携手开创亚洲安全合作新局面。

女士们、先生们、朋友们！

中国始终是维护地区和世界和平、促进共同发展的坚定力量。中国同印度、缅甸共同倡导的和平共处五项原则，日益成为指导国家间关系的基本准则。中国一贯致力于通过和平方式处理同有关国家的领土主权和海洋权益争端，已经通过友好协商同十四个邻国中的十二个国家彻底解决了陆地边界问题。中国积极参与地区安全合作，同有关国家发起成立上海合作组织，倡导互信、互利、平等、协作的新安全观，支持东盟、南盟、阿盟等在地区事务中发挥积极作用。中国同俄罗斯共同提出亚太安全与合作倡议，为巩固和维护亚太地区和平稳定发挥重要作用。中国推动六方会谈进程，支持阿富汗和平重建，为通过对话谈判解决国际和地区热点问题而不懈努力。中国同地区国家和国际社会合作应对亚洲金融危机和国际金融危机，为促进地区和世界经济增长作出了应有贡献。

中国坚定不移走和平发展道路，始终不渝奉行互利共赢的开放战略，在和平共处五项原则基础上发展同世界各国友好合作。中国和平发展始于亚洲、依托亚洲、造福亚洲。

"亲望亲好，邻望邻好。"中国坚持与邻为善、以邻为伴，坚持睦邻、安邻、富邻，践行亲、诚、惠、容理念，努力使自身发展更好惠及亚洲国家。中国将同各国一道，加快推进丝绸之路经济带和二十一世纪海上丝绸之路建设，尽早启动亚洲基础设施投资银行，更加深入参与区域合作进程，推动亚洲发展和安全相互促进、相得益彰。

"山积而高，泽积而长。"中国是亚洲安全观的积极倡导者，也是坚定实践者。中方将一步一个脚印加强同各方的安全对话和合作，共同探讨制定地区安全行为准则和亚洲安全伙伴计划，使亚洲国家成为相互信任、平等合作的好伙伴。中方愿意同地区国家建立常态化交流合作机制，共同打击"三股势力"；探讨建立亚洲执法安全合作论坛、亚洲安全应急中心等，深化执法安全合作，协调地区国家更好应对重大突发安全事件。中方倡议通过召开亚洲文明对话大会等方式，推动不同文明、不同宗教交流互鉴、取长补短、共同进步。

女士们、先生们、朋友们！

中国人民正在努力实现中华民族伟大复兴的中国梦，同时愿意支持和帮助亚洲各国人民实现各自的美好梦想，同各方一道努力实现持久和平、共同发展的亚洲梦，为促进人类和平与发展的崇高事业作出新的更大的贡献！

谢谢大家。

弘扬丝路精神，深化中阿合作[*]

（二〇一四年六月五日）

尊敬的贾比尔首相殿下，

阿盟秘书长阿拉比先生，各位代表团团长，

女士们，先生们，朋友们：

　　萨拉姆－阿莱孔[1]！大家好！今天，有机会同阿拉伯朋友欢聚一堂，共商中阿合作论坛建设和中阿关系发展大计，感到十分高兴。首先，我谨代表中国政府和中国人民，并以我个人的名义，向与会各位嘉宾，表示热烈欢迎！向中阿合作论坛第六届部长级会议的召开，表示衷心祝贺！

　　同阿拉伯朋友见面，总有一见如故的感觉。这种亲近感缘于我们对待彼此的热情和真诚，也是缘于中阿两个民族的长期交往。

　　回顾中阿人民交往历史，我们就会想起陆上丝绸之路和海上香料之路。我们的祖先在大漠戈壁上"驰命走驿，不绝于时月"，在汪洋大海中"云帆高张，昼夜星

---

　　* 这是习近平同志在北京举行的中阿合作论坛第六届部长级会议开幕式上的讲话。

驰"，走在了古代世界各民族友好交往的前列。甘英、郑和、伊本·白图泰是我们熟悉的中阿交流友好使者。丝绸之路把中国的造纸术、火药、印刷术、指南针经阿拉伯地区传播到欧洲，又把阿拉伯的天文、历法、医药介绍到中国，在文明交流互鉴史上写下了重要篇章。

千百年来，丝绸之路承载的和平合作、开放包容、互学互鉴、互利共赢精神薪火相传。中阿人民在维护民族尊严、捍卫国家主权的斗争中相互支持，在探索发展道路、实现民族振兴的道路上相互帮助，在深化人文交流、繁荣民族文化的事业中相互借鉴。

我们不会忘记，六十年前的万隆会议上，中国向尚未建交的阿拉伯国家承诺支持巴勒斯坦人民的斗争；四十多年前，十三个阿拉伯国家和非洲朋友一道，投票赞成新中国恢复联合国席位。我们不会忘记，近万名中国医生奔走在阿拉伯国家田野乡间，救死扶伤；而在四川汶川特大地震灾害发生后，最慷慨的援助来自阿拉伯兄弟。

女士们、先生们、朋友们！

未来十年，对中阿双方都是发展的关键时期。中国已经进入全面建成小康社会的决定性阶段。实现这个目标是实现中华民族伟大复兴中国梦的关键一步。我们为此作出全面深化改革的总体部署，着力点之一就是以更完善、更具活力的开放型经济体系，全方位、多层次发展国际合作，扩大同各国各地区的利益汇合、互利共赢。中东正在经历前所未有的大变动大调整，阿拉伯国家正在自主探索变革。实现民族振兴的共同使命和挑战，需要我们弘扬丝绸之路精神，为发展增动力，为合作添活力，不断深化全面合作、共同发展的中阿战略合作关系。

——弘扬丝路精神，就是要促进文明互鉴。人类文明没有高低优劣之分，因为平等交流而变得丰富多彩，正所谓"五色交辉，相得益彰；八音合奏，终和且平"。中阿双方坚持以开放包容心态看待对方，用对话交流代替冲突对抗，创造了不同社会制度、不同信仰、不同文化传统的国家和谐相处的典范。中国将继续毫不动摇支持阿拉伯国家维护民族文化传统，反对一切针对特定民族和宗教的歧视和偏见。我们应该一道努力，倡导文明宽容，防止极端势力和思想在不同文明之间制造断层线。

——弘扬丝路精神，就是要尊重道路选择。"履不必同，期于适足；治不必同，期于利民。"一个国家发展道路合不合适，只有这个国家的人民才最有发言权。正像我们不能要求所有花朵都变成紫罗兰这一种花，我们也不能要求有着不同文化传统、历史遭遇、现实国情的国家都采用同一种发展模式。否则，这个世界就太单调了。阿拉伯国家正在自主探索发展道路。我们愿意同阿拉伯朋友分享治国理政经验，从各自古老文明和发展实践中汲取智慧。

——弘扬丝路精神，就是要坚持合作共赢。中国追求的是共同发展。我们既要让自己过得好，也要让别人过得好。未来五年，中国将进口超过十万亿美元的商品，对外直接投资将超过五千亿美元。二〇一三年，中国从阿拉伯国家进口商品一千四百亿美元，只占今后每年二万亿美元进口商品总额的百分之七，对阿拉伯国家直接投资二十二亿美元，只占今后每年一千亿美元对外直接投资总额的百分之二点二。差距也是潜力，更是机遇。中国愿意把自身发展同阿拉伯国家发展对接起来，为阿拉伯国家扩大就业、推进工业化、推动经济发展提供支持。

——弘扬丝路精神，就是要倡导对话和平。中国坚定支持中东和平进程，支持建立以一九六七年边界为基础、以东耶路撒冷为首都、享有完全主权的独立的巴勒斯坦国。希望有关各方采取切实措施，消除和谈障碍，尽快打破和谈僵局。中国尊重叙利亚人民合理诉求，支持尽快落实日内瓦公报，开启包容性政治过渡，实现叙利亚问题政治解决。中国高度关注叙利亚人道主义状况，为缓解人道灾难，将向在约旦、黎巴嫩等国的叙利亚难民提供新一批人道主义援助。中国支持建立中东无核武器区，反对任何改变中东政治版图的企图。中国将以建设性姿态参与地区事务，主持公道、伸张正义，同阿拉伯国家一道，推动通过对话找到各方关切的最大公约数，为妥善解决地区热点问题提供更多公共产品。

女士们、先生们、朋友们！

　　"一带一路"是互利共赢之路，将带动各国经济更加紧密结合起来，推动各国基础设施建设和体制机制创新，创造新的经济和就业增长点，增强各国经济内生动力和抗风险能力。

　　中国同阿拉伯国家因为丝绸之路相知相交，我们是共建"一带一路"的天然合作伙伴。

　　——中阿共建"一带一路"，应该坚持共商、共建、共享原则。共商，就是集思广益，好事大家商量着办，使"一带一路"建设兼顾双方利益和关切，体现双方智慧和创意。共建，就是各施所长，各尽所能，把双方优势和潜能充分发挥出来，聚沙成塔，积水成渊，持之以恒加以推进。共享，就是让建设成果更多更公平惠及中阿人民，打造中阿利益共同体和命运共同体。

　　——中阿共建"一带一路"，既要登高望远、也要脚踏实地。登高望远，就是要做好顶层设计，规划好方向和目标，构建"1+2+3"合作格局。"1"是以能源合作为主轴，深化油气领域全产业链合作，维护能源运输通道安全，构建互惠互利、安全可靠、长期友好的中阿能源战略合作关系。"2"是以基础设施建设、贸易和投资便利化为两翼，加强中阿在重大发展项目、标志性民生项目上的合作，为促进双边贸易和投资建立相关制度性安排。中方将鼓励中国企业自阿方进口更多非石油产品，优化贸易结构，争取中阿贸易额从去年的二千四百亿美元在未来十年增至六千亿美元。中方将鼓励中国企业投资阿拉伯国家能源、石化、农业、制造业、服务业等领域，争取中国对阿非金融类投资存量从去年的一百亿美元在未来十年增至六百亿美元以上。"3"是以核能、航天卫星、新能源三大高新领域为突破口，努力提升中阿务实合作层次。双方可以探讨设立中阿技术转移中心，共建阿拉伯和平利用核能培训中心，研究中国北斗卫星导航系统落地阿拉伯项目。

脚踏实地，就是要争取早期收获。阿拉伯谚语说："被行动证明的语言是最有力的语言。"只要中阿双方有共识、有基础的项目，如中国—海湾阿拉伯国家合作委员会自由贸易区、中国—阿联酋共同投资基金、阿拉伯国家参与亚洲基础设施投资银行筹建等，都应该加快协商和推进，争取成熟一项实现一项。"一带一路"建设越早取得实实在在的成果，就越能调动各方面积极性，发挥引领和示范效应。

——中阿共建"一带一路"，应该依托并增进中阿传统友谊。民心相通是"一带一路"建设的重要内容，也是关键基础。我在这里宣布，中阿双方决定把二〇一四年和二〇一五年定为中阿友好年，并在这一框架内举办一系列友好交流活动。我们也愿意同阿方扩大互办艺术节等文化交流活动规模，鼓励更多青年学生赴对方国家留学或交流，加强旅游、航空、新闻出版等领域合作。今后三年，我们将为阿拉伯国家再培训六千名各类人才，同阿方分享发展、减贫等方面经验，交流中方的先进适用技术。未来十年，我们将组织一万名中阿艺术家互访交流，推动并支持二百家中阿文化机构开展对口合作，邀请并支持五百名阿拉伯文化艺术人才来华研修。

女士们、先生们、朋友们！

成立中阿合作论坛，是我们着眼中阿关系长远发展作出的战略抉择。经过十年发展，论坛已经成为丰富中阿关系战略内涵、推进中阿务实合作的有效抓手。共建"一带一路"是论坛发展的新机遇新起点。抓住这个机遇，才能确保现在的发展不停步，将来的发展可持续。站在这个新起点上，才能获得更大发展空间，才能激发更为持久的发展动力。一言以蔽之，论坛建设要走在实处，当好支点。

——我们要依托论坛支点，加强政策沟通。我们应该彼此坦诚相待，不惧怕分歧、不回避问题，就各自外交政策和发展战略进行充分交流，增进政治互信，促进战略对接，为中阿合作提供政策助力。

——我们要依托论坛支点，深化务实合作。中阿发展禀赋互补性强，我们要充分用好资源共享的潜力和取长补短的空间，用最明白的语言对话，用最贴心的方式合作。集体合作不追求轰动一时，而更看重打基础、谋长远的举措。

——我们要依托论坛支点，不断开拓创新。论坛的生命力在于创新。我们双方要运用新思路、推出新举措、创建新机制，努力破解务实合作遇到的各种难题，以改革创新精神打破现实瓶颈、释放合作潜能。

女士们、先生们、朋友们！

中阿关系的快速发展，也把双方普通人的命运更加紧密地联结在一起。在我曾经工作过的浙江，就有这样一个故事。在阿拉伯商人云集的义乌市，一位名叫穆罕奈德的约旦商人开了一家地道的阿拉伯餐馆。他把原汁原味的阿拉伯饮食文化带到了义乌，也在义乌的繁荣兴旺中收获了事业成功，最终同中国姑娘喜结连理，把根扎在了中国。一个普通阿拉伯青年人，把自己的人生梦想融入中国百姓追求幸福的中国梦中，执着奋斗，演绎了出彩人生，也诠释了中国梦和阿拉伯梦的完美结合。

中华民族和阿拉伯民族创造了灿烂辉煌的文明，近代以来又都在时代变迁中经历过曲折，实现民族复兴始终是我们双方的追求。让我们携起手来，弘扬丝路精神，深化中阿合作，为中国梦和阿拉伯振兴而努力！为人类和平与发展的崇高事业而奋斗！

舒克拉[2]！谢谢！

注　释

〔1〕萨拉姆-阿莱孔，阿拉伯语，意为"你好"。

〔2〕舒克拉，阿拉伯语，意为"谢谢"。

弘扬和平共处五项原则，
建设合作共赢美好世界*

（二〇一四年六月二十八日）

尊敬的吴登盛总统，

尊敬的安萨里副总统，

尊敬的各位使节、各位嘉宾，

女士们，先生们，朋友们：

今天，我们在这里隆重集会，纪念和平共处五项原则发表六十周年。这是中国、印度、缅甸和国际社会共同的盛会，对弘扬和平共处五项原则、增进各国人民友好合作、促进世界和平与发展，具有重要意义。

在这里，我谨代表中国政府和中国人民，并以我个人的名义，对各位嘉宾和朋友的到来，表示热烈的欢迎！

刚才，吴登盛总统、安萨里副总统发表了热情洋溢的重要讲话，我对他们的讲话表示高度评价。

六十年前，在第二次世界大战结束后兴起的非殖民

---

* 这是习近平同志在北京举行的和平共处五项原则发表六十周年纪念大会上的讲话。

化运动中，亚非拉民族独立解放事业蓬勃发展，新生的国家渴望建立平等的国际关系。中国、印度、缅甸顺应这一历史潮流，共同倡导了互相尊重主权和领土完整、互不侵犯、互不干涉内政、平等互利、和平共处五项原则。

一九五四年六月二十八日和二十九日，中印、中缅分别发表联合声明，确认这五项原则将在相互关系以及各自国家同亚洲及世界其他国家的关系中予以适用。这是国际关系史上的重大创举，为推动建立公正合理的新型国际关系作出了历史性贡献。

抚今追昔，我们对共同倡导和平共处五项原则的三国老一辈领导人表示深切的缅怀，对长期以来坚持弘扬和平共处五项原则的各国有识之士，致以崇高的敬意！

今天，我们共同纪念和平共处五项原则发表六十周年，就是要探讨新形势下如何更好弘扬这五项原则，推动建立新型国际关系，共同建设合作共赢的美好世界。

女士们、先生们、朋友们！

和平共处五项原则之所以在亚洲诞生，是因为它传承了亚洲人民崇尚和平的思想传统。中华民族历来崇尚"和为贵"、"和而不同"、"协和万邦"、"兼爱非攻"等理念。印度、缅甸等亚洲国家人民也历来崇尚仁爱、慈善、和平等价值观。印度伟大诗人泰戈尔用诗歌的语言写道："你以为用战争可以获取友谊？春天就会从眼前姗姗而去。"缅甸人民建立了和平塔，用来祈祷世界和平。

和平共处五项原则生动反映了联合国宪章宗旨和原则，并赋予这些宗旨和原则以可见、可行、可依循的内涵。和平共处五项原则中包含四个"互"字、一个"共"字，既代表了亚洲国家对国际关系的新期待，也体现了各国权利、义务、责任相统一的国际法治精神。

上个世纪五十年代，在和平共处五项原则指导下，中印友好之风吹遍了两国广袤大地。当年，周恩来总理访问印度时，到处可以听到"潘查希拉金达巴"（五项原则万岁）、"印地秦尼巴伊巴伊"（印中人民是兄弟）的欢呼声。中缅在和平共处五项原则指导下妥善解决了边界问题，一九六〇年两国签署边界条约，这是新中国同周边邻国签订的第一个边界条约。中缅两国还签署了中缅友好和互不侵犯条约，这是亚洲国家间首个和平友好条约。

六十年来，和平共处五项原则不仅在中国、印度、缅甸生根发芽、深入人心，而且走向亚洲、走向世界，中国、印度、缅甸都为此作出了重要贡献。中方认为，总结国际关系实践，和平共处五项原则是具有强大生命力的。印方认为，如果和平共处五项原则在所有国家相互关系中获得认可，那么世界就几乎不会有任何冲突和战争。缅方表示，和平共处五项原则对一切国家都是适当的指导原则。

女士们、先生们、朋友们！

六十年来，历经国际风云变幻的考验，和平共处五项原则作为一个开放包容的国际法原则，集中体现了主权、正义、民主、法治的价值观。

——和平共处五项原则已经成为国际关系基本准则和国际法基本原则。和平共处五项原则精辟体现了新型国际关系的本质特征，是一个相互联系、相辅相成、不可分割的统一体，适用于各种社会制度、发展水平、体量规模国家之间的关系。一九五五年，万隆会议通过的十项原则是对和平共处五项原则的引申和发展。上个世纪六十年代兴起的不结盟运动把五项原则作为指导原则。一九七〇年和一九七四年联合国大会通过的有关宣言都接受了和平共处五项原则。和平共处五项原则为当今世界一系列国际组织和国际文件所采纳，得到国际社会广泛赞同和遵守。

——和平共处五项原则有力维护了广大发展中国家权益。和平共处五项原则的精髓，就是所有国家主权一律平等，反对任何国家垄断国际事务。这为广大发展中国家捍卫国家主权和独立提供了强大思想武器，成为发展中国家团结合作、联合自强的旗帜，加深了广大发展中国家相互理解和信任，促进了南南合作，也推动了南北关系改善和发展。

——和平共处五项原则为推动建立更加公正合理的国际政治经济秩序发挥了积极作用。和平共处五项原则摒弃了弱肉强食的丛林法则，壮大了反帝反殖力量，加速了殖民体系崩溃瓦解。在东西方冷战对峙的大背景下，所谓"大家庭"、"集团政治"、"势力范围"等方式都没有处理好国与国关系，反而带来了矛盾、激化了局势。与之形成鲜明对照的是，和平共处五项原则为和平解决国家间历史遗留问题及国际争端开辟了崭新道路。

女士们、先生们、朋友们！

当今世界正在发生深刻复杂的变化，和平、发展、合作、共赢的时代潮流更加强劲，国际社会日益成为你中有我、我中有你的命运共同体。同时，国际关系中的不公正不平等现象仍很突出，全球性挑战层出不穷，各种地区冲突和局部战争此起彼伏，不少国家的民众特别是儿童依然生活在战火硝烟之中，不少发展中国家人民依然承受着饥寒的煎熬。维护世界和平、促进共同发展，依然任重道远。

新形势下，和平共处五项原则的精神不是过时了，而是历久弥新；和平共处五项原则的意义不是淡化了，而是历久弥深；和平共处五项原则的作用不是削弱了，而是历久弥坚。

"凡益之道，与时偕行。"刚才，吴登盛总统、安萨里副总统都对新形势下坚持和弘扬和平共处五项原则、推动建设新型国际关系和美好世界谈了很好的想法和主张。在这个问题上，中国、印度、缅甸有着广泛共识。我愿谈几点看法。

第一，坚持主权平等。主权是国家独立的根本标志，也是国家利益的根本体现和可靠保证。主权和领土完整不容侵犯，各国应该尊重彼此核心利益和重大关切。这些都是硬道理，任何时候都不能丢弃，任何时候都不应动摇。

国家不分大小、强弱、贫富，都是国际社会平等成员，都有平等参与国际事务的权利。各国的事务应该由各国人民自己来管。我们要尊重各国自主选择的社会制度和发展道路，反对出于一己之利或一己之见，采用非法手段颠覆别国合法政权。

第二，坚持共同安全。安全应该是普遍的。各国都有平等参与国际和地区安全事务的权利，也都有维护国际和地区安全的责任。我们要倡导共同、综合、合作、可持续安全的理念，尊重和保障每一个国家的安全。不能一个国家安全而其他国家不安全，一部分国家安全而另一部分国家不安全，更不能牺牲别国安全谋求自身所谓绝对安全。我们要加强国际和地区合作，共同应对日益增多的非传统安全威胁，坚决打击一切形式的恐怖主义，铲除恐怖主义滋生的土壤。

对待国家间存在的分歧和争端，要坚持通过对话协商以和平方式解决，以对话增互信，以对话解纷争，以对话促安全，不能动辄诉诸武力或以武力相威胁。热衷于使用武力，不是强大的表现，而是道义贫乏、理念苍白的表现。只有基于道义、理念的安全，才是基础牢固、真正持久的安全。我们要推动建设开放、透明、平等的亚太安全合作新架构，推动各国共同维护地区和世界和平安全。

第三，坚持共同发展。天空足够大，地球足够大，世界也足够大，容得下各国共同发展繁荣。一些国家越来越富裕，另一些国家长期贫穷落后，这样的局面是不可持续的。水涨船高，小河有水大河满，大家发展才能发展大家。各国在谋求自身发展时，应该积极促进其他国家共同发展，让发展成果更多更好惠及各国人民。

我们要共同维护和发展开放型世界经济，共同促进世界经济强劲、可持续、平衡增长，推动贸易和投资自由化便利化，坚持开放的区域合作，反对各种形式的保护主义，反对任何以邻为壑、转嫁危机的意图和做法。

我们要推动南南合作和南北对话，增强发展中国家自主发展能力，推动发达国家承担更多责任，努力缩小南北差距，建立更加平等均衡的新型全球发展伙伴关系，夯实世界经济长期稳定发展基础。

第四，坚持合作共赢。"合则强，孤则弱。"合作共赢应该成为各国处理国际事务的基本政策取向。合作共赢是普遍适用的原则，不仅适用于经济领域，而且适用于政治、安全、文化等其他领域。

我们应该把本国利益同各国共同利益结合起来，努力扩大各方共同利益的汇合点，不能这边搭台、那边拆台，要相互补台、好戏连台。要积极树立双赢、多赢、共赢的新理念，摒弃你输我赢、赢者通吃的旧思维，

"各美其美，美人之美，美美与共，天下大同"。

我们要坚持同舟共济、权责共担，携手应对气候变化、能源资源安全、网络安全、重大自然灾害等日益增多的全球性问题，共同呵护人类赖以生存的地球家园。

第五，坚持包容互鉴。文明多样性是人类社会的基本特征。当今世界有七十亿人口，二百多个国家和地区，二千五百多个民族，五千多种语言。不同民族、不同文明多姿多彩、各有千秋，没有优劣之分，只有特色之别。

"万物并育而不相害，道并行而不相悖。"我们要尊重文明多样性，推动不同文明交流对话、和平共处、和谐共生，不能唯我独尊、贬低其他文明和民族。人类历史告诉我们，企图建立单一文明的一统天下，只是一种不切实际的幻想。

尺有所短，寸有所长。我们要倡导交流互鉴，注重汲取不同国家、不同民族创造的优秀文明成果，取长补短，兼收并蓄，共同绘就人类文明美好画卷。

第六，坚持公平正义。"大道之行也，天下为公。"公平正义是世界各国人民在国际关系领域追求的崇高目标。在当今国际关系中，公平正义还远远没有实现。

我们应该共同推动国际关系民主化。世界的命运必须由各国人民共同掌握，世界上的事情应该由各国政府和人民共同商量来办。垄断国际事务的想法是落后于时代的，垄断国际事务的行动也肯定是不能成功的。

　　我们应该共同推动国际关系法治化。推动各方在国际关系中遵守国际法和公认的国际关系基本原则，用统一适用的规则来明是非、促和平、谋发展。"法者，天下之准绳也。"在国际社会中，法律应该是共同的准绳，没有只适用他人、不适用自己的法律，也没有只适用自己、不适用他人的法律。适用法律不能有双重标准。我们应该共同维护国际法和国际秩序的权威性和严肃性，各国都应该依法行使权利，反对歪曲国际法，反对以"法治"之名行侵害他国正当权益、破坏和平稳定之实。

　　我们应该共同推动国际关系合理化。适应国际力量对比新变化推进全球治理体系改革，体现各方关切和诉求，更好维护广大发展中国家正当权益。

　　女士们、先生们、朋友们！

　　中国是和平共处五项原则的积极倡导者和坚定实践者。和平共处五项原则载入了中国宪法，是中国外交政策的基石。中国是当代国际体系的参与者、建设者、贡献者。

　　——中国将坚定不移走和平发展道路。走和平发展道路是中国根据时代发展潮流和自身根本利益作出的战略抉择。中国人民崇尚"己所不欲，勿施于人"。中国不认同"国强必霸论"，中国人的血脉中没有称王称霸、穷兵黩武的基因。中国将坚定不移沿着和平发展道路走下去，这对中国有利，对亚洲有利，对世界也有利，任何力量都不能动摇中国和平发展的信念。中国坚定维护自身的主权、安全、发展利益，也支持其他国家特别是广大发展中国家维护自身的主权、安全、发展利益。中国坚持不干涉别国内政原则，不会把自己的意志强加于人，即使再强大也永远不称霸。中国真诚希望其他国家都走和平发展道路，大家携手把这条路走稳走好。

——中国将坚定不移在和平共处五项原则基础上发展同世界各国的友好合作。"凡交，近则必相靡以信，远则必忠之以言。"中国坚持按照亲、诚、惠、容的理念，深化同周边国家的互利合作，努力使自身发展更好惠及周边国家。中国坚持把发展中国家作为对外政策的基础，坚持正确义利观，永远做发展中国家的可靠朋友和真诚伙伴。中国重视各大国的地位和作用，致力于同各大国发展全方位合作关系，积极同美国发展新型大国关系，同俄罗斯发展全面战略协作伙伴关系，同欧洲发展和平、增长、改革、文明伙伴关系，大家一起来维护世界和平、促进共同发展。

——中国将坚定不移奉行互利共赢的开放战略。中国正在推动落实丝绸之路经济带、二十一世纪海上丝绸之路、孟中印缅经济走廊、中国—东盟命运共同体等重大合作倡议，中国将以此为契机全面推进新一轮对外开放，发展开放型经济体系，为亚洲和世界发展带来新的机遇和空间。

当前，中国人民正在为全面建成小康社会、实现中华民族伟大复兴的中国梦而奋斗。中国梦同世界各国人民的美好梦想息息相通，中国人民愿意同各国人民在实现各自梦想的过程中相互支持、相互帮助，中国愿意同各国尤其是周边邻国共同发展、共同繁荣。

女士们、先生们、朋友们！

为表彰和鼓励更多人士和团体坚持和弘扬和平共处五项原则，我愿宣布，中国政府决定设立"和平共处五项原则友谊奖"和"和平共处五项原则卓越奖学金"。

中国有句古话："千里之行，始于足下。"印度有句谚语："水滴汇成溪，稻穗集成束。"缅甸人常说："想，要凌云壮志；干，要脚踏实地。"中国将继续做弘扬和平共处五项原则的表率，同印度、缅甸和国际社会一道，推动建设持久和平、共同繁荣的和谐世界！

谢谢大家。

深化合作，体现包容，传递信心 *

（二〇一四年七月）

问：金砖国家合作已经走过五个年头，您如何评价金砖国家过去五年的合作，今后如何加强？您对这次金砖国家领导人福塔莱萨会晤有何期待？在发达国家经济发展放缓甚至停滞的情况下，金砖国家被寄予厚望，您认为金砖国家怎样才能克服内部差异性较大这一问题，成为全球经济发展的引擎？

答：过去五年里，金砖国家形成了以领导人会晤为引领，多层次、宽领域的合作架构。各成员国政治互信不断增强，在经济、金融、贸易、发展等诸多领域务实合作不断深化，在重大国际事务中的沟通和协调不断加强。

事实证明，占世界人口百分之四十二点六的金砖国家经济发展、社会稳定、协调合作、共同成长，顺应和平、发展、合作、共赢的时代潮流，有利于世界经济更加平衡、全球治理更加有效、国际关系更加民主。

巴西作家保罗·科埃略说："世界掌握在那些有勇

---

* 这是习近平同志在接受拉美四国媒体联合采访时答问的一部分。

气凭借自己的才能去实现自己梦想的人手中。"当前，国际形势继续发生深刻复杂变化，世界经济复苏逐渐稳固，但仍面临诸多风险挑战。在这一背景下，福塔莱萨会晤肩负着总结合作历程、规划未来发展的使命，对金砖国家合作进程具有承前启后的重要意义。我期待这次会晤深化合作、体现包容、传递信心。

深化合作，就是要从战略上谋划金砖国家未来发展。去年，我在德班会晤时建议，金砖国家要朝着"一体化大市场、多层次大流通、陆海空大联通、文化大交流"的目标迈进。这是我对金砖国家发展更紧密经济伙伴关系的真诚期待。希望各方以启动新一轮领导人会晤为契机，规划新的合作愿景，挖掘新的合作动力，使金砖国家合作机制更加完善、政策协调更加成熟、务实合作更加深入，让金砖国家合作本强基固。

体现包容，就是要对内互学互鉴、取长补短，对外扩大开放、追求共赢。金砖国家国情不同、文化各异，对一些问题的看法不尽相同。这种多样性和差异性不应该成为合作的阻力，而应该也能够成为金砖国家优势互补、实现包容性合作的重要动力。金砖国家合作不是独善其身，而是致力于同世界各国共同发展。福塔莱萨会晤期间将举行金砖国家同南美国家领导人对话会。希望双方就共同关心的国际和地区问题充分交换意见，增进了解，推动合作，同时探讨经贸人文领域务实合作。

传递信心，就是要坚定对金砖国家团结互信的信心，坚定对金砖国家发展前景的信心，坚定市场和公众对金砖国家经济的信心。风物长宜放眼量。金砖国家都有推进经济结构改革和创新发展的需要，都有维护国际公平正义、维护新兴市场国家和发展中国家共同利益的愿望。只要金砖国家增进政治互信，凝聚战略共识，发出更多声音，提出更多方案，就能够为推动世界经济增长、完善全球经济治理、促进世界和平与发展贡献更多正能量。

巴西是金砖国家合作的积极参与者，在筹备福塔莱萨会晤方面做了大量卓有成效的工作。我相信，在巴方主持下，福塔莱萨会晤一定会书写金砖国家合作史上又一精彩篇章。

新起点，新愿景，新动力[*]

（二〇一四年七月十五日）

尊敬的罗塞夫总统，普京总统，莫迪总理，祖马总统，女士们，先生们，朋友们：

很高兴在美丽的海港城市福塔莱萨同大家会晤。感谢罗塞夫总统和巴西政府为今天会晤所作的周到安排。欢迎莫迪总理出席金砖国家领导人会晤。祝贺巴西举办了一届成功精彩的世界杯足球赛。

金砖国家领导人首次举行会晤五年来，金砖国家在许多重大国际和地区问题上共同发声、贡献力量，致力于推动世界经济增长、完善全球经济治理、推动国际关系民主化，成为国际关系中的重要力量和国际体系的积极建设者。

五年来，金砖国家各领域合作全面展开，涵盖经济、金融、贸易、社会、人文、科技等诸多领域，给各国人民带来实实在在的好处，合作基础更加坚实。

五年的实践证明，我们五国虽相距遥远，但同声相

---

* 这是习近平同志在巴西福塔莱萨举行的金砖国家领导人第六次会晤上的讲话。

应、同气相求，志之所趋，穷山距海不能限。

各位同事！

金砖国家合作是不断前进的历史进程。我们要在总结经验的基础上，规划新的合作蓝图。我认为，这个蓝图就是发展金砖国家更紧密、更全面、更牢固的伙伴关系。

这要求我们发扬金砖国家独特的合作伙伴精神。我们应该坚持开放精神，发挥各自比较优势，加强相互经济合作，培育全球大市场，完善全球价值链，做开放型世界经济的建设者。我们应该坚持包容精神，推动不同社会制度互容、不同文化文明互鉴、不同发展模式互惠，做国际关系民主化的实践者。我们应该坚持合作精神，继续加强团结，照顾彼此关切，深化务实合作，携手为各国经济谋求增长，为完善全球治理提供动力。我们应该坚持共赢精神，在追求本国利益的同时兼顾别国利益，做到惠本国、利天下，推动走出一条大国合作共赢、良性互动的路子。

具体说来，我们应该在以下几个方面作出努力。

第一，坚定不移推动经济可持续增长。金砖国家经济增长近来有所放缓，这既同外部因素有关，也是各国调整经济结构的客观结果。下一步，我们应该通过必要的经济改革，增强内生动力，保持经济稳定增长。我们应该坚持包容性增长理念，用社会政策托底宏观经济政策，织牢社会安全网，推动经济从量的增长转向质的提升。我们应该协调经济发展、社会发展、环境保护，拓展更大经济发展空间。

第二，坚定不移开展全方位经济合作。金砖国家资源禀赋、产业结构具有多样性和互补性，合作潜力巨大。我们应该建立更紧密经济伙伴关系，在贸易和投资领域探索建立一体化大市场，在货币金融方面构建多层次大流通，在基础设施建设领域形成陆海空大联通，在人文领域推动各国人民大交流。我们应该扎实推动务实合作，推动应急储备安排尽早投入运作，更多发挥工商理事会、智库理事会作用，争取各领域合作取得更多早期收获成果，给各国人民带来实实在在的好处。

在各方共同努力下，我们今天就建立金砖国家开发银行达成共识。这是金砖国家合作进程中具有重要和深远意义的成果，体现了金砖国家团结合作、共同发展的政治意愿，不但有助于提高金砖国家在国际金融事务中的话语权，而且更重要的是能够造福我们和发展中国家人民。感谢大家支持金砖国家开发银行落户中国上海。我们愿同各方密切合作，做好充分准备，确保银行尽快启动。

第三，坚定不移塑造有利外部发展环境。世界经济逐步走出低谷，为金砖国家发展提供了更好外部条件。同时，世界经济仍未完全摆脱国际金融危机影响，国际社会期待金砖国家继续保持发展势头。我们应该推动金砖国家在经济总量、对外贸易、国际投资等方面占全球比重继续上升，带动全球范围内的强劲、可持续、平衡增长。我们应该推动完善全球经济治理，把增加发展中国家代表性和发言权的有关共识和决定落到实处，确保各国在国际经济合作中机会平等、规则平等、权利平等。我们应该推动加强全球宏观经济政策协调，防范主要经济体经济政策变动给金砖国家带来负面外溢效应。

第四，坚定不移提高道义感召力。金砖国家主持公道、弘扬正义，致力于建设公平公正的美好世界，是国际关系中的正能量。我们应该放大这种正能量，在国际事务中共同提出方案，伸张正义，践行平等。我们应该积极参与世界反法西斯战争胜利七十周年纪念活动，共同维护国际公理，决不允许任何势力为侵略历史翻案。我们应该推动建立全球发展伙伴关系，让世界上的贫困人口改变生活面貌。只要金砖国家人民同世界各国人民携手同心，金砖合作、南南合作和人类发展之路就会越走越宽广。

巴西朋友告诉我，有一本畅销书叫做《巴西：未来之国》，书中寄托了对人类文明的美好希望。我期待着金砖国家能够像书中憧憬的那样，共同成为繁荣、富强、民主、文明的未来之国，开创世界经济增长更加多元、国际关系更加民主的美好未来。

各位同事！

中国正在全面深化改革，发挥市场在资源配置中的决定性作用，更好发挥政府作用，努力建设开放型经济新体制。二〇一三年，中国成为全球一百二十八个国家的最大贸易伙伴，年货物进口额接近二万亿美元，对外非金融类投资超过九百亿美元，出境旅游近一亿人次。这些数字还在扩大，将为世界经济增长创造更多需求和机会。

中国外交有原则、重情谊、讲道义、谋公正。对大国关系，中国主张不冲突不对抗、相互尊重、合作共赢，共同走和平发展之路。对金砖国家合作，我们尤为珍视，列为外交优先领域，坚持同金砖国家做好朋友、好兄弟、好伙伴。

我相信，一个发展质量更好、更具包容性、更可持续的中国，一个在国际关系中倡导和平、发展、合作、共赢的中国，一个积极参与金砖国家合作的中国，必将继续为维护世界和平、促进共同发展作出更大贡献。

谢谢大家。

努力构建携手共进的命运共同体[*]

（二○一四年七月十七日）

尊敬的罗塞夫总统，

尊敬的索利斯总统，

尊敬的各位同事：

大家好！很高兴同大家相聚一堂，共商中拉关系发展大计。感谢罗塞夫总统热情洋溢的致辞。见到这么多拉美和加勒比新老朋友，我感到十分愉快。今天下午是"中拉时间"。中拉这么多领导人能相聚在一起，本身就是个具有世界影响的历史事件。

借此机会，我谨代表中国政府和中国人民，并以我个人的名义，向你们并通过你们，向拉美和加勒比各国人民，致以诚挚的问候和良好的祝愿！

各位同事！

这是我担任中国国家主席一年多来，第二次到拉美和加勒比走亲访友，并参加首次中国—拉美和加勒比国家领导人会晤。中方倡议举行这次会晤，目的是加强对

---

[*] 这是习近平同志在巴西巴西利亚举行的中国—拉美和加勒比国家领导人会晤上的主旨讲话。

话、凝聚共识，从最高层面推动中拉关系向更高水平发展。这既符合我们双方的现实利益和长远利益，也有利于促进南南合作。

感谢罗塞夫总统女士和巴西政府，在主办世界杯足球赛和金砖国家领导人会晤的同时，高度重视并精心筹办这次重要会晤。拉共体"四驾马车"成员国之前做了大量协调工作，各位同事专程前来参加会晤，充分体现了对加强中拉关系、推进整体合作的支持，我对此深表赞赏和感谢。

各位同事！

"志合者，不以山海为远。"中拉相距遥远，但双方人民有着天然的亲近感。一九四九年中华人民共和国成立至今，在几代人共同努力下，中拉关系一步一个脚印，走过了六十多年的光辉历程。新世纪以来，中拉关系呈现全面快速发展的良好态势。特别是二〇〇八年国际金融危机爆发后，中拉发挥各自优势，同舟共济，共克时艰，双方关系实现跨越式发展。

当前，中拉关系正处于历史最好时期，站在了新的历史起点上。中拉深化全面互利合作面临更好机遇、具备更好基础、拥有更好条件，完全有理由实现更大发展。

在此，我提议，通过这次会晤，共同宣布建立平等互利、共同发展的中拉全面合作伙伴关系，努力构建政治上真诚互信、经贸上合作共赢、人文上互学互鉴、国际事务中密切协作、整体合作和双边关系相互促进的中拉关系五位一体新格局。为此，我提出以下五点建议。

第一，坚持平等相待，始终真诚相助。道路决定命运。中拉应该坚定支持对方走符合各自国情的发展道路，加强治国理政经验交流，深化战略互信，继续在涉及国家主权、领土完整、稳定发展等核心利益和重大关切上相互理解、相互支持。中方重申支持拉美推进地区一体化，实现联合自强，在地区和国际事务中发挥更大作用。

第二，坚持互利合作，促进共同发展。中拉经济互补性强，发展战略相互契合，加强合作具备天然优势。中方倡议双方共同构建"1+3+6"合作新框架，推动中拉务实合作在快车道上全面深入发展。

"1"就是"一个规划"，即以实现包容性增长和可持续发展为目标，制定《中国与拉美和加勒比国家合作规划（二〇一五——二〇一九）》，实现各自发展战略对接。

"3"就是"三大引擎"，即以贸易、投资、金融合作为动力，推动中拉务实合作全面发展。双方应该发挥贸易对中拉经济增长的重要促进作用，优化贸易结构，促进拉美国家传统优势产品和高附加值产品对华出口，并在服务贸易、电子商务等领域扩大合作，力争实现十年内中拉贸易规模达到五千亿美元。

双方应该扩大相互投资，促进投资多元化，引导资金更多流向生产性领域。中国政府鼓励和支持更多中国企业赴拉美投资兴业，力争实现十年内对拉美投资存量达到二千五百亿美元。

双方应该加强金融合作，支持央行间密切协调和合作，推动扩大双边贸易本币结算和本币互换，鼓励双方银行互设分支机构。

"6"就是"六大领域"，即以能源资源、基础设施建设、农业、制造业、科技创新、信息技术为合作重点，推进中拉产业对接，推动中拉互利合作深入发展。

为推动双方在上述领域互利合作，我愿意在此宣布，中方将正式实施一百亿美元中拉基础设施专项贷款，并在这一基础上将专项贷款额度增至二百亿美元。中方还将向拉美和加勒比国家提供一百亿美元的优惠性质贷款，全面启动中拉合作基金并承诺出资五十亿美元，主要用于能源资源、农业、制造业、高新技术、可持续发展等领域合作。中方还将正式实施五千万美元的中拉农业合作专项资金，设立"中拉科技伙伴计划"和"中拉青年科学家交流计划"，并适时举办首届中拉科技创新论坛。

第三，坚持交流互鉴，巩固世代友好。国之交在于民相亲。中方愿意同拉美国家加强政府、立法机构、政党、地方交往，加强教育、文化、体育、新闻、旅游等领域交流合作，开展文明对话，使双方人民在文化上彼此欣赏、心灵上相亲相近，夯实中拉关系长远发展民意基础。

　　我愿意在此宣布，在未来五年内，中方将向拉美和加勒比国家提供六千个政府奖学金名额、六千个赴华培训名额以及四百个在职硕士名额，邀请一千名拉美和加勒比国家政党领导人赴华访问交流，并于二〇一五年启动"未来之桥"中拉青年领导人千人培训计划。中方倡议于二〇一六年举行"中拉文化交流年"。

　　第四，坚持国际协作，维护共同权益。中拉在全球事务中加强协调和配合，对促进国际关系民主化，推动国际秩序朝着更加公正合理的方向发展具有重要意义。

　　中方愿意同拉方在联合国、世界贸易组织、亚太经合组织、二十国集团、七十七国集团等国际组织和多边机制框架内，围绕全球治理、可持续发展、应对气候变化、网络安全等全球性议题和热点问题加强沟通和协作，维护广大发展中国家共同利益。中方愿意同拉方就亚太和拉美事务加强对话和合作，共同为两地区和平和繁荣作出积极贡献。

　　第五，坚持整体合作，促进双边关系。开展整体合作是中拉双方长期以来的共同愿望。今年一月举行的拉共体第二届峰会通过《关于支持建立中国—拉共体论坛的特别声明》，为建立中拉论坛、推进整体合作奠定了重要基础。我们将通过这次会晤，共同宣布正式建立中国—拉共体论坛，并尽早在北京举行论坛首届部长级会议。这将对中拉关系未来发展产生深远影响，对外发出中拉加强团结协作、推进南南合作的强烈信号。

中方愿意同拉方充分利用中拉论坛这一合作平台，在政治、经贸、人文、社会、外交等领域开展集体对话，创新合作方式，挖掘合作潜力，扩大合作规模，提高合作水平，实现优势互补，促进共同发展。

中方愿意在中国—拉共体论坛框架内，同拉美和加勒比区域组织和次区域组织开展对话合作，办好中国—加勒比经贸合作论坛，打造全面均衡的中拉整体合作网络。

各位同事！

当前，中国人民正在为实现中华民族伟大复兴的中国梦而奋斗，拉美和加勒比各国人民也在为实现团结协作、发展振兴的拉美梦而努力。共同的梦想和共同的追求，将中拉双方紧紧联系在一起。让我们抓住机遇，开拓进取，努力构建携手共进的命运共同体，共创中拉关系的美好未来！

谢谢大家。

欢迎大家搭乘中国发展的列车[*]

（二〇一四年八月二十二日）

当前，中国人民正在致力于实现"两个一百年"奋斗目标，努力到二〇二〇年全面建成小康社会，到本世纪中叶建成富强民主文明和谐的社会主义现代化国家。我们形象地把这个目标概括为实现中华民族伟大复兴的中国梦。同时，蒙古国人民也正致力于国家改革和经济社会发展，可以说蒙古国人民心中也有一个蒙古梦。

中国进行改革开放和现代化建设，将辐射和带动包括蒙古国在内的周边国家，中蒙双方发展战略完全可以进行有效对接，促进共同发展，实现共同繁荣。

同时，我们也十分清楚，实现"两个一百年"奋斗目标，对中国这样一个拥有十三亿多人口、发展还不平衡的国家来说并非易事，可以说任重而道远，需要继续长期艰苦奋斗。实现"两个一百年"奋斗目标，必须有一个良好周边环境。家门口太平，我们才能安心、踏实办好自己的事情。

---

   * 这是习近平同志在蒙古国国家大呼拉尔的演讲《守望相助，共创中蒙关系发展新时代》的一部分。

随着中国不断发展起来，世界上有一些人对中国走向产生疑虑，担心中国发展强大后构成威胁。这要么是一种误解，要么就是一种曲解。

中国多次公开声明，中国将坚定不移走和平发展道路，同时也将推动各国共同坚持和平发展。中国将积极承担更多国际责任，同世界各国一道维护人类良知和国际公理，在世界和地区事务中主持公道、伸张正义。中国将继续以最大诚意和耐心，坚持通过对话协商以和平方式解决分歧和争端。

中国也多次公开声明，中国尊重各国人民自主选择发展道路的权利，绝不把自己的意志强加于人，也绝不允许任何人把他们的意志强加于中国人民。我们主张以和平方式解决国际争端，反对各种形式的霸权主义和强权政治，永远不称霸，永远不搞扩张。

中华民族历来是爱好和平的民族，中华文化崇尚和谐。在五千多年的文明发展中，中华民族一直追求和传承着和平、和睦、和谐的坚定理念。以和为贵，与人为善，己所不欲、勿施于人等观念和传统在中国代代相传，深深植根于中国人的精神中，深深体现在中国人的行为上。自古以来，中华民族就积极开展对外交往通商，而不是对外侵略扩张；执着于保家卫国的爱国主义，而不是开疆拓土的殖民主义。中国近代史，是一部充满灾难的悲惨屈辱史，是一部中华民族抵抗外来侵略、实现民族独立的伟大斗争史。历经苦难的中国人民珍惜和平，绝不会将自己曾经遭受过的悲惨经历强加给其他民族。中国人民愿意同世界各国人民和睦相处、和谐发展，共谋和平、共护和平、共享和平。

中国改革开放三十多年的历史已经证明，和平发展是中国基于自身国情、社会制度、文化传统作出的战略抉择，顺应时代潮流，符合中国根本利益，符合周边国家利益，符合世界各国利益，我们没有理由去改变它。

中国始终把包括蒙古国在内的周边邻国视作促进共同发展的合作伙伴、维护和平稳定的真诚朋友，同绝大多数邻国建立了不同形式的伙伴关系。我们将继续坚持与邻为善、以邻为伴的方针，坚持睦邻、安邻、富邻的政策，在同邻国相处时秉持亲、诚、惠、容的理念。

"众人拾柴火焰高。"中国愿意为包括蒙古国在内的周边国家提供共同发展的机遇和空间，欢迎大家搭乘中国发展的列车，搭"快车"也好，搭"便车"也好，我们都欢迎，正所谓"独行快，众行远"。我多次讲，中国开展对发展中国家的合作，将坚持正确义利观，不搞我赢你输、我多你少，在一些具体项目上将照顾对方利益。中国人讲求言必信、行必果。中国说到的话、承诺的事，一定会做到、一定会兑现。

蒙古国有"邻里心灵相通，命运与共"的谚语。中国人讲"好邻居金不换"。中国是世界上邻国最多的国家，我们把这当作宝贵财富。

当今世界，亚洲是经济发展最具活力的地区，同时也是热点敏感问题较多的地区，亚洲国家如何正确处理同邻国关系，实现邻国和睦相处、共同发展，妥善解决彼此争议和矛盾，是一个重大课题。我认为，要破解这一课题，关键在于要顺应时代潮流和民心所向，坚持相互尊重、求同存异、面向未来、合作共赢的原则，更多用东方智慧来解决问题、化解矛盾、促进和谐。

六十年前，中国、印度、缅甸共同倡导和平共处五项原则，成为指导国与国关系的基本准则，是亚洲国家为促进国际关系发展作出的重要贡献。在推进区域合作进程中，亚洲国家交流互鉴，坚持相互尊重、协商一致、照顾各方舒适度的亚洲方式，这是符合本地区特点的处理相互关系的传统。这个传统体现着亚洲的邻国相处之道，在今天应该继续发扬光大，为亚洲国家以及整个地区和平、发展、合作激发出源源不断的内生动力。坚持和实践这一传统，要做到以下几点。

——互尊互信。历史上，许多亚洲国家饱受外来欺凌之苦，深感国家独立自主之可贵。尊重独立、主权、领土完整，尊重各国自主选择社会制度和发展道路，互不干涉内政，照顾彼此重大关切，这是亚洲各国友好相处的重要基础。亚洲多样性突出，具有开放包容的传统，各国应该在平等基础上，促进不同文明交流对话，加深相互理解和彼此认同，为亚洲稳定和繁荣构筑坚实依托。

——聚同化异。在亚洲各国交往史上，友好合作是主流，但也不乏一些遗留问题。邻国之间磕磕碰碰在所难免，关键是如何对待和处理。只有以对话和合作凝聚共识、化解分歧，才是地区长治久安最有效的保障。我们应该着眼大局、友好协商，共同参与国际和地区治理，为促进国际政治经济秩序朝着更加公正合理的方向发展发挥积极作用。

——合作共赢。发展经济、改善民生是亚洲各国面临的首要任务，加强互利合作是促进亚洲和睦相处的重要粘合剂。亚洲各国应该秉持联合自强、守望相助的亚洲意识，互帮互助，优势互补，扩大利益交融，合力推进自由贸易区和互联互通建设，深化区域经济一体化，实现共同发展，做大共同利益的蛋糕，增进亚洲各国人民福祉。

以"一带一路"为双翼，同南亚国家一道实现腾飞[*]

（二〇一四年九月十八日）

中华民族历来爱好和平，和平、和睦、和谐的追求深深植根于中华民族的精神世界之中。中国自古就倡导"强不执弱，富不侮贫"，深刻总结了"国虽大，好战必亡"的箴言。以和为贵、和而不同、化干戈为玉帛、天下大同等理念在中国世代相传。古代中国曾经长期是世界强国，但中国对外传播的是和平理念，输出的是丝绸、茶叶、瓷器等丰富物产。中华民族主张的"天下大同"和印度人民追求的"世界一家"、中华民族推崇的"兼爱"和印度人民倡导的"不害"是相通的，我们都把"和"视作天下之大道，希望万国安宁、和谐共处。

中华民族历来注重学习，强调"博观而约取，厚积而薄发"，强调"三人行，必有我师焉。择其善者而从之，其不善者而改之"，提倡"博学之，审问之，慎思

---

[*] 这是习近平同志在印度世界事务委员会的演讲《携手追寻民族复兴之梦》的一部分。

之，明辨之，笃行之"。中华民族之所以历经数千年而生生不息，正是得益于这种见贤思齐、海纳百川的学习精神。我一直强调中国要做学习大国，不要骄傲自满，不要妄自尊大，而是要谦虚谨慎、勤奋学习，不断增益其所不能。

中华民族历来注重敦亲睦邻，讲信修睦、协和万邦是中国一以贯之的外交理念。中国视周边为安身立命之所、发展繁荣之基。我们提出了亲、诚、惠、容的周边外交理念，就是要诚心诚意同邻居相处，一心一意共谋发展，携手把合作的蛋糕做大，共享发展成果。

作为有着十三亿多人口的国家，中国用几十年的时间走完了发达国家几百年走过的发展历程，这是历史性的成就。同时，我们也清醒认识到，中国仍然是世界上最大的发展中国家，仍然处于社会主义初级阶段。中国经济总量虽大，但除以十三亿多人口，人均国内生产总值还排在世界第八十位左右。让十三亿多人都过上好日子，还需要进行长期艰苦努力。

在相当长一个时期内，中国的中心任务是经济建设，并在经济发展的基础上推动社会全面进步。中国确定了自己的发展目标，这就是到二〇二〇年国内生产总值和城乡居民人均收入比二〇一〇年翻一番、全面建成小康社会，到本世纪中叶建成富强民主文明和谐的社会主义现代化国家。我们形象地把这个目标概括为实现中华民族伟大复兴的中国梦。

　　为了实现中国梦，中国需要长期和平稳定的外部环境。中国只有走和平发展道路，才能实现自己的发展目标。中国人民近代以后经历了一百多年战乱频发的惨痛历史，决不希望这样的悲剧在任何地方重演。"己所不欲，勿施于人。"中国珍视和平、珍爱和平、维护和平的决心是不可动摇的。

　　从尼泊尔到马尔代夫，从阿富汗到孟加拉国，南亚人民对美好生活的热望、对国家振兴的追求，展现了南亚发展的光明前景。我坚信，南亚是充满希望、潜力无穷的次大陆，可望成为亚洲乃至世界经济新的增长极。

　　一个和平稳定、发展繁荣的南亚，符合本地区国家和人民利益，也符合中国利益。中国愿同南亚各国和睦相处，愿为南亚发展添砖加瓦。中国提出"一带一路"倡议，就是要以加强传统陆海丝绸之路沿线国家互联互通，实现经济共荣、贸易互补、民心相通。中国希望以"一带一路"为双翼，同南亚国家一道实现腾飞。

　　中国和南亚各国是重要的合作伙伴。中国同南亚的合作，犹如等待发掘的巨大宝藏，令人憧憬。中国愿同南亚国家携手努力，争取在未来五年将双方贸易额提升至一千五百亿美元，将中国对南亚投资提升到三百亿美元，将为南亚国家提供二百亿美元优惠性质贷款。中国将扩大同南亚国家人文交流，未来五年向南亚提供一万个奖学金名额、五千个培训名额、五千个青年交流和培训名额、培训五千名汉语教师。中国将同南亚国家一道实施中国—南亚科技合作伙伴计划，充分发挥中国—南亚博览会作用，打造互利合作的新平台。

中国是南亚最大邻国，印度是南亚最大国家。中国期待同印度一道，为本地区发展贡献更大力量，让喜马拉雅山脉两侧的三十亿人民共享和平、友谊、稳定、繁荣。

推进人类各种文明
交流交融、互学互鉴*

（二〇一四年九月二十四日）

人类已经有了几千年的文明史，任何一个国家、一个民族都是在承先启后、继往开来中走到今天的，世界是在人类各种文明交流交融中成为今天这个样子的。推进人类各种文明交流交融、互学互鉴，是让世界变得更加美丽、各国人民生活得更加美好的必由之路。

正确对待不同国家和民族的文明，正确对待传统文化和现实文化，是我们必须把握好的一个重大课题。我认为，应该注重坚持以下原则。

第一，维护世界文明多样性。"物之不齐，物之情也。"和而不同是一切事物发生发展的规律。世界万物万事总是千差万别、异彩纷呈的，如果万物万事都清一色了，事物的发展、世界的进步也就停止了。每一个国家和民族的文明都扎根于本国本民族的土壤之中，都有

---

* 这是习近平同志在纪念孔子诞辰二千五百六十五周年国际学术研讨会暨国际儒学联合会第五届会员大会开幕会上讲话的一部分。

自己的本色、长处、优点。我们应该维护各国各民族文明多样性，加强相互交流、相互学习、相互借鉴，而不应该相互隔膜、相互排斥、相互取代，这样世界文明之园才能万紫千红、生机盎然。

丰富多彩的人类文明都有自己存在的价值。要理性处理本国文明与其他文明的差异，认识到每一个国家和民族的文明都是独特的，坚持求同存异、取长补短，不攻击、不贬损其他文明。不要看到别人的文明与自己的文明有不同，就感到不顺眼，就要千方百计去改造、去同化，甚至企图以自己的文明取而代之。历史反复证明，任何想用强制手段来解决文明差异的做法都不会成功，反而会给世界文明带来灾难。

第二，尊重各国各民族文明。文明特别是思想文化是一个国家、一个民族的灵魂。无论哪一个国家、哪一个民族，如果不珍惜自己的思想文化，丢掉了思想文化这个灵魂，这个国家、这个民族是立不起来的。本国本民族要珍惜和维护自己的思想文化，也要承认和尊重别国别民族的思想文化。不同国家、民族的思想文化各有千秋，只有姹紫嫣红之别，而无高低优劣之分。每个国家、每个民族不分强弱、不分大小，其思想文化都应该得到承认和尊重。

强调承认和尊重本国本民族的文明成果，不是要搞自我封闭，更不是要搞唯我独尊、“只此一家，别无分店”。各国各民族都应该虚心学习、积极借鉴别国别民族思想文化的长处和精华，这是增强本国本民族思想文化自尊、自信、自立的重要条件。

　　第三，正确进行文明学习借鉴。文明因交流而多彩，文明因互鉴而丰富。任何一种文明，不管它产生于哪个国家、哪个民族的社会土壤之中，都是流动的、开放的。这是文明传播和发展的一条重要规律。在长期演化过程中，中华文明从与其他文明的交流中获得了丰富营养，也为人类文明进步作出了重要贡献。丝绸之路的开辟，遣隋遣唐使大批来华，法显、玄奘西行取经，郑和七下远洋，等等，都是中外文明交流互鉴的生动事例。儒学本是中国的学问，但也早已走向世界，成为人类文明的一部分。

　　"独学而无友，则孤陋而寡闻。"对人类社会创造的各种文明，无论是古代的中华文明、希腊文明、罗马文明、埃及文明、两河文明、印度文明等，还是现在的亚洲文明、非洲文明、欧洲文明、美洲文明、大洋洲文明等，我们都应该采取学习借鉴的态度，都应该积极吸纳其中的有益成分，使人类创造的一切文明中的优秀文化基因与当代文化相适应、与现代社会相协调，把跨越时空、超越国度、富有永恒魅力、具有当代价值的优秀文化精神弘扬起来。进行文明相互学习借鉴，要坚持从本国本民族实际出发，坚持取长补短、择善而从，讲求兼收并蓄，但兼收并蓄不是囫囵吞枣、莫衷一是，而是要去粗取精、去伪存真。

第四，科学对待文化传统。不忘历史才能开辟未来，善于继承才能善于创新。优秀传统文化是一个国家、一个民族传承和发展的根本，如果丢掉了，就割断了精神命脉。我们要善于把弘扬优秀传统文化和发展现实文化有机统一起来，紧密结合起来，在继承中发展，在发展中继承。

传统文化在其形成和发展过程中，不可避免会受到当时人们的认识水平、时代条件、社会制度的局限性的制约和影响，因而也不可避免会存在陈旧过时或已成为糟粕性的东西。这就要求人们在学习、研究、应用传统文化时坚持古为今用、推陈出新，结合新的实践和时代要求进行正确取舍，而不能一股脑儿都拿到今天来照套照用。要坚持古为今用、以古鉴今，坚持有鉴别的对待、有扬弃的继承，而不能搞厚古薄今、以古非今，努力实现传统文化的创造性转化、创新性发展，使之与现实文化相融相通，共同服务以文化人的时代任务。

联通引领发展，伙伴聚焦合作[*]

（二〇一四年十一月八日）

尊敬的哈米德总统，

尊敬的朱马里主席，

尊敬的额勒贝格道尔吉总统，

尊敬的吴登盛总统，

尊敬的拉赫蒙总统，

尊敬的洪森首相，

尊敬的谢里夫总理，

女士们，先生们，朋友们：

　　首先，大家专程来到北京出席"加强互联互通伙伴关系"东道主伙伴对话会，这是我们深厚友谊和友好合作关系的生动体现，也是大家对中方主办亚太经合组织第二十二次领导人非正式会议的重要支持，我谨向大家表示衷心的感谢！

　　"朋友越走越近，邻居越走越亲。"邻国之间就一些重大问题面对面交换意见很有必要。中国作为亚太经合

————————

　　* 这是习近平同志在北京举行的"加强互联互通伙伴关系"东道主伙伴对话会上的讲话。

组织第二十二次领导人非正式会议东道主，将亚太互联互通作为会议议题之一。考虑到互联互通是件大事，亚洲国家和有关国际组织都很关心，都有参与的愿望，我们同各方商量后决定召开这个会议，共商亚洲发展大计。

中国有个寓言叫"愚公移山"。讲的是几千年前，一个交通不便的山村里有位叫愚公的老人，下决心将挡在家门口的两座大山移开。亲戚和邻居都说不可能，但他力排众议，带着子孙日复一日挖土移山。他说，山不会加大增高，人却子孙无穷，只要持之以恒，总有一天会把大山搬走。愚公的精神感动了天神，两座山在人和神的共同努力下被移开了，愚公的家乡同外界实现了互联互通。

自古以来，互联互通就是人类社会的追求。我们的祖先在极为艰难的条件下，创造了许多互联互通的奇迹。丝绸之路就是一个典范，亚洲各国人民堪称互联互通的开拓者。

人类在发展，社会在进步。当前，国际金融危机影响犹在，世界经济和国际贸易增速放缓。与此同时，新一轮产业革命和科技革命蓄势待发，区域性自由贸易安排层出不穷，结构调整和改革创新成为世界潮流。亚洲国家必须积极作为，在亚洲资源、亚洲制造、亚洲储蓄、亚洲工厂的基础上，致力发展亚洲价值、亚洲创造、亚洲投资、亚洲市场，联手培育新的经济增长点和竞争优势。实现这些目标，互联互通是其中一个关键环节。

今天，我们要建设的互联互通，不仅是修路架桥，不光是平面化和单线条的联通，而更应该是基础设施、制度规章、人员交流三位一体，应该是政策沟通、设施联通、贸易畅通、资金融通、民心相通五大领域齐头并进。这是全方位、立体化、网络状的大联通，是生机勃勃、群策群力的开放系统。

亚洲互联互通建设既面临机遇，也存在困难。各国制度和法律差异较大，各方需求千差万别，各类机制协调不尽人意，等等。资金问题最为突出，据亚洲开发银行测算，二〇二〇年以前亚洲地区每年基础设施投资需求高达七千三百亿美元。解决这些问题，仅靠一个或几个国家努力是做不到的，只有广泛建立伙伴关系，心往一起想，劲朝一处使，才能不断取得积极成效。

——我们要实现亚洲国家联动发展。亚洲各国高度重视互联互通，很多国家有自己的基础设施建设规划。现在，需要对接各国战略和规划，找出优先领域和项目，集中资源，联合推进。这有利于降低物流成本、创造需求和就业、发挥比较优势和后发优势，在全球供应链、产业链、价值链中占据有利位置，提高综合竞争力，打造强劲、可持续、平衡增长的亚洲发展新气象。亚洲各国就像一盏盏明灯，只有串联并联起来，才能让亚洲的夜空灯火辉煌。

——我们要塑造更加开放的亚洲经济格局。面对世界多极化、经济全球化、文化多样化、社会信息化的时代潮流，任何国家都不能关起门来搞建设。封闭没有出路，开放才能发展。亚洲国家要坚持开放的区域主义，不搞封闭性集团，不针对第三国，推动域内外国家各尽其能、优势互补、利益共享。邻国开放应该更多一些，包括商签交通、贸易、投资领域的便利化协定，联通跨境基础设施，衔接和统一各类规章制度。

当务之急是协商解决影响互联互通的制度、政策、标准问题，降低人员、商品、资金跨境流动的成本和时间。有必要开展信息互换、监管互认、执法互助的海关合作，加快边境口岸"单一窗口"建设，推广旅客在同一地点办理出入境手续的"一地两检"查验模式。开放需要尊重各国主权和领土完整，照顾各方舒适度，不强人所难，不干涉他国内政。开放还要循序渐进、先易后难、以点带面、积少成多，使亚洲经济在开放之路上行稳致远，让亚洲各国在开放进程中增强战略互信。

——我们要实现亚洲人民幸福梦想。每一条新的交通线路，都承载人民幸福梦想。我们要通过亚洲互联互通建设，开拓人民观察世界、放飞理想的窗口，拓宽人民脱贫致富的道路。在思考和规划互联互通项目时，需要坚持以人为本，听取基层民众意见，增加基层民众收入，着力解决他们用电、饮水、医疗、上学、就业、上网等现实问题。同时，需要保护生态环境，让美丽和发展同行。

我们要通过亚洲互联互通建设，拉近人民思想交流、文明互鉴的距离，让各国人民相逢相知、互信互敬，创造和享受和谐安宁的生活，共同编织和平、富强、进步的亚洲梦。

——我们要打造亚洲特色的合作平台。有关国际和区域组织已就亚洲互联互通做了许多开创性、基础性的工作，取得重要成果，我们十分重视和赞赏。希望各机制同亚洲各国一道，立足亚洲实际，分工协作，形成合力。同时，根据形势发展需要，我们也要考虑创新体制机制。

上个月，二十多个亚洲国家在北京签署了筹建亚洲基础设施投资银行的政府间谅解备忘录，这是亚洲金融合作的重要突破。亚洲基础设施投资银行对世界银行、亚洲开发银行等现有金融机构是有益补充，将在亚洲互联互通建设中扮演重要角色。

各位同事、朋友们！

去年秋天，我代表中国政府提出共同建设丝绸之路经济带和二十一世纪海上丝绸之路的倡议，得到国际社会特别是在座各国领导人积极回应。"一带一路"和互联互通是相融相近、相辅相成的。如果将"一带一路"比喻为亚洲腾飞的两只翅膀，那么互联互通就是两只翅膀的血脉经络。当前，"一带一路"进入了务实合作阶段，我对深化合作有以下几点建议。

第一，以亚洲国家为重点方向，率先实现亚洲互联互通。"一带一路"源于亚洲、依托亚洲、造福亚洲，关注亚洲国家互联互通，努力扩大亚洲国家共同利益。"一带一路"是中国和亚洲邻国的共同事业，中国将周边国家作为外交政策的优先方向，践行亲、诚、惠、容的理念，愿意通过互联互通为亚洲邻国提供更多公共产品，欢迎大家搭乘中国发展的列车。

第二，以经济走廊为依托，建立亚洲互联互通的基本框架。目前，中方制定的"一带一路"规划基本成形。这包括在同各方充分沟通的基础上正在构建的陆上经济合作走廊和海上经济合作走廊。这一框架兼顾各国需求，统筹陆海两大方向，涵盖面宽，包容性强，辐射作用大。中方愿同有关国家进一步协商，完善合作蓝图，打牢合作基础。

第三，以交通基础设施为突破，实现亚洲互联互通的早期收获。丝绸之路首先得要有路，有路才能人畅其行、物畅其流。中方高度重视联通中国和巴基斯坦、孟加拉国、缅甸、老挝、柬埔寨、蒙古国、塔吉克斯坦等邻国的铁路、公路项目，将在推进"一带一路"建设中优先部署。只有让大家尽早分享到早期收获，"一带一路"才有吸引力和生命力。

第四，以建设融资平台为抓手，打破亚洲互联互通的瓶颈。亚洲各国多是发展中国家，普遍缺乏建设资金，关键是盘活存量、用好增量，将宝贵的资金用在刀刃上。我在此宣布，中国将出资四百亿美元成立丝路基金，为"一带一路"沿线国家基础设施、资源开发、产业合作和金融合作等与互联互通有关的项目提供投融资支持。丝路基金是开放的，可以根据地区、行业或者项目类型设立子基金，欢迎亚洲域内外的投资者积极参与。

第五，以人文交流为纽带，夯实亚洲互联互通的社会根基。中国支持不同文明和宗教对话，鼓励加强各国文化交流和民间往来，支持丝绸之路沿线国家联合申请世界文化遗产，鼓励更多亚洲国家地方省区市建立合作关系。亚洲旅游资源丰富，出国旅游的人越来越多，应该发展丝绸之路特色旅游，让旅游合作和互联互通建设相互促进。互联互通需要大量专业人才，未来五年，中国将为周边国家提供二万个互联互通领域的培训名额，帮助周边国家培养自己的专家队伍。中国也愿派出更多留学生、专家学者到周边国家学习交流。

各位同事、朋友们！

中国成语讲志同道合。让我们志存高远、脚踏实地，深化互联互通伙伴关系，优化亚洲区域合作，共建发展和命运共同体！

谢谢大家！

谋求持久发展，共筑亚太梦想[*]

（二〇一四年十一月九日）

尊敬的智利总统巴切莱特女士，

尊敬的世界贸易组织总干事阿泽维多先生，

女士们，先生们，朋友们：

大家好！欢迎亚太工商界的朋友们！去年我们在巴厘岛相约北京，今天同大家重聚，我感到十分高兴。

按照中国的节气，两天前刚刚立冬。秋冬之交是个多彩的季节。"山明水净夜来霜，数树深红出浅黄。"银杏的黄，枫叶的红，给北京这座古都增添了色彩。经过一年辛勤耕耘，中国和亚太经合组织成员一道，期待在即将举行的第二十二次领导人非正式会议上收获硕果。

女士们、先生们、朋友们！

亚太地区汇集了古老文明和新兴力量，创造了悠久历史和灿烂文化。这里的人民勤劳，这里的山河美丽，这里的发展动力强劲，这里的未来前景光明。

今天的亚太，占世界人口的百分之四十、经济总量

* 这是习近平同志在北京举行的亚太经合组织工商领导人峰会开幕式上的演讲。

的百分之五十七、贸易总量的百分之四十八，是全球经济发展速度最快、潜力最大、合作最为活跃的地区，是世界经济复苏和发展的重要引擎。

今天的亚太，已进入新的发展阶段，资金、技术、信息、人员流动达到高水平，亚太大市场初具轮廓，各种区域合作机制蓬勃发展，新倡议新设想不断涌现。

今天的亚太，在世界格局中的地位不断上升。全球新一轮科技革命、产业革命、能源革命蓄势待发，亚太经济体相互联系日益紧密，区域经济一体化的必要性和迫切性更加凸显。

今天的亚太，也面临方方面面的挑战。国际金融危机后续影响尚未完全消除，一些经济体的复苏仍然脆弱，亚太经济提高质量和效益任务艰巨，新旧增长点转换任务艰巨。加快区域经济一体化进程方向和重点不一，各种区域自由贸易安排纷纷涌现，导致一些方面面临选择的困惑。

亚太的未来，正处在关键的路口。是继续引领世界、创造美好未来，还是放慢脚步、等待被人超越？是深化一体化进程、还是陷入碎片化漩涡？是践行开放包容理念、共同开创亚太世纪，还是身体已进入二十一世纪而思维模式还停留在过去？

大时代需要大格局，大格局需要大智慧。亚太发展前景取决于今天的决断和行动。我们有责任为本地区人民创造和实现亚太梦想。这个梦想，就是坚持亚太大家庭精神和命运共同体意识，顺应和平、发展、合作、共赢的时代潮流，共同致力于亚太繁荣进步；就是继续引领世界发展大势，为人类福祉作出更大贡献；就是让经济更有活力，贸易更加自由，投资更加便利，道路更加通畅，人与人交往更加密切；就是让人民过上更加安宁富足的生活，让孩子们成长得更好、工作得更好、生活得更好。

我们要为实现这一目标作出更大努力。

——我们要共同建设互信、包容、合作、共赢的亚太伙伴关系。志同道合，是伙伴。求同存异，也是伙伴。朋友多了，路才好走。我们应该通过坦诚深入沟通，增信释疑；应该秉持和而不同理念，尊重彼此对发展道路的选择；应该坚持互利合作，充分发挥各自优势，促进共同发展；应该变赢者通吃为各方共赢，共同做大亚太发展的蛋糕，共同促进亚太大繁荣。

——我们要携手打造开放型亚太经济格局。开放带来进步，封闭导致落后。无论过去、现在、将来，开放都是亚太实现可持续增长的重要前提。既要深化对内开放，让劳动、知识、技术、管理、资本的活力竞相迸发，也要扩大对外开放，把成员多样性和差异性转化为发展潜力和动力；既要把区域经济一体化提升到新高度，启动亚太自由贸易区进程，也要坚持开放的区域主义理念，推动建设开放型经济新体制和区域合作构架，让亚太的大门始终向全世界敞开。

——我们要不断发掘经济增长新动力。生活从不眷顾因循守旧、满足现状者，而将更多机遇留给勇于和善于改革创新的人们。在新一轮全球增长面前，惟改革者进，惟创新者强，惟改革创新者胜。我们要拿出敢为天下先的勇气，锐意改革，激励创新，积极探索适合自身发展需要的新道路新模式，不断寻求新增长点和驱动力。

——我们要精心勾画全方位互联互通蓝图。亚太互联互通和基础设施建设不仅是实现区域经济一体化的前提，更事关各方长远发展。我们要共同致力于构建覆盖太平洋两岸的亚太互联互通格局，通过硬件的互联互通，拉近各经济体的距离，为联接亚太、通达世界铺设道路；通过软件的互联互通，加强政策、法律、规制的衔接和融合，携手打造便利、高效的亚太供应链；通过人员往来的互联互通，促进人民友好往来，让信任和友谊生根发芽。

基于上述，中国将"共建面向未来的亚太伙伴关系"确定为今年亚太经合组织会议的主题，并将推动区域经济一体化，促进经济创新发展、改革与增长，加强全方位基础设施与互联互通建设作为重点议题。

我坚信，亚太经合组织领导人非正式会议在上述问题上达成的广泛共识，将为亚太持久发展注入新的动力。

女士们、先生们、朋友们！

去年，在亚太经合组织工商领导人峰会上，我向朋友们介绍了对中国经济发展的信心和继续深化改革的决心。一年过去了，我很高兴，我当时的观点得到了印证。

今年前三个季度，中国国内生产总值同比增长百分之七点四，各项主要经济指标处于合理区间。当前，中国经济保持稳定发展态势，城镇就业持续增加，居民收入、企业效益、财政收入平稳增长。更重要的是，结构调整出现积极变化，服务业增长势头显著，内需不断扩大。

中国经济呈现出新常态，有几个主要特点。一是从高速增长转为中高速增长。二是经济结构不断优化升级，第三产业、消费需求逐步成为主体，城乡区域差距逐步缩小，居民收入占比上升，发展成果惠及更广大民众。三是从要素驱动、投资驱动转向创新驱动。新常态将给中国带来新的发展机遇。

第一，新常态下，中国经济增速虽然放缓，实际增量依然可观。经过三十多年高速增长，中国经济体量已今非昔比。二〇一三年一年中国经济的增量就相当于一九九四年全年经济总量，可以在全世界排到第十七位。即使是百分之七左右的增长，无论是速度还是体量，在全球也是名列前茅的。

第二，新常态下，中国经济增长更趋平稳，增长动力更为多元。有人担心，中国经济增速会不会进一步回落、能不能爬坡过坎。风险确实有，但没那么可怕。中国经济的强韧性是防范风险的最有力支撑。我们创新宏观调控思路和方式，以目前确定的战略和所拥有的政策储备，我们有信心、有能力应对各种可能出现的风险。我们正在协同推进新型工业化、信息化、城镇化、农业现代化，这有利于化解各种"成长的烦恼"。中国经济更多依赖国内消费需求拉动，避免依赖出口的外部风险。

第三，新常态下，中国经济结构优化升级，发展前景更加稳定。今年前三个季度，中国最终消费对经济增长的贡献率为百分之四十八点五，超过投资；服务业增加值占比百分之四十六点七，继续超过第二产业；高新技术产业和装备制造业增速分别为百分之十二点三和百分之十一点一，明显高于工业平均增速；单位国内生产总值能耗下降百分之四点六。这些数据显示，中国经济结构正在发生深刻变化，质量更好，结构更优。

第四，新常态下，中国政府大力简政放权，市场活力进一步释放。简言之，就是要放开市场这只"看不见的手"，用好政府这只"看得见的手"。比如，我们改革了企业登记制度，前三个季度全国新登记注册市场主体九百二十万户，新增企业数量较去年增长百分之六十以上。

同时，我们也清醒认识到，新常态也伴随着新矛盾新问题，一些潜在风险渐渐浮出水面。能不能适应新常态，关键在于全面深化改革的力度。

我在去年工商领导人峰会上说过，中国改革已进入攻坚期和深水区，我们要敢于啃硬骨头，敢于涉险滩，敢于向积存多年的顽疾开刀。中国共产党十八届三中全会就全面深化改革作出总体部署，涉及十五个领域、三百三十多项重大改革举措。目前，这些改革举措正在逐项落实。开弓没有回头箭，我们将坚定不移把改革事业推向深入。

我们全面深化改革，就要激发市场蕴藏的活力。市场活力来自于人，特别是来自于企业家，来自于企业家精神。激发市场活力，就是要把该放的权放到位，该营造的环境营造好，该制定的规则制定好，让企业家有用武之地。我们强调要更好发挥政府作用，更多从管理者转向服务者，为企业服务，为推动经济社会发展服务。

我们全面深化改革，就要为创新拓宽道路。如果说创新是中国发展的新引擎，那么改革就是必不可少的点火器，要采取更加有效的措施把创新引擎全速发动起来。我们致力于发挥创新驱动的原动力作用，更多支持创新型企业、充满活力的中小企业，促进传统产业改造升级，尽快形成新增长点和驱动力。

我们全面深化改革，就要推进高水平对外开放。中国致力于构建开放型经济新体制，放宽市场准入，扩大服务业包括资本市场的对外开放，扩大内陆沿边开放；致力于建立发展创新、增长联动、利益融合的开放型亚太经济格局，推动在今年启动亚太自由贸易区进程，制定亚太经合组织推动实现亚太自由贸易区路线图；积极探索准入前国民待遇加负面清单的管理模式，为中国全面深化改革开放探索新途径、积累新经验。

我们全面深化改革，就要增进人民福祉、促进社会公平正义。一切改革归根结底都是为了人民，是为了让老百姓过上好日子。中国实行更加积极的就业创业政策，推动人民收入持续提高。今年前三个季度，中国城镇新增就业一千零八十二万人，居民消费价格指数同比上涨百分之二点一，城镇和农村居民人均收入分别增长百分之六点九和百分之九点七。中国正在建设更加公平可持续的社会保障制度，健全公共服务体系，创新社会治理体制。

总之，我们正在推行的全面深化改革，既是对社会生产力的解放，也是对社会活力的解放，必将成为推动中国经济社会发展的强大动力。

女士们、先生们、朋友们！

中国经济同亚太和世界经济的相互联系、相互依存不断加深。中国将集中精力做好自己的事情，也要努力使自身发展更好惠及亚太和世界。中国将奉行与邻为善、以邻为伴的周边外交方针和睦邻、富邻、安邻的周边外交政策，贯彻亲、诚、惠、容的周边外交理念，愿意同所有邻国和睦相处。

据统计，从二〇〇五年到二〇一四年上半年，吸收中国投资排名前十位的经济体中有六个是亚太经合组织成员，总额超过二千亿美元。预计未来十年中国对外投资将达一万二千五百亿美元。今后五年，中国进口商品累计将超过十万亿美元，出境旅游等人数将超过五亿人次。中国发展给亚太和世界带来的机会和利益是巨大的，带来的商机是持久和无限的。

随着综合国力上升，中国有能力、有意愿向亚太和全球提供更多公共产品，特别是为促进区域合作深入发展提出新倡议新设想。中国愿意同各国一道推进"一带一路"建设，更加深入参与区域合作进程，为亚太互联互通、发展繁荣作出新贡献。

在此，我高兴地向大家宣布，亚洲基础设施投资银行筹建工作已经迈出实质性一步，创始成员国不久前在北京签署了政府间谅解备忘录。中国还将出资四百亿美元成立丝路基金，为"一带一路"沿线国家基础设施建设、资源开发、产业合作等有关项目提供投融资支持。我们愿同大家一道努力，推动亚洲基础设施投资银行及早投入运作，成为各方在互联互通、金融等领域开展合作的新平台。

女士们、先生们、朋友们！

工商界是亚太和世界经济发展的重要推动力量，为促进亚太经济增长、引领世界经济复苏发挥了积极作用，也为中国改革开放和现代化事业作出了重大贡献。中国欢迎亚太工商界人士积极参与中国改革开放和现代化进程，共享中国改革发展带来的成果。

随着亚太区域经济合作不断走向务实和深化，亚太经合组织的一些合作倡议正在开花结果，为本地区企业和公司带来很多实实在在的好处。希望大家积极利用自身在信息、技术、资金等方面的独特优势，结合工商界实际需求，就推动贸易和投资自由化便利化、深化区域经济一体化、亚太经合组织长远发展等重大问题建言献策。

女士们、先生们、朋友们！

展望未来，世界和亚太的发展繁荣面临前所未有的历史机遇，也面临更为复杂的风险挑战。亚太各方应该顺应时代大潮，携手共建面向未来的亚太伙伴关系，共襄区域合作盛举，共创亚太美好未来！

最后，预祝这次会议取得圆满成功！

谢谢大家。

共建面向未来的亚太伙伴关系[*]

（二〇一四年十一月十一日）

各位同事：

很高兴同大家聚会北京雁栖湖畔。首先，我谨对各位同事的到来，表示热烈的欢迎！

每年春秋两季，都有成群的大雁来到这里，雁栖湖因此得名。亚太经合组织的二十一个成员，就好比二十一只大雁。"风翻白浪花千片，雁点青天字一行。"今天，我们聚首雁栖湖，目的就是加强合作、展翅齐飞，书写亚太发展新愿景。

今年是亚太经合组织成立二十五周年。亚太经合组织的二十五年，也是亚太发展繁荣的二十五年。亚太经合组织见证了亚太发展的历史成就，亚太发展也赋予亚太经合组织新的使命。

当前，世界经济复苏仍面临诸多不稳定不确定因素，亚太发展也进入新的阶段，既有机遇，也面临挑战。如何破解区域经济合作碎片化风险？如何在后国际

---

* 这是习近平同志在北京举行的亚太经合组织第二十二次领导人非正式会议上的开幕词。

金融危机时期谋求新的增长动力？如何解决互联互通建设面临的融资瓶颈？这些都需要我们深入思考、积极应对。

面对新形势，我们应该深入推进区域经济一体化，打造有利于长远发展的开放格局。亚太经合组织应该发挥引领和协调作用，打破种种桎梏，迎来亚太地区更大范围、更高水平、更深层次的新一轮大开放、大交流、大融合。要打破亚太内部的封闭之门，敞开面向世界的开放之门。要在推进茂物目标的同时大力推进亚太自由贸易区进程，明确目标、方向、路线图，尽早将愿景变为现实，实现横跨太平洋两岸、高度开放的一体化安排。

面对新形势，我们应该全力推动改革创新，挖掘新的增长点和驱动力，打造强劲、可持续的增长格局。后国际金融危机时期，增长动力从哪里来？毫无疑问，动力只能从改革中来、从创新中来、从调整中来。我们要创新发展理念，从传统的要素驱动、出口驱动转变为创新驱动、改革驱动，通过结构调整释放内生动力。我们要改变市场管理模式，使市场在资源配置中起决定性作用，更好发挥政府作用。我们要推动科技创新，带动能源革命、消费革命，推动亚太地区在全球率先实现新技术革命。我们今年推动互联网经济、城镇化、蓝色经济等领域合作，探讨跨越"中等收入陷阱"问题，抓住了重大、前沿的国际经济议题，开了个好头。

面对新形势，我们应该加快完善基础设施建设，打造全方位互联互通格局。互联互通是一条脚下之路，无论是公路、铁路、航路还是网路，路通到哪里，我们的合作就在哪里。互联互通是一条规则之路，多一些协调合作，少一些规则障碍，我们的物流就会更畅通、交往就会更便捷。互联互通是一条心灵之路，你了解我，我懂得你，道理就会越讲越明白，事情就会越来越好办。实现亚太全方位互联互通，就是要让脚下之路、规则之路、心灵之路联通太平洋两岸的全体成员，打通融资贵、融资难的瓶颈，就是要加强公私伙伴关系建设，实现联动式发展。

各位同事！

亚太经合组织是一个大家庭，打造发展创新、增长联动、利益融合的开放型亚太经济格局，符合所有成员共同利益。为了实现上述目标，亚太经济体需要共同构建互信、包容、合作、共赢的亚太伙伴关系，为亚太地区和世界经济发展增添动力。

第一，共同规划发展愿景。亚太未来发展攸关每个成员利益。我们已经在启动亚太自由贸易区进程、推进互联互通、谋求创新发展等方面达成重要共识，要将共识转化为行动，规划今后五年、十年甚至二十五年的发展蓝图，一步步扎实向前推进。

第二，共同应对全球性挑战。在后国际金融危机时期，我们既要抓住经济增长这个核心，加强宏观政策协调，又要妥善应对流行性疾病、粮食安全、能源安全等全球性问题，以信息共享增进彼此了解，以经验交流分享最佳实践，以沟通协调促进集体行动，以互帮互助深化区域合作。

第三，共同打造合作平台。伙伴意味着一个好汉三个帮，一起做好事、做大事。我们应该将亚太经合组织打造成推动一体化的制度平台，加强经验交流的政策平台，反对贸易保护主义的开放平台，深化经济技术合作的发展平台，推进互联互通的联接平台。亚太经合组织的发展壮大有赖于大家共同支持。

我愿在此宣布，中方将捐款一千万美元，用于支持亚太经合组织机制和能力建设，开展各领域务实合作。

第四，共同谋求联动发展。伙伴意味着合作共赢、互学互鉴。当前，一些亚太发展中经济体面临较多困难，没有他们的发展，亚太发展就不可持续。我们要加大对发展中成员的资金和技术支持，发挥亚太经济体多样性突出的特点，优势互补，扩大联动效应，实现共同发展。

未来三年，中国政府将为亚太经合组织发展中成员提供一千五百个培训名额，用于贸易和投资等领域的能力建设项目。

各位同事！

在"共建面向未来的亚太伙伴关系"主题下，我们将围绕"推动区域经济一体化"，"促进经济创新发展、改革与增长"，"加强全方位基础设施与互联互通建设"

三项重点议题展开讨论。我期待并相信，这次会议将为亚太发展注入新的活力。

一花不是春，孤雁难成行。让我们以北京雁栖湖为新的起点，引领世界经济的雁阵，飞向更加蔚蓝而辽阔的天空。

谢谢大家！

推动创新发展，实现联动增长[*]

（二〇一四年十一月十五日）

尊敬的阿博特总理，

各位同事：

二十国集团是开展国际经济合作的主要论坛，在促进世界经济稳定和增长方面肩负着重要使命。过去几年，在我们共同努力下，世界经济逐步走出低谷，不断朝好的方向发展。同时，我们也要看到，经济复苏之力并不强劲，金融市场还存在风险，国际贸易仍然在低位徘徊。国际组织预测今年世界经济增长百分之三点三，国际贸易增长百分之三点一，都低于国际金融危机前的水平。

逆水行舟，不进则退。我们当前的首要任务，就是协调宏观经济政策，共同破解发展难题，减少经济风险，实现经济繁荣、金融稳定、贸易发展、就业和民生改善。

不久前，亚太经合组织就推动亚太地区增长作出了

---

* 这是习近平同志在澳大利亚布里斯班举行的二十国集团领导人第九次峰会第一阶段会议上的发言。

规划。我高兴地看到，二十国集团也在作出努力，制定了全面增长战略，确立了未来五年在现有政策水平上额外增长百分之二的目标，这具有重要意义。

落实全面增长战略，重要的是发掘和培育持久增长的动力，形成各国发展创新、利益融合、增长联动的新局面。为此，我建议二十国集团从以下三方面作出努力。

第一，创新发展方式。应对国际金融危机期间，我们通过逆周期的刺激政策，熨平经济波动，短期效果明显，但这多是治标不治本。我们必须创新发展理念、政策、方式，更加重视增长质量和效益，特别是通过财税、金融、投资、竞争、贸易、就业等领域的结构改革，通过宏观经济政策和社会政策的结合，让创造财富的活力竞相迸发，让市场力量充分释放，推动经济从周期性复苏走向可持续性增长。

在这方面，我们也要重视基础设施建设对经济的拉动效应。中方在主办亚太经合组织领导人非正式会议期间，将互联互通作为核心议题之一，目的就是开辟新的增长点。我们支持二十国集团成立全球基础设施中心，支持世界银行成立全球基础设施基金，并将通过建设丝绸之路经济带、二十一世纪海上丝绸之路、亚洲基础设施投资银行、丝路基金等途径，为全球基础设施投资作出贡献。

第二，建设开放型世界经济。世界贸易扩大了，各国都受益。世界市场缩小了，对各国都没有好处。我们要继续做全球自由贸易的旗手，维护多边贸易体制，构建互利共赢的全球价值链，培育全球大市场。要继续反对贸易和投资保护主义，推动多哈回合谈判。要推动各种自由贸易协定做到开放、包容、透明、非歧视，避免市场分割和贸易体系分化。

第三，完善全球经济治理。今年是布雷顿森林会议七十周年，各方都在总结布雷顿森林体系的经验，进一步完善全球经济治理。我们要以此为契机，建设公平公正、包容有序的国际金融体系，提高新兴市场国家和发展中国家的代表性和发言权，确保各国在国际经济合作中权利平等、机会平等、规则平等。要加快并切实落实国际货币基金组织改革方案，加强全球金融安全网。金砖国家宣布成立开发银行和应急储备安排，亚洲二十多个国家发起建立的亚洲基础设施投资银行，这是对国际金融体系的有益补充。

各位同事！

中国经济增长是世界经济增长的重要动力。根据国际组织测算，中国是二十国集团全面增长战略的最大贡献者之一。这样的贡献，源自中国自身稳增长、调结构、促改革、惠民生的政策措施。中国向二十国集团提交的增长战略包括了一百三十四项这样的政策措施，充分展示了中国以改革促增长的决心、理念和行动。

中国经济将继续保持强劲、可持续、平衡增长势头，每年增量相当于贡献了一个中等发达国家的经济规模。未来五年，我们将进口超过十万亿美元商品，对外投资超过五千亿美元。这些将为世界经济提供更多需求，创造更多市场机遇、投资机遇、增长机遇。作为二〇一六年二十国集团领导人峰会主办国，中国愿意为推动世界经济增长作出更大贡献、发挥更大作用。

借此机会，我愿宣布，中国将采纳国际货币基金组织数据公布特殊标准。

各位同事！

独行快，众行远。面对世界经济面临的各种风险和挑战，二十国集团成员要树立利益共同体和命运共同体意识，坚持做好朋友、好伙伴，积极协调宏观经济政策，努力形成各国增长相互促进、相得益彰的合作共赢格局。我们要通过这样的努力，让二十国集团走得更好更远，真正成为世界经济的稳定器、全球增长的催化器、全球经济治理的推进器，更好造福各国人民。

谢谢大家！

中国如何发展？中国发展起来了将是一个什么样的国家？[*]

（二○一四年十一月十七日）

当前，中国人民正在为实现中华民族伟大复兴的中国梦而不懈奋斗。中国梦就是要实现国家富强、民族振兴、人民幸福。我们的发展目标是，到二○二○年国内生产总值和城乡居民人均收入比二○一○年翻一番、全面建成小康社会，到本世纪中叶建成富强民主文明和谐的社会主义现代化国家。为了实现中国梦，我们将全面深化改革开放、全面推进依法治国，不断推进现代化建设，不断提高人民生活水平。

中国如何发展？中国发展起来了将是一个什么样的国家？相信在座各位对这个问题都有兴趣，正像世界上很多人都对这个问题有兴趣一样。

关于这两个问题，国际社会众说纷纭，有的对中国充分肯定，有的对中国充满信心，有的对中国忧心忡

---

* 这是习近平同志在澳大利亚联邦议会的演讲《携手追寻中澳发展梦想，并肩实现地区繁荣稳定》的一部分。

忡，有的则总是看不惯中国。我想，这也正常，中国是一个拥有十三亿多人口的大国，是人群中的大块头，其他人肯定要看看大块头要怎么走、怎么动，会不会撞到自己，会不会堵了自己的路，会不会占了自己的地盘。这里，我愿就大家关心的问题谈几点看法。

第一，中国坚持和平发展，决心不会动摇。中国人民珍惜和平，中华民族历来是爱好和平的民族。中国人自古崇尚"以和为贵"、"己所不欲，勿施于人"等思想。中国近代以后遭遇了一百多年的动荡和战火，国家发展、人民幸福根本无从谈起，中国人民绝不会将自己曾经遭受过的悲惨经历强加给其他国家和民族。

中国需要和平。中国最需要和谐稳定的国内环境与和平安宁的国际环境，任何动荡和战争都不符合中国人民根本利益。中国虽然是个大块头，但两千多年前中国的先人就认识到"国虽大，好战必亡"的道理。纵观历史，任何国家试图通过武力实现自己的发展目标，最终都是要失败的，历史上那些不可一世的帝国如今都成了过眼烟云。这是一条颠扑不破的真理。

中国维护和平。当今世界的潮流只有一个，那就是和平、发展、合作、共赢。历史和现实都证明，顺潮流者昌，逆潮流者亡。和平是宝贵的，和平也是需要维护的，破坏和平的因素始终值得人们警惕。大家都只想享受和平，不愿意维护和平，那和平就将不复存在。中国人民坚持走和平发展道路，也真诚希望世界各国都走和平发展这条道路，共同应对威胁和破坏和平的各种因素，携手建设持久和平、共同繁荣的和谐世界。

第二，中国坚持共同发展，理念不会动摇。当今世界，各国人民是一个休戚与共的命运共同体，市场、资金、资源、信息、人才等等都是高度全球化的。只有世界发展，各国才能发展；只有各国发展，世界才能发展。

众人拾柴火焰高。中国愿意同各国共同发展、共同繁荣。中国将坚定不移奉行互利共赢的开放战略，坚持正确义利观，发展开放型经济体系，全方位加强和拓展同世界各国的互利合作。中国发展绝不以牺牲别国利益为代价，绝不做损人利己的事情。

中国发展对世界各国是重要机遇。中国正在加快推进新型工业化、信息化、城镇化、农业现代化，新的经济增长点将不断涌现。中国十三亿多人口的市场具有不可估量的潜力，中国经济结构调整和产业优化升级将产生巨大需求。未来五年，中国预计将进口超过十万亿美元的商品，对外投资规模累计将超过五千亿美元，出境旅游人数将超过五亿人次。这将为国际和地区伙伴提供更广阔的市场、更充足的资本、更丰富的产品、更宝贵的合作契机。

第三，中国坚持促进亚太合作发展，政策不会动摇。亚太是中国安身立命之所。没有亚太地区和平和繁荣，中国的稳定和发展就得不到保障。中国改革开放三十多年来取得巨大成就，既是自身努力奋斗的结果，也得益于一个包容开放的亚太环境。中国真心希望同地区国家一道做大利益蛋糕，实现互利共赢。

中国将坚持与邻为善、以邻为伴，践行亲诚惠容的理念，倡导共同、综合、合作、可持续的亚洲安全观，努力使自身发展更好惠及周边及亚太国家。中国将同各国一道，用好亚太经合组织、东亚峰会、东盟地区论坛等平台，推动区域全面经济伙伴关系协定谈判如期完成，加快推进丝绸之路经济带和二十一世纪海上丝绸之路建设，推动亚太地区发展和安全相互促进、相得益彰。

海上通道是中国对外贸易和进口能源的主要途径，保障海上航行自由安全对中方至关重要。中国政府愿同相关国家加强沟通和合作，共同维护海上航行自由和通道安全，构建和平安宁、合作共赢的海洋秩序。

对涉及中国主权、安全、领土完整的核心利益，中国人民也会坚定不移加以维护。联合国宪章和国际关系基本准则对所有国家都是适用的，我们主张各国不论贫富、强弱、大小一律平等，这不仅是指权益上的平等，也是指在国际规则上的平等。

中国一贯坚持通过对话协商以和平方式处理同有关国家的领土主权和海洋权益争端。中国已经通过友好协商同十四个邻国中的十二个国家彻底解决了陆地边界问题，这一做法会坚持下去。中国真诚愿意同地区国家一起努力，共同建设和谐亚太、繁荣亚太。

永远做太平洋岛国人民的真诚朋友[*]

（二〇一四年十一月二十一日）

斐济被中国人亲切地誉为"太平洋上的翡翠"。五年前，我曾经过境访问斐济，这里秀美如画的热带风光和热情好客的人民给我留下难忘的印象和愉快的回忆。

五年后的今天，我将再次踏上这片美丽的土地。我高兴地得知，斐济经济持续向好，社会事业稳定发展，人民生活不断改善，国际交往更加活跃，正在呈现出一片欣欣向荣的景象。不久前，斐济成功举行了大选。我衷心祝愿斐济人民在国家建设和经济社会发展事业中不断取得新的更大成就。

斐济是最早同中国建交的太平洋岛国，中斐拥有深厚的传统友好基础。建交以来，两国各层级交往频繁，务实合作成果显著，在多边事务中相互支持。我期待着通过这次访问，增进政治互信，加强经贸、农林渔业、旅游等领域合作，扩大人文交流，深化多边协调和配合，把中斐传统友谊提升到新水平。

---

* 这是习近平同志在斐济《斐济时报》和《斐济太阳报》发表的署名文章。

这次访问期间，我还有一项重要议程，就是邀请同中国建交的各太平洋岛国领导人在斐济相聚，共商中国同岛国关系发展大计，共绘双方友好交流和互利合作美好蓝图。

太平洋岛国是亚太大家庭重要成员，也是发展中国家重要组成部分。赢得独立后，各岛国在国家建设和经济社会发展事业中取得重要成就，在推进区域合作进程中迈出坚实步伐。

中国人民和太平洋岛国人民很早就开始了友好交流，有着天然的亲近感。数十年来，相互尊重、相互支持、真诚友好、互利合作、共同发展始终是中国同太平洋岛国关系的主题词。作为岛国的真诚朋友，中国愿意在相互尊重和平等相待的基础上，深化双方互利合作，为支持岛国加快发展提供更多帮助，实现共同发展和共同繁荣。

我们要做同甘共苦、守望相助的好兄弟。"以心相交者，成其久远。"中国一贯主张，国家无论大小、贫富、强弱，都是国际社会平等一员。中国同太平洋岛国有着相似的历史遭遇，有着深厚的传统友谊，有着追求美好生活的共同理想。

我们感谢岛国长期以来在涉及中国重大核心利益问题上给予的宝贵支持。中国也坚定支持岛国人民走符合自身国情的发展道路，支持岛国维护国家主权和发展权益，支持岛国平等参与国际和地区事务。

我们要做合作共赢、共同发展的好伙伴。"既以为人，己愈有；既以与人，己愈多。"当前，为实现中华民族伟大复兴的中国梦，中国人民正在坚定不移全面深化改革、全面推进依法治国，脚踏实地推进经济社会发展。岛国人民也在努力振兴民族经济和推进区域合作。双方完全能够将彼此发展战略对接起来，优势互补，互利共赢。

我们将继续在力所能及范围内为岛国提供支持和帮助，鼓励更多中国企业参与岛国投资合作，帮助岛国解决最现实最迫切的问题，高度重视应对气候变化的挑战，协助岛国把自身资源优势、环境优势、人力资源优势更好转化为发展优势，走共同繁荣之路。

我们要做相知相亲、常来常往的好朋友。历史上，许多华人来到岛国，同当地人民并肩劳作，和谐相处，播撒友谊和希望。新中国成立后，许多中国医生、教师、农业专家、工程技术人员来到岛国，同岛国人民一道实施双方经济技术合作项目，带来了中国人民对岛国人民的深情厚谊。近年来，岛国的碧海银沙、椰林树影、独特的民俗民风正在吸引着越来越多的中国游客慕名而来。

我们欢迎更多太平洋岛国朋友到中国旅游观光、留学深造、投资经商、访问交流。我们愿同岛国不断扩大文化、教育、卫生、体育、青年、地方等领域交流合作，加深双方人民相互了解和友谊，让双方友好事业能够世代相传，更加兴旺发达。

太平洋岛国人民常说："我们的世界本身就是一座岛屿。"浩瀚无垠的太平洋将中国和包括斐济在内的岛国紧紧联系在一起，也拉近了我们心灵的距离。中国将永远做太平洋岛国人民的真诚朋友，愿同太平洋岛国一道努力，携手开创双方关系更加美好的明天！

中国必须有自己特色的大国外交[*]

（二〇一四年十一月二十八日）

要高举和平、发展、合作、共赢的旗帜，统筹国内国际两个大局，统筹发展安全两件大事，牢牢把握坚持和平发展、促进民族复兴这条主线，维护国家主权、安全、发展利益，为和平发展营造更加有利的国际环境，维护和延长我国发展的重要战略机遇期，为实现"两个一百年"奋斗目标、实现中华民族伟大复兴的中国梦提供有力保障。

党的十八大以来，党中央统筹国内国际两个大局，在保持外交大政方针连续性和稳定性的基础上，主动谋划，努力进取，对外工作取得显著成绩。我们着眼于新形势新任务，积极推动对外工作理论和实践创新，注重阐述中国梦的世界意义，丰富和平发展战略思想，强调建立以合作共赢为核心的新型国际关系，提出和贯彻正确义利观，倡导共同、综合、合作、可持续的安全观，推动构建新型大国关系，提出和践行亲诚惠容的周边外交理念、真实亲诚的对非工作方针。这些成绩的取得，

同对外工作战线特别是驻外同志们的辛勤工作是分不开的。

认识世界发展大势，跟上时代潮流，是一个极为重要并且常做常新的课题。中国要发展，必须顺应世界发展潮流。要树立世界眼光、把握时代脉搏，要把当今世界的风云变幻看准、看清、看透，从林林总总的表象中发现本质，尤其要认清长远趋势。要充分估计国际格局发展演变的复杂性，更要看到世界多极化向前推进的态势不会改变。要充分估计世界经济调整的曲折性，更要看到经济全球化进程不会改变。要充分估计国际矛盾和斗争的尖锐性，更要看到和平与发展的时代主题不会改变。要充分估计国际秩序之争的长期性，更要看到国际体系变革方向不会改变。要充分估计我国周边环境中的不确定性，更要看到亚太地区总体繁荣稳定的态势不会改变。

当今世界是一个变革的世界，是一个新机遇新挑战层出不穷的世界，是一个国际体系和国际秩序深度调整的世界，是一个国际力量对比深刻变化并朝着有利于和平与发展方向变化的世界。我们看世界，不能被乱花迷眼，也不能被浮云遮眼，而要端起历史规律的望远镜去细心观望。综合判断，我国发展仍然处于可以大有作为的重要战略机遇期。我们最大的机遇就是自身不断发展壮大，同时也要重视各种风险和挑战，善于化危为机、转危为安。

　　我国已经进入了实现中华民族伟大复兴的关键阶段。中国与世界的关系在发生深刻变化，我国同国际社会的互联互动也已变得空前紧密，我国对世界的依靠、对国际事务的参与在不断加深，世界对我国的依靠、对我国的影响也在不断加深。我们观察和规划改革发展，必须统筹考虑和综合运用国际国内两个市场、国际国内两种资源、国际国内两类规则。

　　中国必须有自己特色的大国外交。我们要在总结实践经验的基础上，丰富和发展对外工作理念，使我国对外工作有鲜明的中国特色、中国风格、中国气派。要坚持中国共产党领导和中国特色社会主义，坚持我国的发展道路、社会制度、文化传统、价值观念。要坚持独立自主的和平外交方针，坚持把国家和民族发展放在自己力量的基点上，坚定不移走自己的路，走和平发展道路，同时决不能放弃我们的正当权益，决不能牺牲国家核心利益。要坚持国际关系民主化，坚持和平共处五项原则，坚持国家不分大小、强弱、贫富都是国际社会平等成员，坚持世界的命运必须由各国人民共同掌握，维护国际公平正义，特别是要为广大发展中国家说话。

　　我们要坚持合作共赢，推动建立以合作共赢为核心的新型国际关系，坚持互利共赢的开放战略，把合作共赢理念体现到政治、经济、安全、文化等对外合作的方方面面。要坚持正确义利观，做到义利兼顾，要讲信义、重情义、扬正义、树道义。要坚持不干涉别国内政原则，坚持尊重各国人民自主选择的发展道路和社会制度，坚持通过对话协商以和平方式解决国家间的分歧和争端，反对动辄诉诸武力或以武力相威胁。

当前和今后一个时期，我国对外工作要贯彻落实总体国家安全观，增强全国人民对中国特色社会主义的道路自信、理论自信、制度自信，维护国家长治久安。要争取世界各国对中国梦的理解和支持，中国梦是和平、发展、合作、共赢的梦，我们追求的是中国人民的福祉，也是各国人民共同的福祉。要坚决维护领土主权和海洋权益，维护国家统一，妥善处理好领土岛屿争端问题。要维护发展机遇和发展空间，通过广泛开展经贸技术互利合作，努力形成深度交融的互利合作网络。要在坚持不结盟原则的前提下广交朋友，形成遍布全球的伙伴关系网络。要提升我国软实力，讲好中国故事，做好对外宣传。

要切实抓好周边外交工作，打造周边命运共同体，秉持亲诚惠容的周边外交理念，坚持与邻为善、以邻为伴，坚持睦邻、安邻、富邻，深化同周边国家的互利合作和互联互通。要切实运筹好大国关系，构建健康稳定的大国关系框架，扩大同发展中大国的合作。要切实加强同发展中国家的团结合作，把我国发展与广大发展中国家共同发展紧密联系起来。要切实推进多边外交，推动国际体系和全球治理改革，增加我国和广大发展中国家的代表性和话语权。要切实加强务实合作，积极推进

"一带一路"建设，努力寻求同各方利益的汇合点，通过务实合作促进合作共赢。要切实落实好正确义利观，做好对外援助工作，真正做到弘义融利。要切实维护我国海外利益，不断提高保障能力和水平，加强保护力度。

全面推进新形势下的对外工作，必须加强党的集中统一领导，改革完善对外工作体制机制，强化对各领域各部门各地方对外工作的统筹协调，加大战略投入，规范外事管理，加强外事干部队伍建设，为开创对外工作新局面提供坚强保障。

迈向命运共同体，开创亚洲新未来*

（二〇一五年三月二十八日）

尊敬的各位元首，各位政府首脑，

各位部长，各位国际和地区组织负责人，

尊敬的博鳌亚洲论坛理事会各位成员，

女士们，先生们，朋友们：

今天的博鳌，海阔帆舞，天高风暖。在这个美好的季节里，各方嘉宾相聚一堂，共商亚洲和亚洲同世界各地区发展大计，具有十分重要的意义。

首先，我谨代表中国政府和中国人民，并以我个人的名义，对各位嘉宾出席博鳌亚洲论坛二〇一五年年会，表示诚挚的欢迎！对年会的召开，表示热烈的祝贺！

本届博鳌亚洲论坛年会以"亚洲新未来：迈向命运共同体"为主题，可谓恰逢其时，既有重要的现实意义，也有长远的历史意义。希望大家畅所欲言，为亚洲和世界和平与发展贡献真知灼见。

女士们、先生们、朋友们！

历史，总是在一些重要时间节点上更能勾起人们的

---

* 这是习近平同志在博鳌亚洲论坛二〇一五年年会上的主旨演讲。

回忆和反思。今年是世界反法西斯战争暨中国人民抗日战争胜利七十周年，联合国成立七十周年，万隆会议召开六十周年，东盟共同体建成之年。这是值得人们纪念的重要年份，也是激发人们铭记历史、鉴往知来的重要时刻。

七十年来，世界发生了前所未有的深刻变化，历史性地改变了人类的命运。全球殖民体系土崩瓦解，冷战对峙不复存在，各国相互联系、相互依存日益加深，和平、发展、合作、共赢的时代潮流滚滚向前，国际力量对比朝着有利于维护世界和平的方向发展，保持国际形势总体稳定、促进各国共同发展具备更多有利条件。

七十年来，亚洲形势也发生了前所未有的变化。地区各国实现了民族独立、掌握了自己的命运，壮大了维护地区和世界和平的力量。亚洲国家率先倡导和平共处五项原则，并同非洲国家一道，在万隆会议上提出处理国家间关系的十项原则。冷战结束后，亚洲国家在推进区域合作实践中逐步形成相互尊重、协商一致、照顾各方舒适度的亚洲方式。这些都为正确处理国家关系、推动建立新型国际关系作出了历史性贡献。

七十年来，越来越多的亚洲国家找到适合本国国情的发展道路，从贫穷落后走向发展振兴，步入经济发展快车道。区域和跨区域合作方兴未艾，互联互通建设加速推进，呈现千帆竞发、百舸争流的强劲势头。亚洲已经拥有世界三分之一的经济总量，是当今世界最具发展活力和潜力的地区之一，在世界战略全局中的地位进一步上升。

七十年来，亚洲国家逐步超越意识形态和社会制度差异，从相互封闭到开放包容，从猜忌隔阂到日益增多的互信认同，越来越成为你中有我、我中有你的命运共同体。在争取民族独立的伟大斗争中，在应对亚洲金融危机和国际金融危机的艰难时刻，在抗击印度洋海啸和中国汶川特大地震等灾害的紧要关头，亚洲各国人民守望相助，克服和战胜了一个又一个困难和挑战，展现出同舟共济、共克时艰的强大力量，正可谓患难见真情。同时，亚洲地区仍然存在一些历史遗留问题和现实矛盾分歧，面临各类传统和非传统安全威胁，地区国家发展经济、改善民生、消除贫困的任务依然艰巨。

回顾七十年的历程，今天亚洲取得的发展成就，是亚洲各国人民一代接一代持续奋斗的结果，是许多政治家和仁人志士艰辛努力的结果。明天，新加坡将为李光耀先生举行国葬。李光耀先生是受到国际社会尊重的战略家和政治家，为亚洲和平与发展以及亚洲同世界的交流合作作出了突出贡献。借此机会，我向包括李光耀先生在内的所有为亚洲和平发展作出贡献的先贤们，致以崇高的敬意。

女士们、先生们、朋友们！

亚洲是世界的亚洲。亚洲要迈向命运共同体、开创亚洲新未来，必须在世界前进的步伐中前进、在世界发展的潮流中发展。

当前，国际形势继续发生深刻复杂变化，世界多极化、经济全球化深入发展，文化多样化、社会信息化持续推进，国际格局和国际秩序加速调整演变。世界各国正抓紧调整各自发展战略，推动变革创新，转变经济发展方式，调整经济结构，开拓新的发展空间。同时，世界经济仍处于深度调整期，低增长、低通胀、低需求同高失业、高债务、高泡沫等风险交织，主要经济体走势和政策取向继续分化，经济环境的不确定性依然突出；地缘政治因素更加突出，局部动荡此起彼伏；恐怖主义、网络安全、能源安全、粮食安全、气候变化、重大传染性疾病等非传统安全和全球性挑战不断增多，南北发展差距依然很大。推进人类和平与发展的崇高事业依然任重而道远。

人类只有一个地球，各国共处一个世界。世界好，亚洲才能好；亚洲好，世界才能好。面对风云变幻的国际和地区形势，我们要把握世界大势，跟上时代潮流，共同营造对亚洲、对世界都更为有利的地区秩序，通过迈向亚洲命运共同体，推动建设人类命运共同体。借此机会，我愿就此谈一谈看法，同各位嘉宾交流。

——迈向命运共同体，必须坚持各国相互尊重、平等相待。各国体量有大小、国力有强弱、发展有先后，但都是国际社会平等一员，都有平等参与地区和国际事务的权利。涉及大家的事情要由各国共同商量来办。作为大国，意味着对地区和世界和平与发展的更大责任，而不是对地区和国际事务的更大垄断。

相互尊重、平等相待，首先要尊重各国自主选择的社会制度和发展道路，尊重彼此核心利益和重大关切，客观理性看待别国发展壮大和政策理念，努力求同存异、聚同化异。要共同维护亚洲来之不易的和平稳定局面和良好发展势头，反对干涉别国内政，反对为一己之私搞乱地区形势。

——迈向命运共同体，必须坚持合作共赢、共同发展。东南亚朋友讲"水涨荷花高"，非洲朋友讲"独行快，众行远"，欧洲朋友讲"一棵树挡不住寒风"，中国人讲"大河有水小河满，小河有水大河满"。这些说的都是一个道理，只有合作共赢才能办大事、办好事、办长久之事。要摒弃零和游戏、你输我赢的旧思维，树立双赢、共赢的新理念，在追求自身利益时兼顾他方利益，在寻求自身发展时促进共同发展。合作共赢的理念不仅适用于经济领域，也适用于政治、安全、文化等广泛领域；不仅适用于地区国家之间，也适用于同域外国家开展合作。要加强宏观经济政策协调，防范不同经济体经济政策变动可能带来的负面外溢效应，积极推动全球经济治理变革，维护开放型世界经济体制，共同应对世界经济中的风险和挑战。

中国和东盟国家携手建设更为紧密的中国—东盟命运共同体，东盟和中国、日本、韩国致力于二〇二〇年建成东亚经济共同体。我们要积极构建亚洲自由贸易网络，争取在二〇一五年完成中国—东盟自由贸易区升级谈判和区域全面经济伙伴关系协定谈判。在推进亚洲经济一体化的同时，我们要坚持开放的区域主义，协调推进包括亚太经合组织在内的跨区域合作。

我们要积极推动构建地区金融合作体系，探讨搭建亚洲金融机构交流合作平台，推动亚洲基础设施投资银行同亚洲开发银行、世界银行等多边金融机构互补共进、协调发展。要加强在货币稳定、投融资、信用评级等领域务实合作，推进清迈倡议多边化机制建设，建设地区金融安全网。要推动建设亚洲能源资源合作机制，保障能源资源安全。

中方倡议加快制定东亚和亚洲互联互通规划，促进基础设施、政策规制、人员往来全面融合。要加强海上互联互通建设，推进亚洲海洋合作机制建设，促进海洋经济、环保、灾害管理、渔业等各领域合作，使海洋成为连接亚洲国家的和平、友好、合作之海。

——迈向命运共同体，必须坚持实现共同、综合、合作、可持续的安全。当今世界，安全的内涵和外延更加丰富，时空领域更加宽广，各种因素更加错综复杂。各国人民命运与共、唇齿相依。当今世界，没有一个国家能实现脱离世界安全的自身安全，也没有建立在其他国家不安全基础上的安全。我们要摒弃冷战思维，创新安全理念，努力走出一条共建、共享、共赢的亚洲安全之路。

各国都有平等参与地区安全事务的权利，也都有维护地区安全的责任，每一个国家的合理安全关切都应该得到尊重和保障。要通盘考虑亚洲安全问题的历史经纬和现实状况，多管齐下、综合施策，协调推进地区安全治理，统筹维护传统和非传统领域安全。要通过对话合作促进各国和本地区安全，以合作谋和平、以合作促安全，坚持以和平方式解决争端，反对动辄使用武力或以武力相威胁。要坚持发展和安全并重，以可持续发展促进可持续安全。亚洲国家要加强同其他地区国家和有关组织合作，欢迎各方为亚洲发展和安全发挥积极和建设性作用。

——迈向命运共同体，必须坚持不同文明兼容并蓄、交流互鉴。在漫长历史长河中，如亚洲的黄河和长江流域、印度河和恒河流域、幼发拉底河和底格里斯河流域以及东南亚等地区孕育了众多古老文明，彼此交相辉映、相得益彰，为人类文明进步作出了重要贡献。今天的亚洲，多样性的特点仍十分突出，不同文明、不同民族、不同宗教汇聚交融，共同组成多彩多姿的亚洲大家庭。

中国古代思想家孟子说过："夫物之不齐，物之情也。"不同文明没有优劣之分，只有特色之别。要促进不同文明不同发展模式交流对话，在竞争比较中取长补短，在交流互鉴中共同发展，让文明交流互鉴成为增进各国人民友谊的桥梁、推动人类社会进步的动力、维护世界和平的纽带。

中方倡议召开亚洲文明对话大会，加强青少年、民间团体、地方、媒体等各界交流，打造智库交流合作网络，让亚洲人民享受更富内涵的精神生活，让地区发展合作更加活力四射。

女士们、先生们、朋友们！

中国人民正在按照全面建成小康社会、全面深化改革、全面依法治国、全面从严治党的战略布局，齐心协力为实现"两个一百年"奋斗目标、实现中华民族伟大复兴的中国梦而奋斗。借此机会，我愿重申，在前进道路上，中国坚持和平发展，决心不会动摇；坚持共同发展，理念不会动摇；坚持亚太合作发展，政策不会动摇。

中国经济发展进入新常态，正从高速增长转为中高速增长，从规模速度型粗放增长转向质量效率型集约增长，从要素投资驱动转向创新驱动。二○一四年，中国经济实现了百分之七点四的增长，劳动生产率提高了百分之七，单位国内生产总值能耗下降了百分之四点八，国内消费贡献度上升，服务业发展加快，发展质量和效益不断提高。我们看中国经济，不能只看增长率，中国经济体量不断增大，现在增长百分之七左右的经济增量已相当可观，集聚的动能是过去两位数的增长都达不到的。中国经济体量大、韧性好、潜力足、回旋空间大、政策工具多。中国将主动适应和引领经济发展新常态，坚持以提高经济发展质量和效益为中心，把转方式调结构放到更加重要位置，更加扎实地推进经济发展，更加坚定地深化改革开放，更加充分地激发创造活力，更加有效地维护公平正义，更加有力地保障和改善民生，促进经济社会平稳健康发展。

中国经济发展进入新常态，将继续给包括亚洲国家在内的世界各国提供更多市场、增长、投资、合作机遇。未来五年，中国进口商品将超过十万亿美元，对外投资将超过五千亿美元，出境旅游人数将超过五亿人次。中国将坚持对外开放的基本国策，不断完善国内投资环境，保护投资者合法权益，同大家一起，共同驱动亚洲发展的列车，不断驶向更加光明的未来。

中国最需要和谐稳定的国内环境与和平安宁的国际环境，任何动荡和战争都不符合中国人民根本利益。中华民族历来爱好和平，自古就崇尚"以和为贵"、"协和万邦"、"四海之内皆兄弟也"等思想。中国近代以后遭遇了一百多年的动荡和战火，中国人民绝不会将自己曾经遭受过的悲惨经历强加给其他国家和民族。纵观历史，任何国家试图通过武力实现自己的发展目标，最终都是要失败的。中国将毫不动摇坚持独立自主的和平外交政策，坚持走和平发展道路，坚持互利共赢的开放战略，秉持正确义利观，推动建立以合作共赢为核心的新型国际关系，始终做维护世界和平、促进共同发展的坚定力量。

"远亲不如近邻。"这是中国人很早就认识到的一个朴素的生活道理。中国坚持与邻为善、以邻为伴，坚持睦邻、安邻、富邻，秉持亲诚惠容的理念，不断深化同周边国家的互利合作和互联互通，努力使自身发展更好惠及周边国家。中国已经同八个周边国家签署睦邻友好合作条约，正在商谈签署中国—东盟睦邻友好合作条约，并愿同所有周边国家商签睦邻友好合作条约，为双边关系发展和地区繁荣稳定提供有力保障。

二〇一三年我访问哈萨克斯坦和印度尼西亚时，分别提出建设丝绸之路经济带和二十一世纪海上丝绸之路合作倡议。"一带一路"合作倡议契合中国、沿线国家和本地区发展需要，符合有关各方共同利益，顺应了地区和全球合作潮流。

"一带一路"建设秉持的是共商、共建、共享原则，不是封闭的，而是开放包容的；不是中国一家的独奏，而是沿线国家的合唱。"一带一路"建设不是要替代现有地区合作机制和倡议，而是要在已有基础上，推动沿线国家实现发展战略相互对接、优势互补。目前，已经有六十多个沿线国家和国际组织对参与"一带一路"建设表达了积极态度。"一带一路"建设、亚洲基础设施投资银行都是开放的，我们欢迎沿线国家和亚洲国家积极参与，也张开臂膀欢迎五大洲朋友共襄盛举。

"一带一路"建设不是空洞的口号，而是看得见、摸得着的实际举措，将给地区国家带来实实在在的利益。在有关各方共同努力下，"一带一路"建设的愿景与行动文件已经制定，亚洲基础设施投资银行筹建工作迈出实质性步伐，丝路基金已经顺利启动，一批基础设施互联互通项目已在稳步推进。这些早期收获向我们展现了"一带一路"的广阔前景。

女士们、先生们、朋友们！

人类和平与发展的事业是崇高的事业，也是充满挑战的事业。前进的道路不会一帆风顺，期望的成果不会唾手可得。不管征程多么曲折、多么漫长，胜利总是属于那些永不放弃、百折不挠、携手前行的人们。我相信，只要我们大家认准目标、锲而不舍，就一定能携手迈向命运共同体、开创亚洲新未来！

最后，预祝年会取得圆满成功！

谢谢大家。

做大共同利益蛋糕，走向共同繁荣[*]

（二〇一五年四月二十一日）

中华民族历来爱好和平。中国人在两千多年前就认识到"国虽大，好战必亡"的道理。中国人民崇尚"己所不欲，勿施于人"，中国不认同"国强必霸论"。走和平发展道路，对中国有利，对亚洲有利，对世界也有利，任何力量都不能动摇中国和平发展的信念。中国坚持不干涉别国内政原则，不会把自己的意志强加于人，即使再强大也永远不称霸。

中国将坚持合作共赢的理念，坚定不移发展同世界各国的友好合作，坚持按照亲诚惠容的理念，深化同周边国家的互利合作，努力使自身发展更好惠及周边国家，永远做发展中国家的可靠朋友和真诚伙伴。中国将坚定不移奉行互利共赢的开放战略，全面推进对外开放，发展开放型经济体系，努力为亚洲和世界发展带来新的机遇和空间。

中国提出建设丝绸之路经济带和二十一世纪海上丝

---

[*] 这是习近平同志在巴基斯坦议会的演讲《构建中巴命运共同体，开辟合作共赢新征程》的一部分。

绸之路倡议，是在新形势下扩大全方位开放的重要举措，也是要致力于使更多国家共享发展机遇和成果。我们希望同"一带一路"沿线国家加强合作，实现道路联通、贸易畅通、资金融通、政策沟通、民心相通，共同打造开放合作平台，为地区可持续发展提供新动力。

南亚地处"一带一路"海陆交汇之处，是推进"一带一路"建设的重要方向和合作伙伴。中巴经济走廊和孟中印缅经济走廊与"一带一路"关联紧密，进展顺利。两大走廊建设将有力促进有关国家经济增长，并为深化南亚区域合作提供新的强大动力。

和平、发展、合作是我们这个伟大时代的主题。广阔富饶的南亚地区蕴含着无限发展生机，勤劳智慧的南亚人民正在奋力开拓地区发展新局面，打造世界经济新的增长极。

中国是南亚最大的邻国。一个和平稳定、发展繁荣的南亚符合中国利益。中国愿同南亚国家的发展战略有效对接，实现互利发展，共同繁荣。我去年访问南亚三国期间，提出了加强中国同南亚合作的一系列倡议，目前正在稳步落实之中。中方尊重南亚地区的独特文化和历史传统，愿做南亚国家的真诚伙伴，同地区国家相互尊重、平等相待，照顾彼此舒适度，确保双方关系长期健康发展。

只有相互合作、互利共赢，才能做大共同利益蛋糕，走向共同繁荣。我们愿将南亚作为向西开放的重点地区，同南亚各国加强发展经验互鉴，推动发展优势互补。中方愿在南南合作框架内，对南亚国家提供力所能及的帮助和支持。

中国和南亚国家都拥有悠久历史，都崇尚向善友爱、包容互鉴、和谐共生。作为亚洲文明对话的重要组成部分，中国愿同南亚国家加强文明对话，共同传播东方智慧，弘扬亚洲价值。

开放包容、联合自强，是亚洲国家实现发展繁荣和民族振兴的成功经验，也是今后实现更大发展的必由之路。中国愿同南亚国家加强合作，一道推进南亚和亚洲区域合作进程。中国愿提升同南盟合作水平，同南亚国家在多边框架内加强国际协作，共同维护广大发展中国家利益。

弘扬万隆精神，推进合作共赢*

（二〇一五年四月二十二日）

尊敬的佐科总统，

尊敬的各位同事，

女士们，先生们，朋友们：

今天，亚非国家领导人汇聚在美丽的雅加达，共同纪念万隆会议召开六十周年，共商亚非友好合作和发展振兴大计，具有十分重要的意义。首先，我谨向佐科总统和印度尼西亚政府，表示衷心的感谢！向大家转达中国人民的诚挚问候和良好祝愿！

六十年前，亚非二十九个国家和地区领导人出席了万隆会议，形成了团结、友谊、合作的万隆精神，促进了亚非拉民族解放运动，加速了全球殖民体系瓦解的历史进程。会议在和平共处五项原则基础上，提出处理国家间关系的十项原则，为推动国际关系朝着正确方向发展，为推动亚非合作、南南合作，为促进南北合作，发挥了重大历史性作用。因此，万隆会议是亚非人民团结

---

* 这是习近平同志在印度尼西亚雅加达举行的亚非领导人会议上的讲话。

合作的一个里程碑。

六十年来，亚非这两片古老大陆发生了广泛而深刻的变化。亚非各国人民掌握了自己命运，相继赢得了政治独立，坚定致力于经济社会发展，推动亚非两大洲从过去贫穷落后的地区成为具有巨大发展活力的地区。在万隆精神激励下，亚非国家联合自强，区域、次区域、跨区域合作方兴未艾，在地区和国际事务中发挥着越来越重要的作用，在世界战略全局中的地位不断上升。

六十年后的今天，和平、发展、合作、共赢的时代潮流更加强劲，各国越来越成为你中有我、我中有你的命运共同体。同时，应该看到，世界还很不太平，局部动荡此起彼伏，恐怖主义、重大传染性疾病等全球性问题不断增多，南北差距依然悬殊，亚非国家的主权安全、团结合作、共同发展依然面临不少困难和挑战。

新形势下，万隆精神仍然具有强大生命力。我们要大力弘扬万隆精神，不断赋予其新的时代内涵，推动构建以合作共赢为核心的新型国际关系，推动国际秩序和国际体系朝着更加公正合理的方向发展，推动建设人类命运共同体，更好造福亚非人民及其他地区人民。为此，我愿提出如下倡议。

第一，深化亚非合作。亚非两大洲都是人类文明的重要发源地，人口总量占世界的四分之三，国家数量超过联合国会员国的一半，亚非合作具有越来越重要的全球意义。面对新机遇新挑战，亚非国家要坚持安危与共、守望相助，把握机遇、共迎挑战，提高亚非合作水平，继续做休戚与共、同甘共苦的好朋友、好伙伴、好兄弟。

非洲有句谚语，"一根原木盖不起一幢房屋"。中国也有句古话，"孤举者难起，众行者易趋"。亚非国家加强互利合作，能产生"一加一大于二"的积极效应。我们要坚持互利共赢、共同发展，对接发展战略，加强基础设施互联互通，推进工业、农业、人力资源开发等各领域务实合作，打造绿色能源、环保、电子商务等合作新亮点，把亚非经济互补性转化为发展互助力。要深化区域和跨区域合作，用好现有区域和次区域合作机制，适时建立新的合作平台，推动贸易和投资自由化便利化，构建宽领域、多层次、全方位的亚非合作新格局。

亚非地区有一百多个国家，社会制度、历史文化、价值观念千差万别，共同构成异彩纷呈的文明画卷。我们要坚持求同存异、开放包容，在交流互鉴中取长补短，在求同存异中共同前进，让各个文明都绽放出自己的光彩。亚非合作不是封闭的、排他的，而是开放的、共赢的，我们欢迎其他地区国家积极参与并作出建设性贡献。

第二，拓展南南合作。当年，中国改革开放的总设计师邓小平先生说，南南合作这个提法很好，应该给发明者一枚勋章。广大发展中国家都面临着加快发展、改善民生的共同使命，应该抱团取暖、扶携前行，积极开展各领域合作，实现我们各自的发展蓝图。搞好亚非合作，对南南合作具有重要示范带动作用。

亚非国家要深化合作，同时要加强同拉美、南太及其他地区发展中国家的团结合作，扩大在治国理政方面的对话交流，密切在重大国际和地区问题上的沟通和协调，壮大维护世界和平、促进共同发展的力量。

加强南南合作，需要加强机制建设。要发挥好不结盟运动、七十七国集团等机制的作用，建设好亚洲相互协作与信任措施会议、金砖国家等合作平台，推动发展中国家区域组织开展对话交流，探讨建立南南合作新架构。中方支持印尼方建立亚非中心的倡议。要提高发展中国家在国际体系内的代表性和发言权，引导二〇一五年后发展议程谈判重点关注解决发展中国家、特别是非洲国家和最不发达国家面临的困难和挑战，更好维护发展中国家正当权益。

第三，推进南北合作。万隆精神不仅适用于亚非合作、南南合作，对促进南北合作也具有重要启示和借鉴意义。实现世界均衡发展，不可能建立在一批国家越来越富裕、另一批国家长期贫穷落后的基础之上。从建设人类命运共同体的战略高度看，南北关系不仅是一个经济发展问题，而且是一个事关世界和平稳定的全局性问题。

坚持相互尊重、平等相待，是开展南北合作的政治基础。合作共赢的基础是平等，离开了平等难以实现合作共赢。国家不分大小、强弱、贫富，都是国际社会平等成员，都有平等参与地区和国际事务的权利。要尊重各国主权、独立、领土完整，尊重各国自主选择的社会制度和发展道路，反对干涉别国内政，反对把自己的意志强加于人。

帮助发展中国家发展、缩小南北差距，是发达国家应该承担的责任和义务。要推动发达国家切实履行官方发展援助承诺，在不附带政治条件基础上，加大对发展中国家支持力度，增强发展中国家自主发展能力，建立更加平等均衡的新型全球发展伙伴关系。要维护和发展开放型世界经济，推动建设公平公正、包容有序的国际经济金融体系，为发展中国家发展营造良好外部环境。

要摒弃冷战思维、零和博弈的旧观念，倡导共同、综合、合作、可持续安全的新理念，坚持通过对话协商和平解决分歧争端，共同应对恐怖主义、公共卫生、网络安全、气候变化等非传统安全问题和全球性挑战，建设命运共同体，走出一条共建、共享、共赢的安全新路，共同维护地区和世界和平稳定。

女士们、先生们、朋友们！

中国是亚非团结合作的积极倡导者和推动者，始终坚定支持亚非国家争取民族解放的正义事业，坚定促进亚非国家共同发展，并向亚非国家提供了真诚无私的援助。中国在维护国家主权、推进国家统一、实现国家发展的进程中，也得到了亚非国家的宝贵支持和帮助。中国人民对此永远不会忘记。

新形势下，中国将坚定不移推进亚非合作。中国已经同周边八个国家签署睦邻友好合作条约，愿同所有周边国家商签睦邻友好合作条约，将加强同非洲国家和平安全合作，帮助非方增强维和、反恐、打击海盗等方面能力。中国愿同亚非国家开展产能合作，支持非洲国家建设高速铁路、高速公路、区域航空网络，推动亚非工业化进程。中国将于年内对已建交的最不发达国家百分之九十七税目产品给予零关税待遇，并将继续向发展中国家提供不附加任何政治条件的援助。中国愿同有关各方一道推进"一带一路"建设，共同建设好亚洲基础设施投资银行，发挥好丝路基金作用。中国将同有关国家一道，完善中国—东盟、中阿合作论坛、上海合作组织等合作平台，办好年内在南非召开的中非合作论坛第六届部长级会议。中国将继续推动南南合作及南北合作，共同维护地区和世界和平稳定，促进共同发展繁荣。

我愿在这里宣布：中国未来五年内将向亚非发展中国家提供十万名培训名额；连续在华举办亚非青年联欢节，共邀请二千名亚非青年来华访问并参加联欢；将成立中国—亚非合作中心，进一步推进亚非各国交流合作；设立中国—亚非法协国际法交流与研究项目；年内还将举办以弘扬万隆精神为主题的国际研讨会，欢迎各方积极参与。

女士们、先生们、朋友们！

　　当前，中国人民正在按照全面建成小康社会、全面深化改革、全面依法治国、全面从严治党的战略布局，齐心协力实现"两个一百年"奋斗目标，实现中华民族伟大复兴的中国梦。中国梦同亚非人民及其他各国人民的美好梦想息息相通，不仅造福中国人民，而且造福各国人民。

　　中华民族是一个爱好和平的民族，历来崇尚"和为贵"。中国将坚持走和平发展道路，坚持独立自主的和平外交政策，坚持奉行互利共赢的开放战略，坚持正确义利观，在和平共处五项原则基础上发展同各国的友好合作，始终做维护世界和平、促进共同发展的坚定力量。无论发展到哪一步，无论国际风云如何变幻，中国都永远做发展中国家的可靠朋友和真诚伙伴。这是中国对外政策的基础，过去、现在、将来都不会改变。

　　女士们、先生们、朋友们！

　　按照中国人的说法，每六十年是一个纪年循环。亚非合作走过了六十个春秋，正来到一个新的起点上。回首过去六十年，中国同亚非国家风雨同舟、和衷共济，相互关系就像长江、梭罗河、尼罗河水一样奔流不息。展望未来，我们应该弘扬万隆精神，共同实现亚非振兴梦想，为亚非人民带来更多福祉，为人类和平与发展的崇高事业作出新的更大的贡献！

　　谢谢大家。

打造金砖国家利益共同体[*]

（二〇一五年七月九日）

当前，国际形势错综复杂，金砖国家机遇和挑战并存，我们应该加强合作、携手并进，继续做推动全球发展的领跑者。去年在巴西福塔莱萨，我们一致决定本着开放、包容、合作、共赢精神，深化金砖国家伙伴关系。今年的东道国俄罗斯也将"金砖国家伙伴关系"作为会晤主题，说明这一理念已经深入人心。

下面，我愿就加强金砖国家伙伴关系谈几点看法。

第一，构建维护世界和平的伙伴关系。当前，和平发展的时代潮流更加强劲，但世界仍然很不太平，局部动荡此起彼伏，恐怖主义、毒品威胁、重大疫情、自然灾害等非传统安全挑战层出不穷。金砖国家应该倡导共同、综合、合作、可持续的安全观，协调行动，相互支援，携手应对这些全球性问题。我们要共同防范和打击一切形式的恐怖主义，在反恐经验交流、情报分享、线索核查、执法合作等领域开展合作。中方支持加快金砖

* 这是习近平同志在俄罗斯乌法举行的金砖国家领导人第七次会晤上的讲话《共建伙伴关系，共创美好未来》的一部分。

国家禁毒合作机制化进程，将同其他成员国携手推动解决地区和全球毒品问题。

忘记历史就意味着背叛。今年是世界反法西斯战争胜利暨联合国成立七十周年。金砖国家应该同世界上所有热爱和平的国家和人民一道，坚决反对否认、歪曲、篡改第二次世界大战历史的图谋和行径，共同维护第二次世界大战胜利成果和国际公平正义。同时，要以史为鉴，摒弃冷战思维，拒绝零和博弈，共同维护地区和世界和平稳定。

我们要继续致力于推动国际关系民主化。在国际关系中动辄制裁或以制裁相威胁，无助于解决问题。要倡导通过对话和谈判，以和平和政治方式解决分歧。

第二，构建促进共同发展的伙伴关系。金砖国家合作事业要繁荣昌盛，就要强本固基，打造金砖国家利益共同体。我们要以建设利益共享的价值链和利益融合的大市场为目标，共同构建更紧密经济伙伴关系，发挥各成员国在资源禀赋、产业结构上的互补优势，合力拓展更大发展空间。要同步推进金砖国家新开发银行总部和非洲区域中心建设，争取尽早投入运作，取得早期收获。落实好金砖国家经济伙伴战略，发掘新的合作亮点。

我们要继续致力于促进发展中国家共同发展繁荣。今年是国际发展年和气候变化年，金砖国家应该加强协调和配合，在二〇一五年后发展议程、气候变化等重大国际发展议题上，维护新兴市场国家和发展中国家共同利益，引导二〇一五年后发展议程谈判重点关注解决发展中国家特别是非洲国家和最不发达国家面临的困难和挑战。

第三，构建弘扬多元文明的伙伴关系。金砖国家合作的成功充分证明，不同社会制度可以相互包容，不同发展模式可以相互合作，不同价值文化可以相互交流。我们要坚持开放包容，在交流互鉴中取长补短，在求同存异中共同前进。

金砖国家分处四大洲、地跨南北半球，具有独特地理优势，我们要利用好这一优势，积极开展同其他国家和国际组织对话和交流，分享合作成果。要加强同其他新兴市场国家和发展中国家团结合作，不断壮大我们的力量，扩大金砖国家代表性和影响力。

第四，构建加强全球经济治理的伙伴关系。国际经济规则需要不断革故鼎新，以适应全球增长格局新变化，让责任和能力相匹配。我们要共同致力于提高金砖国家在全球治理体系中的地位和作用，推动国际经济秩序顺应新兴市场国家和发展中国家力量上升的历史趋势。推动改革国际货币基金组织治理结构，增加新兴市场国家和发展中国家代表性和发言权。倡导建设开放型世界经济，支持多边贸易体制，推动多哈回合谈判维护新兴市场国家和发展中国家的正当权益，确保各国在国际经贸活动中机会平等、规则平等、权利平等。

金砖国家要加强在信息安全和互联网管理方面合

作，共同构建和平、安全、开放、合作的网络空间，争取平等参与互联网治理权利。移民问题同金砖各国经济发展和社会稳定密切相关，我们也应该加强这一领域交流合作。

在纪念中国人民抗日战争暨世界反法西斯战争胜利七十周年大会上的讲话

（二〇一五年九月三日）

全国同胞们，

尊敬的各位国家元首、政府首脑和联合国等国际组织代表，

尊敬的各位来宾，

全体受阅将士们，

女士们、先生们，同志们、朋友们：

今天，是一个值得世界人民永远纪念的日子。七十年前的今天，中国人民经过长达十四年艰苦卓绝的斗争，取得了中国人民抗日战争的伟大胜利，宣告了世界反法西斯战争的完全胜利，和平的阳光再次普照大地。

在这里，我代表中共中央、全国人大、国务院、全国政协、中央军委，向全国参加过抗日战争的老战士、老同志、爱国人士和抗日将领，向为中国人民抗日战争胜利作出重大贡献的海内外中华儿女，致以崇高的敬意！向支援和帮助过中国人民抵抗侵略的外国政府和国

际友人，表示衷心的感谢！向参加今天大会的各国来宾和军人朋友们，表示热烈的欢迎！

女士们、先生们，同志们、朋友们！

中国人民抗日战争和世界反法西斯战争，是正义和邪恶、光明和黑暗、进步和反动的大决战。在那场惨烈的战争中，中国人民抗日战争开始时间最早、持续时间最长。面对侵略者，中华儿女不屈不挠、浴血奋战，彻底打败了日本军国主义侵略者，捍卫了中华民族五千多年发展的文明成果，捍卫了人类和平事业，铸就了战争史上的奇观、中华民族的壮举。

中国人民抗日战争胜利，是近代以来中国抗击外敌入侵的第一次完全胜利。这一伟大胜利，彻底粉碎了日本军国主义殖民奴役中国的图谋，洗刷了近代以来中国抗击外来侵略屡战屡败的民族耻辱。这一伟大胜利，重新确立了中国在世界上的大国地位，使中国人民赢得了世界爱好和平人民的尊敬。这一伟大胜利，开辟了中华民族伟大复兴的光明前景，开启了古老中国凤凰涅槃、浴火重生的新征程。

在那场战争中，中国人民以巨大民族牺牲支撑起了世界反法西斯战争的东方主战场，为世界反法西斯战争胜利作出了重大贡献。中国人民抗日战争也得到了国际社会广泛支持，中国人民将永远铭记各国人民为中国抗战胜利作出的贡献！

女士们、先生们，同志们、朋友们！

　　经历了战争的人们，更加懂得和平的宝贵。我们纪念中国人民抗日战争暨世界反法西斯战争胜利七十周年，就是要铭记历史、缅怀先烈、珍爱和平、开创未来。

　　那场战争的战火遍及亚洲、欧洲、非洲、大洋洲，军队和民众伤亡超过一亿人，其中中国伤亡人数超过三千五百万，苏联死亡人数超过二千七百万。绝不让历史悲剧重演，是我们对当年为维护人类自由、正义、和平而牺牲的英灵、对惨遭屠杀的无辜亡灵的最好纪念。

　　战争是一面镜子，能够让人更好认识和平的珍贵。今天，和平与发展已经成为时代主题，但世界仍很不太平，战争的达摩克利斯之剑依然悬在人类头上。我们要以史为鉴，坚定维护和平的决心。

　　为了和平，我们要牢固树立人类命运共同体意识。偏见和歧视、仇恨和战争，只会带来灾难和痛苦。相互尊重、平等相处、和平发展、共同繁荣，才是人间正道。世界各国应该共同维护以联合国宪章宗旨和原则为核心的国际秩序和国际体系，积极构建以合作共赢为核心的新型国际关系，共同推进世界和平与发展的崇高事业。

　　为了和平，中国将始终坚持走和平发展道路。中华民族历来爱好和平。无论发展到哪一步，中国都永远不称霸、永远不搞扩张，永远不会把自身曾经经历过的悲惨遭遇强加给其他民族。中国人民将坚持同世界各国人民友好相处，坚决捍卫中国人民抗日战争和世界反法西斯战争胜利成果，努力为人类作出新的更大的贡献。

中国人民解放军是人民的子弟兵，全军将士要牢记全心全意为人民服务的根本宗旨，忠实履行保卫祖国安全和人民和平生活的神圣职责，忠实执行维护世界和平的神圣使命。我宣布，中国将裁减军队员额三十万。

女士们、先生们，同志们、朋友们！

"靡不有初，鲜克有终。"实现中华民族伟大复兴，需要一代又一代人为之努力。中华民族创造了具有五千多年历史的灿烂文明，也一定能够创造出更加灿烂的明天。

前进道路上，全国各族人民要在中国共产党领导下，坚持以马克思列宁主义、毛泽东思想、邓小平理论、"三个代表"重要思想、科学发展观为指导，沿着中国特色社会主义道路，按照"四个全面"战略布局，弘扬伟大的爱国主义精神，弘扬伟大的抗战精神，万众一心，风雨无阻，向着我们既定的目标继续奋勇前进！

让我们共同铭记历史所启示的伟大真理：正义必胜！和平必胜！人民必胜！

在华盛顿州当地政府和美国友好团体联合欢迎宴会上的演讲

（二○一五年九月二十二日）

尊敬的基辛格博士，

尊敬的英斯利州长、普利茨克部长、默里市长，

尊敬的希尔斯主席、菲尔茨主席，

女士们，先生们，朋友们：

大家好！谢谢基辛格博士的介绍。基辛格博士总能说出一些新颖的观点，他的介绍让我对自己也有了一个新的认识角度。华盛顿州、西雅图市是我对美国进行国事访问的第一站，有机会在这里同各位新老朋友欢聚一堂，感到十分高兴。首先，我谨向在座各位，并通过你们向美国人民，致以诚挚的问候和良好的祝愿！

我对华盛顿州和西雅图市并不陌生。人们常说，华盛顿州是"常青之州"，西雅图市是"翡翠之城"。这里有雄伟挺拔的雷尼尔山、波光潋滟的华盛顿湖。电影《西雅图不眠夜》使这座城市在中国民众中有很大吸引力。目前，华盛顿州对华出口居全美之首，中国也成为西雅图港最大贸易伙伴。华盛顿州和西雅图市成为中美

人民友谊、中美互利合作的一个重要象征。

众人拾柴火焰高。中美关系发展，离不开两国政府、地方、友好团体、各界人士的辛勤耕耘和精心呵护。特别是美中关系全国委员会、美中贸易全国委员会、美中政策基金会、美国商会、美国中国总商会、百人会、华美协进社、对外关系委员会、亚洲协会、布鲁金斯学会等友好团体和一大批友好人士，长期为促进两国友好合作奔走努力。中美关系持续发展，凝聚着大家的心血和汗水。在这里，我谨向所有致力于中美友好事业的地方政府、社会团体、大学和智库机构及各界人士，表示由衷的敬意和诚挚的感谢！

女士们、先生们、朋友们！

新中国成立以来特别是改革开放以来，中国走过了一段很不平凡的历程，我们这一代中国人对此有着切身的体会。

上世纪六十年代末，我才十几岁，就从北京到中国陕西省延安市一个叫梁家河的小村庄插队当农民，在那儿度过了七年时光。那时候，我和乡亲们都住在土窑里、睡在土炕上，乡亲们生活十分贫困，经常是几个月吃不到一块肉。我了解乡亲们最需要什么！后来，我当了这个村子的党支部书记，带领乡亲们发展生产。我了解老百姓需要什么。我很期盼的一件事，就是让乡亲们饱餐一顿肉，并且经常吃上肉。但是，这个心愿在当时是很难实现的。

今年春节，我回到这个小村子。梁家河修起了柏油路，乡亲们住上了砖瓦房，用上了互联网，老人们享有基本养老，村民们有医疗保险，孩子们可以接受良好教育，当然吃肉已经不成问题。这使我更加深刻地认识到，中国梦是人民的梦，必须同中国人民对美好生活的向往结合起来才能取得成功。

梁家河这个小村庄的变化，是改革开放以来中国社会发展进步的一个缩影。我们用了三十多年时间，使中国经济总量跃居世界第二，十三亿多人摆脱了物质短缺，总体达到小康水平，享有前所未有的尊严和权利。这不仅是中国人民生活的巨大变化，也是人类文明的巨大进步，更是中国对世界和平与发展事业的重要贡献。

同时，我们也清醒认识到，中国仍然是世界上最大的发展中国家。中国的人均国内生产总值仅相当于全球平均水平的三分之二、美国的七分之一，排在世界八十位左右。按照我们自己的标准，中国还有七千多万贫困人口。如果按照世界银行的标准，中国则还有两亿多人生活在贫困线以下。中国城乡有七千多万低保人口，还有八千五百多万残疾人。这两年，我去了中国很多贫困地区，看望了很多贫困家庭，他们渴望幸福生活的眼神深深印在我的脑海里。

这些情况表明，中国人民要过上美好生活，还要继续付出艰苦努力。发展依然是当代中国的第一要务，中国执政者的首要使命就是集中力量提高人民生活水平，逐步实现共同富裕。为此，我们提出了"两个一百年"奋斗目标，就是到二〇二〇年实现国内生产总值和城乡居民人均收入比二〇一〇年翻一番，全面建成小康社会；到本世纪中叶建成富强民主文明和谐的社会主义现代化国家，实现中华民族伟大复兴。我们现在所做的一切，都是为了实现这个既定目标。实现全面建成小康社会，必须全面深化改革、全面依法治国、全面从严治党。这就是我们提出的"四个全面"战略布局。

大家都关心中国的发展走向，关心中国的政策取向，这里，我就其中一些主要的问题讲几点意见。

——中国经济将保持平稳较快发展。中国经济运行仍然保持在合理区间，今年上半年，中国经济增长百分之七，增速仍然居世界前列。在世界总体经济形势复杂多变的环境下，这是来之不易的。当前，各国经济都面临着困难，中国经济也面临着一定下行压力，但这是前进中的问题。我们将统筹稳增长、促改革、调结构、惠民生、防风险，加强和创新宏观调控，促进经济增长保持中高速水平。现在，中国新型工业化、信息化、城镇化、农业现代化持续推进，居民储蓄率高，消费潜力巨大，人民工作勤奋，中等收入者比重在提高，服务业发展空间很大，市场空间和潜力都很大。今后，中国将更重视提高经济发展质量和效益，加快转变经济发展方式、调整经济结构，更加注重创新驱动，更加注重消费拉动，更加注重解决经济发展中存在的不平衡、不协调、不可持续问题，使中国经济凤凰涅槃、浴火重生，保持强劲发展动力。

前段时间，中国股市出现了异常波动，引起了大家关注。股市涨跌有其自身的运行规律。政府的职责是维护公开、公平、公正的市场秩序，防止发生大面积恐慌。这次，中国政府采取了一些稳定市场的措施，遏制了股市的恐慌情绪，避免了一次系统性风险。各国成熟市场也采取过类似做法。中国股市已经进入自我修复和自我调节阶段。八月十一日，中国完善了人民币汇率中间价报价机制，加大了市场决定汇率的力度。目前，人民币汇率偏差矫正已初见成效。从国际国内经济金融形势看，人民币汇率不存在持续贬值的基础。我们将坚持市场供求决定汇率的改革方向，允许人民币双向浮动，我们反对搞货币竞争性贬值，反对打货币战，也不会压低人民币汇率刺激出口。发展资本市场、完善人民币汇率市场定价机制是中国的改革方向，不会因为这次股市、汇市波动而改变。

——中国发展的根本出路在于改革。我们改革的目标，就是推进国家治理体系和治理能力现代化，使市场在资源配置中起决定性作用，更好发挥政府作用，加快发展社会主义市场经济、民主政治、先进文化、和谐社会、生态文明。二〇一三年，中共十八届三中全会确定了全面深化改革的顶层设计，提出三百三十多项改革措施。二〇一四年，我们确定的八十个重点改革任务基本完成。今年上半年，我们已经出台七十多项重点改革方案，其作用将逐步显现。改革关头勇者胜，我们将以敢于啃硬骨头、敢于涉险滩的决心，义无反顾推进改革。我们坚定不移坚持市场经济改革方向，将继续在市场、财税、金融、投融资、价格、对外开放、民生等领域集中推出一些力度大、措施实的改革方案。

——中国开放的大门永远不会关上。对外开放是中国的基本国策，中国利用外资的政策不会变，对外商投资企业合法权益的保障不会变，为各国企业在华投资兴业提供更好服务的方向不会变。中国尊重非歧视性规则的国际营商惯例，遵守国民待遇等世贸组织原则，公平公正对待包括外商投资企业在内的所有市场主体，欢迎跨国公司同中国企业开展各种形式合作。我们将及时解决外国投资者合理关切，保护他们的合法权益，努力营造公开透明的法律政策环境、高效的行政环境、平等竞争的市场环境，尤其是保护好知识产权，为我们同包括美国在内的世界各国开展合作开辟更加广阔的空间。

——中国坚持依法治国的基本方略。"法者，治之端也。"全面依法治国就是要坚持依法治国、依法执政、依法行政共同推进，坚持法治国家、法治政府、法治社会一体建设，推动司法公信力不断提高、人权得到切实尊重和保障。中国在立法、执法、司法等领域将公平对待外国机构和企业。我们愿同美方就法治问题开展交流，相互借鉴，共同提高。

中国是网络安全的坚定维护者。中国也是黑客攻击的受害国。中国政府不会以任何形式参与、鼓励或支持任何人从事窃取商业秘密行为。不论是网络商业窃密，还是对政府网络发起黑客攻击，都是违法犯罪行为，都应该根据法律和相关国际公约予以打击。国际社会应该本着相互尊重和相互信任的原则，共同构建和平、安全、开放、合作的网络空间。中国愿同美国建立两国共同打击网络犯罪高级别联合对话机制。

中国肯定境外非营利组织的积极作用，只要这些组织的活动对中国人民有好处，我们不仅不会限制和禁止它们的活动，而且要通过法律保障它们的活动，保障它们在华合法权益。境外非营利组织在中国活动应该遵守中国法律，依法开展活动。

——中国继续推进反腐败斗争。我说过，"打铁还需自身硬"。这里说的打铁的人，就是中国共产党。中国共产党的根本宗旨是全心全意为人民服务。中国共产党有八千七百多万名党员，党内也必然存在这样那样的问题。如果我们不能解决存在的问题，任其发展下去，人民就不会信任和支持我们。所以，我们强调治国必先治党、治党务必从严。一段时间以来，我们大力查处腐败案件，坚持"老虎"、"苍蝇"一起打，就是要顺应人民要求。这其中没有什么权力斗争，没有什么"纸牌屋"。中国愿同国际社会积极开展反腐追逃合作。中国人民希望在这方面得到美国支持和配合，让腐败分子在海外永无"避罪天堂"。

——中国坚持走和平发展道路。我们刚刚纪念了中国人民抗日战争胜利暨世界反法西斯战争胜利七十周年，历史给我们的一个重要启迪就是，和平发展是人间正道，一切通过武力侵略谋取强权和霸权的企图都是逆历史潮流的，都是要失败的。中国人二千多年前就认识到了"国虽大，好战必亡"的真理。中国历来奉行防御性国防政策和积极防御的军事战略。我愿在此重申，无论发展到哪一步，中国永远不称霸、永远不搞扩张。为表明中国坚持和平发展的决心，我不久前宣布中国将裁军三十万。我们愿同各国一道，构建以合作共赢为核心的新型国际关系，以合作取代对抗，以共赢取代独占，树立建设伙伴关系新思路，开创共同发展新前景，营造共享安全新局面。

中国是现行国际体系的参与者、建设者、贡献者。我们坚决维护以联合国宪章宗旨和原则为核心的国际秩序和国际体系。世界上很多国家特别是广大发展中国家都希望国际体系朝着更加公正合理方向发展，但这并不是推倒重来，也不是另起炉灶，而是与时俱进、改革完善。这符合世界各国和全人类共同利益。

中国发展得益于国际社会，中国也要为全球发展作出贡献。我们推动共建"一带一路"、设立丝路基金、倡议成立亚洲基础设施投资银行等，目的是支持各国共同发展，而不是要谋求政治势力范围。"一带一路"是开放包容的，我们欢迎包括美国在内的世界各国和国际组织参与到合作中来。我们积极推动亚太区域经济一体化进程，推动实现亚太自由贸易区目标，是要推动形成自由开放、方便快捷、充满活力的亚太发展空间。我们倡导共同、综合、合作、可持续的安全观，是要同地区各国以及国际社会一道，维护好亚太和平和安全。

女士们、先生们、朋友们！

二〇一三年，我同奥巴马总统在安纳伯格庄园会晤，达成共同努力构建中美新型大国关系的重要共识。这是双方在总结历史经验基础上，从两国国情和世界大势出发，共同作出的重大战略抉择。

两年多来，双方按照达成的共识，不断推进各领域协调和合作，取得重要进展。我们携手应对国际金融危机影响，为推动世界经济复苏作出共同努力。我们深化各领域务实交流合作，给两国人民带来实实在在的利益。去年，两国双边贸易额、双向投资存量、人员往来总数都创历史新高。我们围绕伊朗核、朝核、南苏丹、阿富汗、中东等国际和地区热点问题，以及抗击埃博拉病毒、打击恐怖主义等全球性问题保持密切沟通和协调。"桃李不言，下自成蹊。"这些成果丰硕的"跨越太平洋的合作"，有力展现了中美关系发展的蓬勃生机和巨大潜力。

如何在新起点上推进中美新型大国关系？中美应该怎样携手合作来促进世界和平与发展？答案就是要坚持

构建中美新型大国关系的正确方向，一步一个脚印向前走。中国古人说："度之往事，验之来事，参之平素，可则决之。"这其中，有几件事尤其要做好。

第一，正确判断彼此战略意图。同美方一道构建新型大国关系，实现双方不冲突不对抗、相互尊重、合作共赢，是中国外交政策优先方向。我们愿同美方加深对彼此战略走向、发展道路的了解，多一些理解、少一些隔阂，多一些信任、少一些猜忌，防止战略误解误判。我们要坚持以事实为依据，防止三人成虎，也不疑邻盗斧，不能戴着有色眼镜观察对方。世界上本无"修昔底德陷阱"，但大国之间一再发生战略误判，就可能自己给自己造成"修昔底德陷阱"。

第二，坚定不移推进合作共赢。合作是实现利益唯一正确选择。要合作就要照顾彼此利益和关切，寻求合作最大公约数。中美两国合作好了，可以成为世界稳定的压舱石、世界和平的助推器。中美冲突和对抗，对两国和世界肯定是灾难。中美应该和能够合作的领域十分广阔。我们应该推动完善全球治理机制，共同促进世界经济稳定增长，共同维护全球金融市场稳定。我们应该早日谈成一个双向平衡、高水平的双边投资协定，深化中美新型军事关系建设，拓展在清洁能源、环保等领域务实合作，加强在执法和反腐败、卫生、地方等领域交流合作，挖掘在基础设施建设方面的合作潜力。我们应该深化在联合国、亚太经合组织、二十国集团等多边机制以及重大国际和地区问题、全球性挑战上的沟通和合作，为维护和促进世界和平、稳定、繁荣作出更大贡献。

第三，妥善有效管控分歧。"日月不同光，昼夜各有宜。"正是因为有了差别，世界才多姿多彩；也正是因为有了分歧，才需要聚同化异。矛盾是普遍存在的，纯而又纯的世界是不存在的。中美两国在一些问题上存在不同看法、存在分歧在所难免，关键是如何管控。最关键的是双方应该相互尊重、求同存异，采取建设性方式增进理解、扩大共识，努力把矛盾点转化为合作点。

第四，广泛培植人民友谊。国家关系归根结底是人民之间的关系。中美两国虽然相距遥远，但两国人民友好交往源远流长。二百三十多年前，美国商船"中国皇后号"跨洋过海首航中国。一百五十年前，数以万计的中国工人同美国人民一起，铺设了横贯东西的美国太平洋铁路。七十年前，中美作为第二次世界大战盟国并肩奋战，共同捍卫了世界和平和正义。在那场战争中，数以千计的美国将士为中国人民的正义事业献出了宝贵生命。我们不会忘记美国人民为中国人民抗击侵略、赢得自由和独立给予的道义支持和宝贵援助。

中国人民一向钦佩美国人民的进取精神和创造精神。我青年时代就读过《联邦党人文集》、托马斯·潘恩的《常识》等著作，也喜欢了解华盛顿、林肯、罗斯福等美国政治家的生平和思想，我还读过梭罗、惠特曼、马克·吐温、杰克·伦敦等人的作品。海明威《老人与海》对狂风和暴雨、巨浪和小船、老人和鲨鱼的描写给我留下了深刻印象。我第一次去古巴，专程去了海明威当年写《老人与海》的栈桥边。第二次去古巴，我去了海明威经常去的酒吧，点了海明威爱喝的朗姆酒配薄荷叶加冰块。我想体验一下当年海明威写下那些故事时的精神世界和实地氛围。我认为，对不同的文化和文明，我们需要去深入了解。

在汉字中，"人"字就是一个相互支撑的形状。中美友好，根基在民众，希望在青年。我愿在此宣布，中方支持未来三年中美两国互派五万名留学生到对方国家学习，中美将在二〇一六年举办"中美旅游年"。中国将为两国人民友好交往创造更多便利条件。

女士们、先生们、朋友们！

基辛格博士在其著作《世界秩序》中说："评判每一代人时，要看他们是否正视了人类社会最宏大和最重要的问题。"马丁·路德·金先生也说过："做对的事，任何时机都是好时机。"今天，我们再次来到了关键的历史当口。让我们携起手来，共同开创中美关系更加美好的未来，为中美两国人民幸福、为世界各国人民幸福作出更大贡献！

谢谢大家。

在白宫南草坪欢迎仪式上的致辞

（二〇一五年九月二十五日）

尊敬的奥巴马总统和夫人，

女士们，先生们，朋友们：

在这金秋的美好时节，我和我的夫人怀着愉快的心情来到美丽的华盛顿。首先，我要感谢奥巴马总统对我的盛情邀请和热情接待。在这里，我向美国人民转达十三亿多中国人民的诚挚问候和良好祝愿！

中国和美国都是伟大的国家，中国人民和美国人民都是伟大的人民。三十六年前中美建立外交关系以来，两国关系始终乘风破浪、砥砺前行，取得了历史性进展。

二〇一三年夏天，我同奥巴马总统在安纳伯格庄园共同作出构建中美新型大国关系的战略抉择。两年多来，中美各领域交流合作取得重要进展，受到两国人民和世界人民欢迎。

中美两国携手合作，可以产生一加一大于二的力量。新形势下发展中美关系，应该随时而动、顺势而为。我这次访问美国，是为和平而来，为合作而来，我们愿同美方一道努力，推动中美关系得到更大发展，更多更好造福两国人民和世界人民。

——我们要坚持构建新型大国关系正确方向，使和平、尊重、合作始终成为中美关系的主旋律，确保两国关系沿着健康稳定的轨道不断向前发展。

——我们要坚持增进战略互信，加深相互了解，尊重彼此利益和关切，以宽广的胸怀对待差异和分歧，坚定两国人民友好合作的信心。

——我们要坚持互利共赢的合作理念，创新合作模式，拓宽合作领域，以实际行动和合作成果，给两国人民和世界人民带来更多福祉。

——我们要坚持增进人民友谊，大力推进两国民间交往，鼓励两国社会各界相向而行，不断夯实中美关系的社会基础。

——我们要坚持促进世界和平与发展，加强在重大国际和地区问题上的协调，合力应对全球性挑战，同各国人民一道，建设更加美好的世界。

三十年前，我第一次访问美国，住在艾奥瓦州马斯卡廷市的美国老百姓家中。他们是那么热情、真诚、友好。我们亲切交流，临别时紧紧拥抱，这一幕幕情景至今令我难以忘怀。三年前，我再次回到马斯卡廷市，同老朋友重逢。他们对我说，友谊是一件大事。从这些老朋友身上，从很多美国朋友身上，我真切感受到了中美两国人民心灵相通的真挚感情，这让我对中美关系的未来抱有充分的信心。

女士们、先生们、朋友们！

事在人为。中美关系正站在二十一世纪一个新的历史起点上。合作共赢是中美关系发展的唯一正确选择。让我们坚定信念、携手合作，共同谱写中美关系发展新篇章！

谋共同永续发展，做合作共赢伙伴[*]

（二〇一五年九月二十六日）

主席先生，各位同事：

很高兴出席今天的峰会。在联合国成立七十周年之际，各国领导人齐聚纽约，共商发展大计，具有重要意义。

对各国人民而言，发展寄托着生存和希望，象征着尊严和权利。正是带着这个愿望，十五年前，我们制定了千年发展目标，希望帮助亿万人民过上更好生活。

回首过去，我们经历了全球经济持续增长，也承受了国际金融危机严重冲击。我们见证了发展中国家的崛起，也面对着南北发展失衡的现实。我们既为十一亿人民脱贫而深受鼓舞，也为八亿多人仍在挨饿而深为担忧。

环顾世界，和平与发展仍然是当今时代两大主题。要解决好各种全球性挑战，包括最近发生在欧洲的难民危机，根本出路在于谋求和平、实现发展。面对重重挑战和道道难关，我们必须攥紧发展这把钥匙。唯有发

---

* 这是习近平同志在美国纽约联合国总部举行的联合国发展峰会上的讲话。

展，才能消除冲突的根源。唯有发展，才能保障人民的基本权利。唯有发展，才能满足人民对美好生活的热切向往。

主席先生、各位同事！

本次峰会通过的二〇一五年后发展议程，为全球发展描绘了新愿景，为国际发展合作提供了新机遇。我们应该以此为新起点，共同走出一条公平、开放、全面、创新的发展之路，努力实现各国共同发展。

——我们要争取公平的发展，让发展机会更加均等。各国都应成为全球发展的参与者、贡献者、受益者。不能一个国家发展、其他国家不发展，一部分国家发展、另一部分国家不发展。各国能力和水平有差异，在同一目标下，应该承担共同但有区别的责任。要完善全球经济治理，提高发展中国家代表性和发言权，给予各国平等参与规则制定的权利。

——我们要坚持开放的发展，让发展成果惠及各方。在经济全球化时代，各国要打开大门搞建设，促进生产要素在全球范围更加自由便捷地流动。各国要共同维护多边贸易体制，构建开放型经济，实现共商、共建、共享。要尊重彼此的发展选择，相互借鉴发展经验，让不同发展道路交汇在成功的彼岸，让发展成果为各国人民共享。

——我们要追求全面的发展，让发展基础更加坚实。发展的最终目的是为了人民。在消除贫困、保障民生的同时，要维护社会公平正义，保证人人享有发展机遇、享有发展成果。要努力实现经济、社会、环境协调发展，实现人与社会、人与自然和谐相处。

——我们要促进创新的发展，让发展潜力充分释放。创新带来生机，创新产生动力。发展中的问题只有通过发展才能解决。各国要以改革创新激发发展潜力、增强增长动力，培育新的核心竞争力。

主席先生、各位同事！

二〇一五年后发展议程是一份高标准的任务单，也是一份沉甸甸的承诺书。"一分部署，九分落实。"我倡议，国际社会加强合作，共同落实二〇一五年后发展议程，努力实现合作共赢。

第一，增强各国发展能力。发展归根到底要靠本国自身努力。中国人讲："量腹而受，量身而衣。"各国要根据自身禀赋特点，制定适合本国国情的发展战略。国际社会要帮助发展中国家加强能力建设，根据他们的实际需求，有针对性地提供支持和帮助。

第二，改善国际发展环境。和平与发展相辅相成。各国要共同维护国际和平，以和平促进发展，以发展巩固和平。发展还需要良好外部制度环境，国际金融机构要加快治理改革，多边开发机构要增加发展资源。

第三，优化发展伙伴关系。发达国家应该及时兑现承诺、履行义务，国际社会应该坚持南北合作主渠道地位，深化南南合作和三方合作，支持私营部门等利益攸关方在伙伴关系中发挥更大作用。

第四，健全发展协调机制。各国要加强宏观经济政策协调，避免负面溢出效应。区域组织要加快一体化进程，通过域内优势互补提升整体竞争力。联合国要继续发挥领导作用。

主席先生、各位同事！

改革开放三十多年来，中国立足自身国情，走出了一条中国特色发展道路。中国基本实现了千年发展目标，贫困人口减少了四亿三千九百万，在教育、卫生、妇女等领域取得显著成就。中国发展不仅增进了十三亿多中国人的福祉，也有力促进了全球发展事业。

六十多年来，中国积极参与国际发展合作，共向一百六十六个国家和国际组织提供了近四千亿元人民币援助，派遣六十多万援助人员，其中七百多名中国好儿女为他国发展献出了宝贵生命。

面向未来，中国将继续秉持义利相兼、以义为先的原则，同各国一道为实现二〇一五年后发展议程作出努力。为此，我宣布：

——中国将设立"南南合作援助基金"，首期提供二十亿美元，支持发展中国家落实二〇一五年后发展议程。

——中国将继续增加对最不发达国家投资，力争二〇三〇年达到一百二十亿美元。

——中国将免除对有关最不发达国家、内陆发展中国家、小岛屿发展中国家截至二〇一五年底到期未还的政府间无息贷款债务。

——中国将设立国际发展知识中心，同各国一道研究和交流适合各自国情的发展理论和发展实践。

——中国倡议探讨构建全球能源互联网，推动以清洁和绿色方式满足全球电力需求。

中国也愿意同有关各方一道，继续推进"一带一路"建设，推动亚洲基础设施投资银行和金砖国家新开发银行早日投入运营、发挥作用，为发展中国家经济增长和民生改善贡献力量。

主席先生、各位同事！

中国郑重承诺，以落实二〇一五年后发展议程为己任，团结协作，推动全球发展事业不断向前！

谢谢大家。

携手构建合作共赢新伙伴，同心打造人类命运共同体*

（二〇一五年九月二十八日）

主席先生，各位同事：

七十年前，我们的先辈经过浴血奋战，取得了世界反法西斯战争的胜利，翻过了人类历史上黑暗的一页。这一胜利来之不易。

七十年前，我们的先辈以远见卓识，建立了联合国这一最具普遍性、代表性、权威性的国际组织，寄托人类新愿景，开启合作新时代。这一创举前所未有。

七十年前，我们的先辈集各方智慧，制定了联合国宪章，奠定了现代国际秩序基石，确立了当代国际关系基本准则。这一成就影响深远。

主席先生、各位同事！

九月三日，中国人民同世界人民一道，隆重纪念了中国人民抗日战争暨世界反法西斯战争胜利七十周年。

---

* 这是习近平同志在美国纽约联合国总部举行的第七十届联合国大会一般性辩论时的讲话。

作为东方主战场，中国付出了伤亡三千五百多万人的民族牺牲，抗击了日本军国主义主要兵力，不仅实现了国家和民族的救亡图存，而且有力支援了在欧洲和太平洋战场上的抵抗力量，为赢得世界反法西斯战争胜利作出了历史性贡献。

历史是一面镜子。以史为鉴，才能避免重蹈覆辙。对历史，我们要心怀敬畏、心怀良知。历史无法改变，但未来可以塑造。铭记历史，不是为了延续仇恨，而是要共同引以为戒。传承历史，不是为了纠结过去，而是要开创未来，让和平的薪火代代相传。

主席先生、各位同事！

联合国走过了七十年风风雨雨，见证了各国为守护和平、建设家园、谋求合作的探索和实践。站在新的历史起点上，联合国需要深入思考如何在二十一世纪更好回答世界和平与发展这一重大课题。

世界格局正处在一个加快演变的历史性进程之中。和平、发展、进步的阳光足以穿透战争、贫穷、落后的阴霾。世界多极化进一步发展，新兴市场国家和发展中国家崛起已经成为不可阻挡的历史潮流。经济全球化、社会信息化极大解放和发展了社会生产力，既创造了前所未有的发展机遇，也带来了需要认真对待的新威胁新挑战。

"大道之行也，天下为公。"和平、发展、公平、正义、民主、自由，是全人类的共同价值，也是联合国的崇高目标。目标远未完成，我们仍须努力。当今世界，各国相互依存、休戚与共。我们要继承和弘扬联合国宪章的宗旨和原则，构建以合作共赢为核心的新型国际关系，打造人类命运共同体。为此，我们需要作出以下努力。

——我们要建立平等相待、互商互谅的伙伴关系。联合国宪章贯穿主权平等原则。世界的前途命运必须由各国共同掌握。世界各国一律平等，不能以大压小、以强凌弱、以富欺贫。主权原则不仅体现在各国主权和领土完整不容侵犯、内政不容干涉，还应该体现在各国自主选择社会制度和发展道路的权利应当得到维护，体现在各国推动经济社会发展、改善人民生活的实践应当受到尊重。

我们要坚持多边主义，不搞单边主义；要奉行双赢、多赢、共赢的新理念，扔掉我赢你输、赢者通吃的旧思维。协商是民主的重要形式，也应该成为现代国际治理的重要方法，要倡导以对话解争端、以协商化分歧。我们要在国际和区域层面建设全球伙伴关系，走出一条"对话而不对抗，结伴而不结盟"的国与国交往新路。大国之间相处，要不冲突、不对抗、相互尊重、合作共赢。大国与小国相处，要平等相待，践行正确义利观，义利相兼，义重于利。

——我们要营造公道正义、共建共享的安全格局。在经济全球化时代，各国安全相互关联、彼此影响。没有一个国家能凭一己之力谋求自身绝对安全，也没有一个国家可以从别国的动荡中收获稳定。弱肉强食是丛林法则，不是国与国相处之道。穷兵黩武是霸道做法，只能搬起石头砸自己的脚。

我们要摒弃一切形式的冷战思维，树立共同、综合、合作、可持续安全的新观念。我们要充分发挥联合国及其安理会在止战维和方面的核心作用，通过和平解决争端和强制性行动双轨并举，化干戈为玉帛。我们要推动经济和社会领域的国际合作齐头并进，统筹应对传统和非传统安全威胁，防战争祸患于未然。

——我们要谋求开放创新、包容互惠的发展前景。二〇〇八年爆发的国际经济金融危机告诉我们，放任资本逐利，其结果将是引发新一轮危机。缺乏道德的市场，难以撑起世界繁荣发展的大厦。富者愈富、穷者愈穷的局面不仅难以持续，也有违公平正义。要用好"看不见的手"和"看得见的手"，努力形成市场作用和政府作用有机统一、相互促进，打造兼顾效率和公平的规范格局。

大家一起发展才是真发展，可持续发展才是好发展。要实现这一目标，就应该秉承开放精神，推进互帮互助、互惠互利。当今世界仍有八亿人生活在极端贫困之中，每年近六百万孩子在五岁前夭折，近六千万儿童未能接受教育。刚刚闭幕的联合国发展峰会制定了二〇一五年后发展议程。我们要将承诺变为行动，共同营造人人免于匮乏、获得发展、享有尊严的光明前景。

——我们要促进和而不同、兼收并蓄的文明交流。人类文明多样性赋予这个世界姹紫嫣红的色彩，多样带来交流，交流孕育融合，融合产生进步。

文明相处需要和而不同的精神。只有在多样中相互尊重、彼此借鉴、和谐共存，这个世界才能丰富多彩、欣欣向荣。不同文明凝聚着不同民族的智慧和贡献，没有高低之别，更无优劣之分。文明之间要对话，不要排斥；要交流，不要取代。人类历史就是一幅不同文明相互交流、互鉴、融合的宏伟画卷。我们要尊重各种文明，平等相待，互学互鉴，兼收并蓄，推动人类文明实现创造性发展。

——我们要构筑尊崇自然、绿色发展的生态体系。人类可以利用自然、改造自然，但归根结底是自然的一部分，必须呵护自然，不能凌驾于自然之上。我们要解决好工业文明带来的矛盾，以人与自然和谐相处为目标，实现世界的可持续发展和人的全面发展。

建设生态文明关乎人类未来。国际社会应该携手同行，共谋全球生态文明建设之路，牢固树立尊重自然、顺应自然、保护自然的意识，坚持走绿色、低碳、循环、可持续发展之路。在这方面，中国责无旁贷，将继续作出自己的贡献。同时，我们敦促发达国家承担历史性责任，兑现减排承诺，并帮助发展中国家减缓和适应气候变化。

主席先生、各位同事！

十三亿多中国人民正在为实现中华民族伟大复兴的中国梦而奋斗。中国人民的梦想同各国人民的梦想息息相通。实现中国梦，离不开和平的国际环境和稳定的国际秩序，离不开各国人民的理解、支持、帮助。中国人民圆梦必将给各国创造更多机遇，必将更好促进世界和平与发展。

中国将始终做世界和平的建设者，坚定走和平发展道路，无论国际形势如何变化，无论自身如何发展，中国永不称霸、永不扩张、永不谋求势力范围。

中国将始终做全球发展的贡献者，坚持走共同发展道路，继续奉行互利共赢的开放战略，将自身发展经验和机遇同世界各国分享，欢迎各国搭乘中国发展"顺风车"，一起来实现共同发展。

中国将始终做国际秩序的维护者，坚持走合作发展的道路。中国是第一个在联合国宪章上签字的国家，将继续维护以联合国宪章宗旨和原则为核心的国际秩序和国际体系。中国将继续同广大发展中国家站在一起，坚定支持增加发展中国家特别是非洲国家在国际治理体系中的代表性和发言权。中国在联合国的一票永远属于发展中国家。

在此，我宣布，中国决定设立为期十年、总额十亿美元的中国—联合国和平与发展基金，支持联合国工作，促进多边合作事业，为世界和平与发展作出新的贡献。我宣布，中国将加入新的联合国维和能力待命机制，决定为此率先组建常备成建制维和警队，并建设八千人规模的维和待命部队。我宣布，中国决定在未来五年内，向非盟提供总额为一亿美元的无偿军事援助，以支持非洲常备军和危机应对快速反应部队建设。

主席先生、各位同事！

在联合国迎来又一个十年之际，让我们更加紧密地团结起来，携手构建合作共赢新伙伴，同心打造人类命运共同体。让铸剑为犁、永不再战的理念深植人心，让发展繁荣、公平正义的理念践行人间！

谢谢各位。

弘扬共商共建共享的全球治理理念[*]

（二〇一五年十月十二日）

我们参与全球治理的根本目的，就是服从服务于实现"两个一百年"奋斗目标、实现中华民族伟大复兴的中国梦。要审时度势，努力抓住机遇，妥善应对挑战，统筹国内国际两个大局，推动全球治理体制向着更加公正合理方向发展，为我国发展和世界和平创造更加有利的条件。

国际社会普遍认为，全球治理体制变革正处在历史转折点上。国际力量对比发生深刻变化，新兴市场国家和一大批发展中国家快速发展，国际影响力不断增强，是近代以来国际力量对比中最具革命性的变化。数百年来列强通过战争、殖民、划分势力范围等方式争夺利益和霸权逐步向各国以制度规则协调关系和利益的方式演进。现在，世界上的事情越来越需要各国共同商量着办，建立国际机制、遵守国际规则、追求国际正义成为多数国家的共识。经济全球化深入发展，把世界各国利

<small>* 这是习近平同志主持中共十八届中央政治局第二十七次集体学习时讲话的要点。</small>

益和命运更加紧密地联系在一起，形成了你中有我、我中有你的利益共同体。很多问题不再局限于一国内部，很多挑战也不再是一国之力所能应对，全球性挑战需要各国通力合作来应对。

随着全球性挑战增多，加强全球治理、推进全球治理体制变革已是大势所趋。这不仅事关应对各种全球性挑战，而且事关给国际秩序和国际体系定规则、定方向；不仅事关对发展制高点的争夺，而且事关各国在国际秩序和国际体系长远制度性安排中的地位和作用。我们提出"一带一路"倡议、建立以合作共赢为核心的新型国际关系、坚持正确义利观、构建人类命运共同体等理念和举措，顺应时代潮流，符合各国利益，增加了我国同各国利益汇合点。

当今世界发生的各种对抗和不公，不是因为联合国宪章宗旨和原则过时了，而恰恰是由于这些宗旨和原则未能得到有效履行。要坚定维护以联合国宪章宗旨和原则为核心的国际秩序和国际体系，维护和巩固第二次世界大战胜利成果，积极维护开放型世界经济体制，旗帜鲜明反对贸易和投资保护主义。要坚持从我国国情出发，坚持发展中国家定位，把维护我国利益同维护广大发展中国家共同利益结合起来，坚持权利和义务相平衡，不仅要看到我国发展对世界的要求，也要看到国际社会对我国的期待。

要推动变革全球治理体制中不公正不合理的安排，

推动国际货币基金组织、世界银行等国际经济金融组织切实反映国际格局的变化，特别是要增加新兴市场国家和发展中国家的代表性和发言权，推动各国在国际经济合作中权利平等、机会平等、规则平等，推进全球治理规则民主化、法治化，努力使全球治理体制更加平衡地反映大多数国家意愿和利益。要推动建设国际经济金融领域、新兴领域、周边区域合作等方面的新机制新规则，推动建设和完善区域合作机制，加强周边区域合作，加强国际社会应对资源能源安全、粮食安全、网络信息安全、应对气候变化、打击恐怖主义、防范重大传染性疾病等全球性挑战的能力。

全球治理体制变革离不开理念的引领，全球治理规则体现更加公正合理的要求离不开对人类各种优秀文明成果的吸收。要推动全球治理理念创新发展，积极发掘中华文化中积极的处世之道和治理理念同当今时代的共鸣点，继续丰富打造人类命运共同体等主张，弘扬共商共建共享的全球治理理念。要加强能力建设和战略投入，加强对全球治理的理论研究，高度重视全球治理方面的人才培养。

携手消除贫困，促进共同发展[*]

（二〇一五年十月十六日）

尊敬的代比总统，

尊敬的基塔罗维奇总统，

尊敬的洪森首相，

尊敬的巴妮主席，

尊敬的加西亚副总统，

尊敬的克拉克署长，

尊敬的陈冯富珍总干事，

尊敬的卡马特行长，

尊敬的金立群候任行长，

尊敬的各位使节、各位贵宾，

女士们，先生们，朋友们：

消除贫困，自古以来就是人类梦寐以求的理想，是各国人民追求幸福生活的基本权利。第二次世界大战结束以来，消除贫困始终是广大发展中国家面临的重要任务。

---

* 这是习近平同志在北京举行的二〇一五减贫与发展高层论坛的主旨演讲。

　　在二〇〇〇年召开的联合国千年首脑会议上，各国领导人通过了以减贫为首要目标的千年发展目标。那时以来，各国为实现千年发展目标采取行动，进行不懈努力。到今年，全球在消除贫困、普及教育、防治疟疾和肺结核等传染病、提供清洁饮用水、改善贫民窟居住条件等方面取得积极进展，特别是千年发展目标中的减贫目标基本完成，全球减贫事业取得重大积极进展。

　　在上个月召开的联合国发展峰会上，各国通过了以减贫为首要目标的二〇一五年后发展议程，再次向世界展示了国际社会携手消除贫困的决心和信心。

　　由于种种原因，贫富悬殊和南北差距扩大问题依然严重存在，贫困及其衍生出来的饥饿、疾病、社会冲突等一系列难题依然困扰着许多发展中国家。"足寒伤心，民寒伤国。"我们既为十一亿人脱贫而深受鼓舞，也为八亿多人仍然在挨饿而深为担忧。实现全球减贫目标依然任重道远。

　　今天，我们相聚在北京，就是要向世界表明，我们将加强减贫发展领域交流合作，互学互鉴，共享经验，积极呼应和推动二〇一五年后发展议程的落实。

　　女士们、先生们、朋友们！

　　中国是世界上最大的发展中国家，一直是世界减贫事业的积极倡导者和有力推动者。改革开放三十多年来，中国人民积极探索、顽强奋斗，走出了一条中国特色减贫道路。我们坚持改革开放，保持经济快速增长，不断出台有利于贫困地区和贫困人口发展的政策，为大规模减贫奠定了基础、提供了条件。我们坚持政府主导，把扶贫开发纳入国家总体发展战略，开展大规模专项扶贫行动，针对特定人群组织实施妇女儿童、残疾人、少数民族发展规划。我们坚持开发式扶贫方针，把发展作为解决贫困的根本途径，既扶贫又扶志，调动扶贫对象的积极性，提高其发展能力，发挥其主体作用。我们坚持动员全社会参与，发挥中国制度优势，构建了政府、社会、市场协同推进的大扶贫格局，形成了跨地区、跨部门、跨单位、全社会共同参与的多元主体的社会扶贫体系。我们坚持普惠政策和特惠政策相结合，先后实施《国家八七扶贫攻坚计划（一九九三——二〇〇〇年）》、《中国农村扶贫开发纲要（二〇〇一——二〇一〇年）》、《中国农村扶贫开发纲要（二〇一一——二〇二〇年）》，在加大对农村、农业、农民普惠政策支持的基础上，对贫困人口实施特惠政策，做到应扶尽扶、应保尽保。

经过中国政府、社会各界、贫困地区广大干部群众共同努力以及国际社会积极帮助，中国六亿多人口摆脱贫困。二〇一五年，联合国千年发展目标在中国基本实现。中国是全球最早实现千年发展目标中减贫目标的发展中国家，为全球减贫事业作出了重大贡献。

回顾中国几十年来减贫事业的历程，我有着深刻的切身体会。上个世纪六十年代末，我还不到十六岁，就从北京来到了陕北一个小村庄当农民，一干就是七年。那时，中国农村的贫困状况给我留下了刻骨铭心的记忆。我当时和村民们辛苦劳作，目的就是要让生活能够好一些，但这在当年几乎比登天还难。四十多年来，我先后在中国县、市、省、中央工作，扶贫始终是我工作的一个重要内容，我花的精力最多。我到过中国绝大部分最贫困的地区，包括陕西、甘肃、宁夏、贵州、云南、广西、西藏、新疆等地。这两年，我又去了十几个贫困地区，到乡亲们家中，同他们聊天。他们的生活存在困难，我感到揪心。他们生活每好一点，我都感到高兴。

二十五年前，我在中国福建省宁德地区工作，我记住了中国古人的一句话："善为国者，遇民如父母之爱子，兄之爱弟，闻其饥寒为之哀，见其劳苦为之悲。"至今，这句话依然在我心中。

女士们、先生们、朋友们！

当前，中国人民正在为实现全面建成小康社会目标、实现中华民族伟大复兴的中国梦而努力。全面建成小康社会，实现中国梦，就是要实现人民幸福。尽管中国取得了举世瞩目的发展成就，但中国仍然是世界上最大的发展中国家，缩小城乡和区域发展差距依然是我们面临的重大挑战。全面小康是全体中国人民的小康，不能出现有人掉队。未来五年，我们将使中国现有标准下七千多万贫困人口全部脱贫。这是中国落实二〇一五年后发展议程的重要一步。

为了打赢这场攻坚战，我们将把扶贫开发作为经济社会发展规划的主要内容，大幅增加扶贫投入，出台更多惠及贫困地区、贫困人口的政策措施，提高市场机制的益贫性，推进经济社会包容性发展，实施一系列更有针对性的重大发展举措。

现在，中国在扶贫攻坚工作中采取的重要举措，就是实施精准扶贫方略，找到"贫根"，对症下药，靶向治疗。我们坚持中国制度的优势，构建省市县乡村五级一起抓扶贫，层层落实责任制的治理格局。我们注重抓六个精准，即扶持对象精准、项目安排精准、资金使用精准、措施到户精准、因村派人精准、脱贫成效精准，确保各项政策好处落到扶贫对象身上。我们坚持分类施策，因人因地施策，因贫困原因施策，因贫困类型施策，通过扶持生产和就业发展一批，通过易地搬迁安置一批，通过生态保护脱贫一批，通过教育扶贫脱贫一批，通过低保政策兜底一批。我们广泛动员全社会力量，支持和鼓励全社会采取灵活多样的形式参与扶贫。

授人以鱼，不如授人以渔。扶贫必扶智，让贫困地区的孩子们接受良好教育，是扶贫开发的重要任务，也是阻断贫困代际传递的重要途径。我们正在采取一系列措施，让贫困地区每一个孩子都能接受良好教育，让他们同其他孩子站在同一条起跑线上，向着美好生活奋力奔跑。

女士们、先生们、朋友们！

消除贫困是人类的共同使命。中国在致力于自身消除贫困的同时，始终积极开展南南合作，力所能及向其他发展中国家提供不附加任何政治条件的援助，支持和帮助广大发展中国家特别是最不发达国家消除贫困。六十多年来，中国共向一百六十六个国家和国际组织提供了近四千亿元人民币援助，派遣六十多万援助人员，其中七百多名中国好儿女为他国发展献出了宝贵生命。中国先后七次宣布无条件免除重债穷国和最不发达国家对华到期政府无息贷款债务。中国积极向亚洲、非洲、拉丁美洲和加勒比地区、大洋洲的六十九个国家提供医疗援助，先后为一百二十多个发展中国家落实千年发展目标提供帮助。

消除贫困依然是当今世界面临的最大全球性挑战。未来十五年，对中国和其他发展中国家都是发展的关键时期。我们要凝聚共识、同舟共济、攻坚克难，致力于合作共赢，推动建设人类命运共同体，为各国人民带来更多福祉。为此，我愿提出如下倡议。

第一，着力加快全球减贫进程。在未来十五年内彻底消除极端贫困，将每天收入不足一点二五美元的人数降至零，是二〇一五年后发展议程的首要目标。如期实现这一目标，发达国家要加大对发展中国家的发展援助，发展中国家要增强内生发展动力。在前不久召开的联合国系列峰会上，我代表中国政府提出了帮助发展中国家发展经济、改善民生的一系列新举措，包括中国将设立"南南合作援助基金"，首期提供二十亿美元，支持发展中国家落实二〇一五年后发展议程；继续增加对最不发达国家投资，力争二〇三〇年达到一百二十亿美元；免除对有关最不发达国家、内陆发展中国家、小岛屿发展中国家截至二〇一五年底到期未还的政府间无息贷款债务；未来五年向发展中国家提供"六个一百"的项目支持，包括一百个减贫项目、一百个农业合作项目、一百个促贸援助项目、一百个生态保护和应对气候变化项目、一百所医院和诊所、一百所学校和职业培训中心；向发展中国家提供十二万个来华培训和十五万个奖学金名额，为发展中国家培养五十万名职业技术人员，设立南南合作与发展学院；等等。

"仁义忠信，乐善不倦"。中国人民历来重友谊、负责任、讲信义，中华文化历来具有扶贫济困、乐善好施、助人为乐的优良传统。在此，我愿重申中国对全球减贫事业的坚定承诺。

第二，着力加强减贫发展合作。推动建立以合作共赢为核心的新型国际减贫交流合作关系，是消除贫困的重要保障。中国倡导和践行多边主义，积极参与多边事务，支持联合国、世界银行等继续在国际减贫事业中发挥重要作用；将同各方一道优化全球发展伙伴关系，推进南北合作，加强南南合作，为全球减贫事业提供充足资源和强劲动力；将落实好《中国与非洲联盟加强减贫合作纲要》、《东亚减贫合作倡议》，更加注重让发展成果惠及当地民众。中国将发挥好中国国际扶贫中心等国际减贫交流平台作用，提出中国方案，贡献中国智慧，更加有效地促进广大发展中国家交流分享减贫经验。

第三，着力实现多元自主可持续发展。中国坚定不移支持发展中国家消除贫困，推动更大范围、更高水平、更深层次的区域合作，对接发展战略，推进工业、农业、人力资源开发、绿色能源、环保等各领域务实合作，帮助各发展中国家把资源优势转化为发展优势。前不久，我在联合国主持召开了南南合作圆桌会，同二十多位国家领导人和国际组织负责人一道，交流南南合作经验，达成广泛深入的共识。中方愿同广大发展中国家不断深化减贫等各领域的南南合作，携手增进各国人民福祉。

第四，着力改善国际发展环境。维护和发展开放型世界经济，推动建设公平公正、包容有序的国际经济金融体系，为发展中国家发展营造良好外部环境，是消除贫困的重要条件。中国提出共建丝绸之路经济带和二十一世纪海上丝绸之路，倡议筹建亚洲基础设施投资银行，设立丝路基金，就是要支持发展中国家开展基础设施互联互通建设，帮助他们增强自身发展能力，更好融入全球供应链、产业链、价值链，为国际减贫事业注入新活力。

最后，我呼吁，让我们携起手来，为共建一个没有贫困、共同发展的人类命运共同体而不懈奋斗！

祝这次论坛圆满成功！

谢谢大家。

中国是一个负责任大国[*]

（二〇一五年十月二十一日）

当今世界，开放包容、多元互鉴是主基调。在二十一世纪人类文明的大家园中，各国虽然历史、文化、制度各异，但都应该彼此和谐相处、平等相待，都应该互尊互鉴、相互学习，摒弃一切傲慢和偏见。唯有如此，各国才能共同发展、共享繁荣。

当今世界，相互联系、相互依存是大潮流。随着商品、资金、信息、人才的高度流动，无论近邻还是远交，无论大国还是小国，无论发达国家还是发展中国家，正日益形成利益交融、安危与共的利益共同体和命运共同体。冷战思维、阵营对抗已不符合时代要求。

当今世界，和平、发展、合作、共赢是主旋律。世界经济复苏进程曲折，国际和地区热点此起彼伏，恐怖主义、网络安全、气候变化、重大传染性疾病等全球性挑战仍很严峻。面对前所未有的挑战，没有任何一个国家可以独善其身。世界各国需要以负责任的精神同舟共

---

　　* 这是习近平同志在英国伦敦金融城市长晚宴上的演讲《共倡开放包容，共促和平发展》的一部分。

济、协调行动。

在当今世界复杂多变的形势中，中国发展日益受到各方关注。一段时间以来，国际上对中国的各种看法和评价众说纷纭，其中有"唱多"，也有"唱空"，还有"唱衰"，有赞许、理解、信心，也有困惑、疑虑、误解。

当然，了解和理解一个有着五千多年文明、五十六个民族、十三亿多人口的大国，确实不是一件容易的事情，但最好的判断就是以事实为依据，不要雾里看花、水中观月。这里，我愿就大家最感兴趣的几个问题谈谈看法。

第一，中国人民走的是历史选择的道路。道路决定命运。一个国家，一个民族，只有找到适合自己条件的道路，才能实现自己的发展目标。改革开放三十七年来，中国经济年均增速近百分之十，成为全球第二大经济体，六亿多人口摆脱贫困，人均国内生产总值超过七千美元。中国用几十年时间走完了发达国家几百年走过的发展历程。这充分说明，中国人民正走在正确的道路上。

历史是现实的源头。近代以后，中国饱受战乱动荡，历经长达一个多世纪的磨难。一百多年前，中国人民开始"睁眼看世界"，努力探寻救国救民的道路。中国民主革命的先行者孙中山先生曾经到英国求学。在经历君主立宪制、议会制、总统制等的失败尝试后，中国最终选择了社会主义道路。这是历史的选择、人民的选择。诚如英国哲学家罗素所说："只有中国人最了解自己"，"只有他们自己慢慢摸索出的解决办法才是长久之计"。

中华民族历来注重变革创新。中国社会主义不是教科书里的教条，不是刻板僵化的戒律，而是在实践中不断发展变化的生命体。我们在实践中不断完善，在发展中不断变革，形成和发展了中国特色社会主义。中国特色社会主义就是要建设社会主义市场经济、民主政治、先进文化、和谐社会、生态文明，促进人的全面发展，促进社会公平正义，逐步实现全体人民共同富裕。

"履不必同，期于适足；治不必同，期于利民。"世界上没有放之四海而皆准的发展道路。只有能够持续造福人民的发展道路，才是最有生命力的。

第二，中国人民要的是更加美好的生活。当前，全中国人民正在为实现中华民族伟大复兴的中国梦而奋斗。我们确立了"两个一百年"奋斗目标，即到二〇二〇年实现国内生产总值和城乡居民人均收入比二〇一〇年翻一番，全面建成小康社会；到本世纪中叶建成富强民主文明和谐的社会主义现代化国家。我们深知，中国仍然是世界上最大的发展中国家。按照中国的标准，中国还有七千万人没有脱贫。按照联合国标准，中国还有二亿左右人口生活在贫困线以下。要让生活更加美好，中国人民还需要进行长期努力。

　　中国梦是中国人民追求幸福的梦，也同各国人民的美好梦想息息相通。中国发展必将寓于世界发展潮流之中，也将为世界各国共同发展注入更多活力、带来更多机遇。中国是一个负责任大国，在国际金融危机期间我们同国际社会风雨与共，为世界经济复苏发挥了"稳定器"和"发动机"的作用。当前，中国经济增长对全球经济增长的贡献率仍接近百分之三十。我们正在加快推进新型工业化、信息化、城镇化、农业现代化，发展资本市场，提高开放型经济水平，中国的进口和出口、引进外资和对外投资将更加均衡。中国正在大力推进创新驱动发展战略，李约瑟在其巨著《中国科技史》中深入总结了中国古代科技发展的成就，中国要紧跟新的科技革命潮流，努力创造一流的科技成果。预计未来五年中国将进口超过十万亿美元的商品，对外投资规模将超过五千亿美元，还将有超过五亿人次出境参观访问、旅游购物。这对世界经济发展无疑是重大利好。中国愿同包括英国在内的国际社会一道，以实实在在的行动释放出更多潜力，实现更好发展。

　　第三，中国人民想的是和平与发展的世界。和为贵、和而不同、协和万邦等理念在中国代代相传，和平的基因深植于中华民族的血脉之中。近代以后，中国人民历经苦难，所以更珍视和平；中国致力于发展，所以更需要和平；中国期待美好未来，所以更爱护和平。中国坚持走和平发展道路，不接受"国强必霸"的逻辑。

任何人、任何事、任何理由都不能动摇中国走和平发展道路的决心和意志。

中国倡导国际社会共同构建人类命运共同体，建立以合作共赢为核心的新型国际关系，坚持国际关系民主化，坚持正确义利观，坚持通过对话协商以和平方式解决国家间的分歧和争端。我们将同世界各国一道，维护世界和平，捍卫公平正义，推进共同繁荣。

中国的发展得益于国际社会，也必将回馈国际大家庭。中国一直是国际合作的倡导者和国际多边主义的积极参与者，将坚定不移奉行互利共赢的开放战略。随着中国实力上升，我们将逐步承担更多力所能及的责任，努力为促进世界经济增长和完善全球治理贡献中国智慧、中国力量。中国的发展不会牺牲别国利益，只会增进共同利益。中国将同各国一道，逢山开路、遇河架桥。世界上的路，只有走的人多了，才会越来越宽广。

中国始终将周边置于外交全局的首要位置[*]

（二〇一五年十一月七日）

中国始终将周边置于外交全局的首要位置，视促进周边和平、稳定、发展为己任。中国推动全球治理体系朝着更加公正合理方向发展，推动国际关系民主化，推动建立以合作共赢为核心的新型国际关系，推动建设人类命运共同体，都是从周边先行起步。

中国坚持与邻为善、以邻为伴，坚持奉行睦邻、安邻、富邻的周边外交政策，坚持践行亲诚惠容的周边外交理念，坚持共同、综合、合作、可持续的亚洲安全观，致力于构建更为紧密的中国—东盟命运共同体，推动建设亚洲命运共同体。

和平发展思想是中华文化的内在基因，讲信修睦、协和万邦是中国周边外交的基本内涵。近代以来，外敌入侵、内部战乱曾给中国人民带来巨大灾难。中国人民

---

* 这是习近平同志在新加坡国立大学的演讲《深化合作伙伴关系，共建亚洲美好家园》的一部分。

深知和平的宝贵，绝不会放弃维护和平的决心和愿望，绝不会把自身曾经遭遇的苦难强加于他人。中国繁荣昌盛是趋势所在，但国强必霸不是历史定律。中国自古倡导"强不执弱，富不侮贫"，深知"国虽大，好战必亡"的道理。一些人渲染"中国威胁论"，这或者是对中国历史文化和现实政策不了解，或者是出于一种误解和偏见，或者是有着某种不可告人的目的。中国坚持走和平发展道路，坚持独立自主的和平外交政策，不是权宜之计，而是我们的战略选择和郑重承诺。

近代以来，中国经历了长达一个多世纪的积贫积弱、风雨飘摇的年代，我们比谁都懂得发展的重要、稳定的可贵。中国的发展进程得到周边国家帮助和支持，中国发展成果也为周边国家所分享。中国愿意把自身发展同周边国家发展更紧密地结合起来，欢迎周边国家搭乘中国发展"快车"、"便车"，让中国发展成果更多惠及周边，让大家一起过上好日子。

两年前，我在访问中亚和东南亚时，提出建设"一带一路"的设想。这是发展的倡议、合作的倡议、开放的倡议，强调的是共商、共建、共享的平等互利方式。目前，这个倡议已经形成势头。中国发布了愿景与行动的纲领性文件，六十多个国家和国际组织表达积极参与的态度，中国同很多国家达成了合作协议，亚洲基础设施投资银行协定已经签署，丝路基金已经着手实施具体项目，一批多边或双边大项目合作正稳步推进。"一带一路"倡议的首要合作伙伴是周边国家，首要受益对象也是周边国家。我们欢迎周边国家参与到合作中来，共同推进"一带一路"建设，携手实现和平、发展、合作的愿景。

时代潮流，浩浩荡荡。当前，中国同周边国家关系站在了新的历史起点上。亚洲是世界经济发展高地，宏观经济基本面稳定向好，同时受内外因素影响，承受了较大下行压力。亚洲政通人和、社会稳定，是全球格局中的稳定板块，同时安全问题十分复杂，恐怖主义、极端主义、跨国犯罪、网络安全、重大自然灾害等非传统安全挑战增多。亚洲绝大多数国家的政策取向是通过协商谈判处理矛盾分歧，同时一些国家互信不足、时有纷争。亚洲国家相互依存日益加深，地区一体化进程不断加速，同时区域合作路径不一，安全合作长期滞后于经济合作。这些问题都需要我们共同应对和破解。

我一直在思考新形势下中国同包括东南亚在内的周边国家深化合作、共谋发展的大计，愿在此提出一些想法和主张。

——共同维护和平安宁。维护亚洲和平是中国同周边国家的历史责任和共同担当。亚洲各国人民要永不为敌、增进互信，共同守护亚洲和平安宁，为亚洲各国发展和人民安居乐业创造良好条件。

——深入对接发展战略。亚洲各国人民要聚精会神推动发展、改善民生，互帮互助，从各自发展战略中发掘新的合作动力，规划新的合作愿景，锁定新的合作成果，做大互利合作的蛋糕，为彼此经济增长提供更多动能。

——积极开展安全合作。"单丝不线，孤掌难鸣。"亚洲各国人民要践行亚洲安全观，协调推进地区安全治理，共同担当和应对传统和非传统安全问题，坚持以和平方式通过友好协商解决矛盾分歧，坚持发展和安全并重，共谋互尊互信、聚同化异、开放包容、合作共赢的邻国相处之道。

——不断巩固人缘相亲。亚洲各国人民要从悠久的历史文明中汲取养分，凝聚对亚洲价值的集体认同，拓展人文交流合作，夯实睦邻友好的社会民意基础，把"和"、"合"的传统理念付诸彼此相处之道，把修睦合作的薪火世代传承下去。

一段时间以来，大家都关心中国在南海问题上的政策。我要说的是，南海诸岛自古以来就是中国领土，维护自身的领土主权和正当合理的海洋权益，是中国政府必须承担的责任。中国南海政策的出发点和落脚点都是维护南海地区和平稳定。在中国和南海沿岸国共同努力下，南海局势总体是和平的，航行和飞越自由从来没有问题，将来也不会有问题，因为首先中国最需要南海航行通畅。尽管中国拥有主权的一些南海岛礁被他人侵占，但我们始终主张通过和平谈判方式解决问题。中国将坚持同直接当事国在尊重历史事实的基础上，根据国际法，通过谈判和协商解决有关争议，我们完全有能力，也有信心同东盟国家一道，维护好南海地区的和平稳定。我们欢迎域外国家参与亚洲和平与发展事业，为此发挥积极作用。当前，亚洲各国政府面临的最重要课题是如何实现持续快速发展，这需要一个和平稳定的环境。这是地区国家的最大公约数，域外国家也应该理解和尊重这一点并发挥建设性作用。

发挥亚太引领作用，
应对世界经济挑战*

（二〇一五年十一月十八日）

陈觉中主席先生，

亚太工商界各位代表，

女士们，先生们，朋友们：

大家好！很高兴再次同大家见面。去年十一月，我们相聚北京，共同探讨推进亚太经济合作思路和举措，对那天的场景我记忆犹新。

亚太经合组织是本地区最重要的经贸论坛，也是亚太工商界参与最深的多边合作平台。我们处在一个变革的时代，无论是领导人还是企业家，都需要立足当前、着眼长远，准确把握世界大势，谋划应对之策。

两天前，我刚刚出席了二十国集团领导人安塔利亚峰会。会上，各国领导人深入探讨了当前世界经济形势面临的重大挑战和应对举措。大家的基本共识是，世界

---

* 这是习近平同志在菲律宾马尼拉举行的亚太经合组织工商领导人峰会上的主旨演讲。

经济虽然平缓复苏，但基础并不牢固，存在较多不稳定性和不确定性。很多国家担心，发达经济体货币政策分化，引发资本无序流动，全球债务高企，造成市场信心不足，加上国际金融和大宗商品市场波动，对新兴市场国家和发展中国家带来更大冲击。全球经济增长持续低于预期，潜在增长率下滑，国际贸易和投资低迷，世界经济可能出现多个引擎同时失速进而陷入停滞状态。世界经济要从亚健康完全走向健康，很可能经历一个长期曲折的过程。

在世界经济充满挑战的大背景下，亚太经济也面临着诸多现实和潜在的困难和风险。亚太经济如何保持正确发展方向，如何找到新经济增长点、巩固增长引擎地位，值得认真对待和深入思考。

面对世界经济中的激流险滩，亚太这艘巨轮必须校准航向、把好舵盘，亚太各经济体必须勇于担当、同舟共济，努力推动全球增长。

第一，坚持推进改革创新。要解决世界经济深层次问题，单纯靠货币刺激政策是不够的，必须下决心在推进经济结构性改革方面作更大努力，使供给体系更适应需求结构的变化。亚太在这方面要走在世界前面，努力创新发展理念、发展模式、发展路径。要加快产业升级换代，以科技创新带动产品、管理、商业模式创新，提高亚太经济体在全球供应链中的地位，共建共享协调、开放、包容的全球价值链。发达经济体要积极分享最佳实践，主动转让技术，发展中经济体要勇于探索、增加投入、迎头赶上。要发挥亚太经合组织的政策平台和孵化器功能，在互联网经济、蓝色经济、绿色经济、城镇化等领域加强合作，增强自主创新能力。

第二，坚持构建开放型经济。多年来，亚太坚持大开放、大融合、大发展，走出独具特色、充满活力的区域经济合作道路，堪称发展水平悬殊的经济体共同推进一体化的典范。去年，亚太经合组织领导人在北京启动了亚太自由贸易区进程，迈出了历史性的一步。当前，新的区域自由贸易安排不断涌现，引发大家对碎片化倾向的种种担忧。我们要加快亚太自由贸易区建设，推进区域经济一体化。要平等参与、充分协商，最大程度增强自由贸易安排的开放性和包容性，提高亚太开放型经济水平、维护多边贸易体制。要致力于合作共赢，反对保护主义，促进公平竞争。

第三，坚持落实发展议程。中国古代哲人说："凡治国之道，必先富民。"发展的最终目的是造福人民，必须让发展成果更多惠及全体人民。前不久，联合国发展峰会通过了二〇三〇年可持续发展议程。在二十国集团领导人安塔利亚峰会上，我倡议二十国集团成员国积极行动起来，落实好可持续发展议程。为此，要把落实可持续发展议程纳入各自国家发展战略，确保有效落实。要建立全面发展伙伴关系，调动政府、企业、民间等各方面力量，为落实可持续发展议程作出贡献。要推动包容和谐发展，尽早实现可持续发展议程设定的各项指标，同时通过落实可持续发展议程，为提升发展质量和效益创造新的空间、实现相互促进。

第四，坚持推进互联互通。互联互通的根本目的，是使亚太经济血脉更加通畅，从而扩大经济社会发展潜力。互联互通要注重基础设施、制度规章、人员交流三位一体，并行推动政策沟通、设施联通、贸易畅通、资金融通、民心相通。要通过互联互通对接各国发展战略和规划，找准优先领域和项目。要通过互联互通，实现各区域、各国生产要素互通有无、产业产能优势互补、发展经验互学互鉴。要优化亚太供应链、产业链、价值链，形成亚太规模经济效应和联动效应，实现亚太经济整体振兴。去年，我们在北京通过了亚太经合组织互联互通蓝图，要抓好落实，取得实实在在的效果。

"道虽迩，不行不至；事虽小，不为不成。"任何蓝图都不会自动变为现实，实现上述目标，需要亚太各成员携手并肩、共同努力。我们要加强政策对话和协调，以亚太经合组织为平台，着力形成合力。要坚持以发展为中心，全力营造有利于发展的和平环境，决不让任何事情干扰亚太发展进程。要坚持合作共赢理念和命运共同体意识，在竞争中合作，在合作中实现共同发展。要坚持多元发展，尊重彼此根据自身实际选择的发展道路，通过对话协商的方式解决分歧。我相信，宽阔的太平洋将成为亚太合作的桥梁、友好的纽带、共同的家园。

女士们、先生们、朋友们！

作为世界第二大经济体，中国经济走势受到大家关注。今年，在世界经济增长放缓的背景下，中国积极应对各种困难和挑战，加强宏观调控，有力推动改革，一些经济指标在月度、季度间有所波动，但经济仍然运行在合理区间，保持平稳较快发展。今年前三季度，中国经济增长百分之六点九，对世界经济增长的贡献率达到百分之三十左右。这是在十万亿美元高基数之上的增长，也是调结构、转方式进程中的增长，这一结果来之不易。

总的看，中国经济发展长期向好的基本面没有变，经济韧性好、潜力足、回旋余地大的基本特征没有变，经济持续增长的良好支撑基础和条件没有变，经济结构调整优化的前进态势没有变。同时，中国经济仍然面临复杂的内外环境和较大的下行压力，正经历着改革阵痛，机遇前所未有，挑战也前所未有。

不久前，中共十八届五中全会通过了中国"十三五"规划建议，提出了创新、协调、绿色、开放、共享的发展理念，并就"十三五"时期中国经济社会发展提出一系列重大改革举措。"十三五"时期是全面建成小康社会的决胜阶段。我们将加快改革创新，加快转方式、调结构，着力解决发展进程中的难题，培育发展新动力，打造发展新优势，创造发展新机遇。

——我们将更加注重效益质量。我们将着力转变经济发展方式，推动经济从规模扩张转向结构优化，从要素驱动转向创新驱动，从主要依靠投资、出口拉动转向依靠消费、投资、出口协调拉动，推动信息化和工业化深度融合，工业化和城镇化良性互动，城镇化和农业现代化互促互进。可以肯定，所有这些都将创造出新的发展动力和增长空间。

——我们将更加注重创新驱动。我们将大力实施创新驱动发展战略，把发展着力点更多放在创新上，发挥创新激励经济增长的乘数效应，破除体制机制障碍，让市场真正成为配置创新资源的决定性力量，让企业真正成为技术创新主体。

——我们将更加注重公平公正。我们将从人民最关心最直接最现实的利益出发，着力构建公平公正、共建共享的发展新机制，让经济发展更具包容性。我们将着力解决难点问题，未来五年我们将使中国现行标准下七千多万农村贫困人口全部脱贫，贫困县全部脱帽。这也是中国落实二〇三〇年可持续发展议程的重要一步。

——我们将更加注重绿色发展。我们将把生态文明建设融入经济社会发展各方面和全过程，致力于实现可持续发展。我们将全面提高适应气候变化能力，坚持节约资源和保护环境的基本国策，建设天蓝、地绿、水清的美丽中国。

——我们将更加注重对外开放。我们将实行更加积极主动的开放战略，努力构建开放型经济新体制，提高开放型经济水平。我们将加快推进高标准自由贸易区建设。中国—东盟自由贸易区升级谈判已接近完成，即将发挥其积极效应。中澳、中韩自由贸易协定有望于年内生效，成为推动经济增长的新动力。我们还愿同各方一道尽早完成区域全面经济伙伴关系的谈判，加快中日韩自由贸易区谈判进程。我们将继续推进外商投资管理体制改革，大幅减少外资准入限制，加强知识产权保护，营造公开透明、高效平等的市场环境。

我愿重申，中国利用外资的政策不会变，对外商投资企业合法权益的保护不会变，为各国企业在华投资兴业提供更好服务的方向不会变。中国开放的大门永远不会关上！

女士们、先生们、朋友们！

中国是亚太大家庭的一员，中国的发展起步于亚太，得益于亚太，也将继续立足亚太、造福亚太。两年前，我倡议共建丝绸之路经济带和二十一世纪海上丝绸之路。两年来，"一带一路"得到六十多个国家和国际组织积极响应和参与，势头已起，效应初显。

我们坚持开放的区域主义，同域内外许多国家签署合作协议，实现政策和发展战略对接，促进经济要素有序自由流动、资源高效配置、市场深度融合。通过"一带一路"建设，我们将开展更大范围、更高水平、更深层次的区域合作，共同打造开放、包容、均衡、普惠的区域合作架构。

目前，主要经济走廊和一大批多边双边重大项目正在稳步推进。我们建立丝路基金并投入运营。我们同五十多个国家一道积极筹建亚洲基础设施投资银行，打造新型投融资平台，预计亚投行将于年底前正式成立，为一批重大项目提供融资支持。我们围绕经贸、能源、投资、人文等重点领域逐步建立和完善一批新平台，激发现有双边和多边机制新活力。

女士们、先生们、朋友们！

亚太工商界是亚太发展的主力军，是创新创业的领头羊。过去，亚太工商界为本地区繁荣发展作出了重大贡献，未来也承载着重要使命。我们欢迎亚太工商界继续参与到中国发展进程中来，共享机遇和利益。我们也期待亚太工商界为亚太经济长远发展和世界经济强劲、可持续、平衡增长作出更大贡献。

明年九月，中国将在杭州主办二十国集团领导人第十一次峰会。我欢迎亚太工商界积极参与在华举办的各项活动，共同为世界经济出谋划策、贡献力量。

谢谢大家。

携手构建合作共赢、公平合理的气候变化治理机制[*]

（二〇一五年十一月三十日）

尊敬的奥朗德总统,

尊敬的各位同事,

女士们,先生们,朋友们:

今天,我们齐聚巴黎,出席联合国气候变化巴黎大会开幕式。这表明,恐怖主义阻挡不了全人类应对气候变化、追求美好未来的进程。借此机会,我愿向法国人民致以诚挚的慰问,同时对奥朗德总统和法国政府为这次大会召开所作的精心筹备表示感谢。

《联合国气候变化框架公约》生效二十多年来,在各方共同努力下,全球应对气候变化工作取得积极进展,但仍面临许多困难和挑战。巴黎大会正是为了加强公约实施,达成一个全面、均衡、有力度、有约束力的气候变化协议,提出公平、合理、有效的全球应对气候变化解决方案,探索人类可持续的发展路径和治理模

＊ 这是习近平同志在气候变化巴黎大会开幕式上的讲话。

式。法国作家雨果说："最大的决心会产生最高的智慧。"我相信，只要各方展现诚意、坚定信心、齐心协力，巴黎大会一定能够取得令人满意的成果，不辜负国际社会的热切期盼。

尊敬的各位同事，女士们、先生们！

一份成功的国际协议既要解决当下矛盾，更要引领未来。巴黎协议应该着眼于强化二〇二〇年后全球应对气候变化行动，也要为推动全球更好实现可持续发展注入动力。

——巴黎协议应该有利于实现公约目标，引领绿色发展。协议应该遵循公约原则和规定，推进公约全面有效实施。既要有效控制大气温室气体浓度上升，又要建立利益导向和激励机制，推动各国走向绿色循环低碳发展，实现经济发展和应对气候变化双赢。

——巴黎协议应该有利于凝聚全球力量，鼓励广泛参与。协议应该在制度安排上促使各国同舟共济、共同努力。除各国政府，还应该调动企业、非政府组织等全社会资源参与国际合作进程，提高公众意识，形成合力。

——巴黎协议应该有利于加大投入，强化行动保障。获取资金技术支持、提高应对能力是发展中国家实施应对气候变化行动的前提。发达国家应该落实到二〇二〇年每年动员一千亿美元的承诺，二〇二〇年后向发展中国家提供更加强有力的资金支持。此外，还应该向发展中国家转让气候友好型技术，帮助其发展绿色经济。

——巴黎协议应该有利于照顾各国国情，讲求务实有效。应该尊重各国特别是发展中国家在国内政策、能力建设、经济结构方面的差异，不搞一刀切。应对气候变化不应该妨碍发展中国家消除贫困、提高人民生活水平的合理需求。要照顾发展中国家的特殊困难。

尊敬的各位同事，女士们、先生们！

巴黎协议不是终点，而是新的起点。作为全球治理的一个重要领域，应对气候变化的全球努力是一面镜子，给我们思考和探索未来全球治理模式、推动建设人类命运共同体带来宝贵启示。

——我们应该创造一个各尽所能、合作共赢的未来。对气候变化等全球性问题，如果抱着功利主义的思维，希望多占点便宜、少承担点责任，最终将是损人不利己。巴黎大会应该摈弃"零和博弈"狭隘思维，推动各国尤其是发达国家多一点共享、多一点担当，实现互惠共赢。

——我们应该创造一个奉行法治、公平正义的未来。要提高国际法在全球治理中的地位和作用，确保国际规则有效遵守和实施，坚持民主、平等、正义，建设国际法治。发达国家和发展中国家的历史责任、发展阶段、应对能力都不同，共同但有区别的责任原则不仅没有过时，而且应该得到遵守。

——我们应该创造一个包容互鉴、共同发展的未来。面对全球性挑战，各国应该加强对话，交流学习最佳实践，取长补短，在相互借鉴中实现共同发展，惠及全体人民。同时，要倡导和而不同，允许各国寻找最适合本国国情的应对之策。

尊敬的各位同事，女士们、先生们！

中国一直是全球应对气候变化事业的积极参与者，有诚意、有决心为巴黎大会成功作出自己的贡献。

过去几十年来，中国经济快速发展，人民生活发生了深刻变化，但也承担了资源环境方面的代价。鉴往知来，中国正在大力推进生态文明建设，推动绿色循环低碳发展。中国把应对气候变化融入国家经济社会发展中长期规划，坚持减缓和适应气候变化并重，通过法律、行政、技术、市场等多种手段，全力推进各项工作。中国可再生能源装机容量占全球总量的百分之二十四，新增装机占全球增量的百分之四十二。中国是世界节能和利用新能源、可再生能源第一大国。

"万物各得其和以生，各得其养以成。"中华文明历来强调天人合一、尊重自然。面向未来，中国将把生态文明建设作为"十三五"规划重要内容，落实创新、协调、绿色、开放、共享的发展理念，通过科技创新和体制机制创新，实施优化产业结构、构建低碳能源体系、发展绿色建筑和低碳交通、建立全国碳排放交易市场等一系列政策措施，形成人和自然和谐发展现代化建设新格局。中国在"国家自主贡献"中提出将于二〇三〇年左右使二氧化碳排放达到峰值并争取尽早实现，二〇三〇年单位国内生产总值二氧化碳排放比二〇〇五年下降百分之六十至百分之六十五，非化石能源占一次能源消费比重达到百分之二十左右，森林蓄积量比二〇〇五年增加四十五亿立方米左右。虽然需要付出艰苦的努力，但我们有信心和决心实现我们的承诺。

中国坚持正确义利观，积极参与气候变化国际合作。多年来，中国政府认真落实气候变化领域南南合作政策承诺，支持发展中国家特别是最不发达国家、内陆发展中国家、小岛屿发展中国家应对气候变化挑战。为加大支持力度，中国在今年九月宣布设立二百亿元人民币的中国气候变化南南合作基金。中国将于明年启动在发展中国家开展十个低碳示范区、一百个减缓和适应气候变化项目及一千个应对气候变化培训名额的合作项目，继续推进清洁能源、防灾减灾、生态保护、气候适应型农业、低碳智慧型城市建设等领域的国际合作，并帮助他们提高融资能力。

尊敬的各位同事，女士们、先生们！

应对气候变化是人类共同的事业，世界的目光正聚焦于巴黎。让我们携手努力，为推动建立公平有效的全球应对气候变化机制、实现更高水平全球可持续发展、构建合作共赢的国际关系作出贡献！

谢谢大家。

开启中非合作共赢、共同发展的新时代*

（二〇一五年十二月四日）

尊敬的祖马总统，

尊敬的非洲联盟轮值主席穆加贝总统，

尊敬的各国元首、政府首脑，

尊敬的非盟委员会主席祖马女士，

尊敬的各位同事，各位嘉宾，

女士们，先生们，朋友们：

很高兴在美丽的"彩虹之国"南非，同这么多非洲兄弟、新老朋友相聚一堂。作为会议共同主席，我也热烈欢迎大家出席中非合作论坛约翰内斯堡峰会，衷心感谢东道国南非为这次会议所作的精心准备和周到安排。

这是我第七次踏上非洲大陆，也是我担任中国国家主席后第二次访问非洲。每次来到非洲，都能看到非洲的新发展新变化。

---

* 这是习近平同志在中非合作论坛约翰内斯堡峰会开幕式上的致辞。

今天的非洲呈现出蓬勃发展的新景象，令人振奋、令人鼓舞。非洲积极探索符合自身实际的发展道路，坚持以非洲方式解决非洲问题，独立自主势头锐不可当。非洲积极推进工业化，谋求自主可持续发展，快速发展势头锐不可当。非洲加快一体化进程，在国际舞台上坚持用一个声音说话，联合自强势头锐不可当。

我欣赏南非前总统曼德拉先生说过的一句话，"我们正站立在非洲世纪的破晓时分，在这一世纪里，非洲将在世界民族之林占据应有位置。"我相信，非洲国家和人民正在迎来真正属于自己的新时代！

中国政府和人民为非洲取得的发展成就感到由衷高兴和自豪，衷心祝愿非洲国家和人民在发展进步的道路上不断取得更大成就、拥有更加美好的未来！

尊敬的各位同事，女士们、先生们！

中非历来是命运共同体。共同的历史遭遇、共同的奋斗历程，让中非人民结下了深厚的友谊。

长期以来，我们始终风雨同舟、相互支持。中国援建的坦赞铁路和非盟会议中心成为中非友谊的丰碑。中国政府和人民在援非抗击埃博拉行动中率先行动，引领国际社会援非抗疫，诠释了中非患难与共的兄弟情谊。非洲国家无私支持中国重返联合国，在中国汶川、玉树等地发生严重地震灾害后踊跃向中方捐款，中国人民对此铭记在心。

中非友好历久弥坚、永葆活力，其根本原因就在于双方始终坚持平等相待、真诚友好、合作共赢、共同发展。中非永远是好朋友、好伙伴、好兄弟。

当前，中非都肩负发展国家、改善民生的使命。非洲拥有丰富的自然和人力资源，正处于工业化的兴起阶段。中国经过三十多年改革开放，拥有助力非洲实现自主可持续发展的技术、装备、人才、资金等物质优势，更拥有支持非洲发展强大的政治优势。中非合作发展互有需要、优势互补，迎来了难得的历史性机遇。

新形势下，我们要传承和发扬中非传统友好，更要把中非传统友好优势转化为促进团结、合作、发展的动力，为中非人民创造更多实实在在的成果，为推动世界更加均衡、公平、包容发展，构建以合作共赢为核心的新型国际关系作出更大贡献。

尊敬的各位同事，女士们、先生们！

当前，世界格局正在经历深刻演变，经济全球化、社会信息化极大解放和发展了社会生产力。我们面临前所未有的发展机遇。同时，霸权主义、恐怖主义、金融动荡、环境危机等问题愈加突出，给我们带来前所未有的挑战。

中方将秉持真实亲诚对非政策理念和正确义利观，同非洲朋友携手迈向合作共赢、共同发展的新时代。为此，我提议，将中非新型战略伙伴关系提升为全面战略合作伙伴关系，并为此做强和夯实"五大支柱"。

第一，坚持政治上平等互信。高度政治互信是中非友好的基石。我们要尊重各自选择的发展道路，不把自己的意志强加给对方。在事关双方核心利益和重大关切问题上，要坚持相互理解、相互支持，共同维护公平正义。中方始终主张，非洲是非洲人的非洲，非洲的事情应该由非洲人说了算。

第二，坚持经济上合作共赢。中国人讲究"义利相兼，以义为先"。中非关系最大的"义"，就是用中国发展助力非洲的发展，最终实现互利共赢、共同发展。我们要充分发挥中非政治互信和经济互补的优势，以产能合作、三网一化为抓手，全面深化中非各领域合作，让中非人民共享双方合作发展成果。

第三，坚持文明上交流互鉴。世界因为多彩而美丽。我们为中非都拥有悠久灿烂的文明而自豪。我们要加强中非两大文明交流互鉴，着力加强青年、妇女、智库、媒体、高校等各界人员往来，促进文化融通、政策贯通、人心相通，推动共同进步，让中非人民世代友好。

第四，坚持安全上守望相助。贫困是动荡的根源，和平是发展的保障，发展是解决一切问题的总钥匙。中方支持非洲人以非洲方式解决非洲问题，主张解决安全问题要标本兼治、综合施策，愿意积极参与非洲加强维护和平安全能力建设，支持非洲加快发展，消除贫困，实现持久和平。

第五，坚持国际事务中团结协作。中非在国际事务中拥有广泛的共同语言和共同利益。我们要加强协商协作，推动全球治理体系向着更加公正合理的方向发展，维护共同利益。中方将继续在联合国等场合为非洲仗义执言、伸张正义，支持非洲在国际舞台上发挥更大作用。

尊敬的各位同事，女士们、先生们！

为推进中非全面战略合作伙伴关系建设，中方愿在未来三年同非方重点实施"十大合作计划"，坚持政府指导、企业主体、市场运作、合作共赢的原则，着力支持非洲破解基础设施滞后、人才不足、资金短缺三大发展瓶颈，加快工业化和农业现代化进程，实现自主可持续发展。

一是中非工业化合作计划。中方将积极推进中非产业对接和产能合作，鼓励支持中国企业赴非洲投资兴业，合作新建或升级一批工业园区，向非洲国家派遣政府高级专家顾问。设立一批区域职业教育中心和若干能力建设学院，为非洲培训二十万名职业技术人才，提供四万个来华培训名额。

二是中非农业现代化合作计划。中方将同非洲分享农业发展经验，转让农业适用技术，鼓励中国企业在非洲开展大规模种植、畜牧养殖、粮食仓储和加工，增加当地就业和农民收入。中方将在非洲一百个乡村实施"农业富民工程"，派遣三十批农业专家组赴非洲，建立中非农业科研机构"10+10"合作机制。中方高度关注非洲多个国家受厄尔尼诺现象影响致粮食歉收，将向受灾国家提供十亿元人民币紧急粮食援助。

三是中非基础设施合作计划。中方将同非洲在基础设施规划、设计、建设、运营、维护等方面加强互利合作，支持中国企业积极参与非洲铁路、公路、区域航空、港口、电力、电信等基础设施建设，提升非洲可持续发展能力；支持非洲国家建设五所交通大学。

四是中非金融合作计划。中方将同非洲国家扩大人民币结算和本币互换业务规模，鼓励中国金融机构赴非洲设立更多分支机构，以多种方式扩大对非洲投融资合作，为非洲工业化和现代化提供金融支持和服务。

五是中非绿色发展合作计划。中方将支持非洲增强绿色、低碳、可持续发展能力，支持非洲实施一百个清洁能源和野生动植物保护项目、环境友好型农业项目和智慧型城市建设项目。中非合作绝不以牺牲非洲生态环境和长远利益为代价。

六是中非贸易和投资便利化合作计划。中方将实施五十个促进贸易援助项目，支持非洲改善内外贸易和投资软硬条件，愿同非洲国家和区域组织商谈包括货物贸易、服务贸易、投资合作等全面自由贸易协定，扩大非洲输华产品规模。支持非洲国家提高海关、质检、税务等执法能力，开展标准化和认证认可、电子商务等领域合作。

七是中非减贫惠民合作计划。中方将在加强自身减贫努力的同时，增加对非援助，在非洲实施二百个"幸福生活工程"和以妇女儿童为主要受益者的减贫项目；

免除非洲有关最不发达国家截至二〇一五年年底到期未还的政府间无息贷款债务。

八是中非公共卫生合作计划。中方将参与非洲疾控中心等公共卫生防控体系和能力建设；支持中非各二十所医院开展示范合作，加强专业科室建设，继续派遣医疗队员、开展"光明行"、妇幼保健在内的医疗援助，为非洲提供一批复方青蒿素抗疟药品；鼓励支持中国企业赴非洲开展药品本地化生产，提高药品在非洲可及性。

九是中非人文合作计划。中方将为非洲援建五所文化中心，为非洲一万个村落实施收看卫星电视项目；为非洲提供二千个学历学位教育名额和三万个政府奖学金名额；每年组织二百名非洲学者访华和五百名非洲青年研修；每年培训一千名非洲新闻领域从业人员；支持开通更多中非直航航班，促进中非旅游合作。

十是中非和平与安全合作计划。中方将向非盟提供六千万美元无偿援助，支持非洲常备军和危机应对快速反应部队建设和运作。中方将继续参与联合国在非洲维和行动；支持非洲国家加强国防、反恐、防暴、海关监管、移民管控等方面能力建设。

为确保"十大合作计划"顺利实施，中方决定提供总额六百亿美元的资金支持，包括：提供五十亿美元的无偿援助和无息贷款；提供三百五十亿美元的优惠性质贷款及出口信贷额度，并提高优惠贷款优惠度；为中非发展基金和非洲中小企业发展专项贷款各增资五十亿美元；设立首批资金一百亿美元的"中非产能合作基金"。

尊敬的各位同事，女士们、先生们！

今年是中非合作论坛成立十五周年。十五年来，中非各领域务实合作成果丰硕。二〇一四年中非贸易总额和中国对非洲非金融类投资存量分别是二〇〇〇年的二十二倍和六十倍，中国对非洲经济发展的贡献显著增长。中非合作论坛已经成为引领中非合作的一面旗帜，为南南合作树立了典范，成为带动国际社会加大对非洲关注和投入的先锋。

当前，中非关系正处于历史上最好时期。我们应该登高望远、阔步前行。让我们携手努力，汇聚起中非二十四亿人民的智慧和力量，共同开启中非合作共赢、共同发展的新时代！

谢谢大家。

在第二届世界互联网大会
开幕式上的讲话

（二〇一五年十二月十六日）

尊敬的侯赛因总统，

尊敬的梅德韦杰夫总理，

尊敬的马西莫夫总理，

尊敬的萨里耶夫总理，

尊敬的拉苏尔佐达总理，

尊敬的阿齐莫夫第一副总理，

尊敬的索瓦莱尼副首相，

尊敬的吴红波副秘书长，

尊敬的赵厚麟秘书长，

尊敬的施瓦布先生，

各位部长，各位大使，

各位嘉宾，各位朋友：

　　欢迎各位嘉宾来到美丽的乌镇，共商世界互联网发展大计。首先，我谨代表中国政府和中国人民，并以我个人的名义，对各位嘉宾出席第二届世界互联网大会，表示热烈的欢迎！对大会的召开，表示热烈的祝贺！

我曾在浙江工作多年，多次来过乌镇。今天再次来到这里，既感到亲切熟悉，又感到耳目一新。去年，首届世界互联网大会在这里举办，推动了网络创客、网上医院、智慧旅游等快速发展，让这个白墙黛瓦的千年古镇焕发出新的魅力。乌镇的网络化、智慧化，是传统和现代、人文和科技融合发展的生动写照，是中国互联网创新发展的一个缩影，也生动体现了全球互联网共享发展的理念。

纵观世界文明史，人类先后经历了农业革命、工业革命、信息革命。每一次产业技术革命，都给人类生产生活带来巨大而深刻的影响。现在，以互联网为代表的信息技术日新月异，引领了社会生产新变革，创造了人类生活新空间，拓展了国家治理新领域，极大提高了人类认识世界、改造世界的能力。互联网让世界变成了"鸡犬之声相闻"的地球村，相隔万里的人们不再"老死不相往来"。可以说，世界因互联网而更多彩，生活因互联网而更丰富。

中国正处在信息化快速发展的历史进程之中。中国高度重视互联网发展，自二十一年前接入国际互联网以来，我们按照积极利用、科学发展、依法管理、确保安全的思路，加强信息基础设施建设，发展网络经济，推进信息惠民。同时，我们依法开展网络空间治理，网络空间日渐清朗。目前，中国有六亿七千万网民、四百一十三万多家网站，网络深度融入经济社会发展、融入人民生活。

中共十八届五中全会提出了创新、协调、绿色、开放、共享的发展理念。"十三五"时期，中国将大力实施网络强国战略、国家大数据战略、"互联网+"行动计划，发展积极向上的网络文化，拓展网络经济空间，促进互联网和经济社会融合发展。我们的目标，就是要让互联网发展成果惠及十三亿多中国人民，更好造福各国人民。

各位嘉宾、各位朋友！

随着世界多极化、经济全球化、文化多样化、社会信息化深入发展，互联网对人类文明进步将发挥更大促进作用。同时，互联网领域发展不平衡、规则不健全、秩序不合理等问题日益凸显。不同国家和地区信息鸿沟不断拉大，现有网络空间治理规则难以反映大多数国家意愿和利益；世界范围内侵害个人隐私、侵犯知识产权、网络犯罪等时有发生，网络监听、网络攻击、网络恐怖主义活动等成为全球公害。面对这些问题和挑战，国际社会应该在相互尊重、相互信任的基础上，加强对话合作，推动互联网全球治理体系变革，共同构建和平、安全、开放、合作的网络空间，建立多边、民主、透明的全球互联网治理体系。

推进全球互联网治理体系变革，应该坚持以下原则。

——尊重网络主权。《联合国宪章》确立的主权平等原则是当代国际关系的基本准则，覆盖国与国交往各个领域，其原则和精神也应该适用于网络空间。我们应该尊重各国自主选择网络发展道路、网络管理模式、互联网公共政策和平等参与国际网络空间治理的权利，不搞网络霸权，不干涉他国内政，不从事、纵容或支持危害他国国家安全的网络活动。

　　——维护和平安全。一个安全稳定繁荣的网络空间，对各国乃至世界都具有重大意义。在现实空间，战火硝烟仍未散去，恐怖主义阴霾难除，违法犯罪时有发生。网络空间，不应成为各国角力的战场，更不能成为违法犯罪的温床。各国应该共同努力，防范和反对利用网络空间进行的恐怖、淫秽、贩毒、洗钱、赌博等犯罪活动。不论是商业窃密，还是对政府网络发起黑客攻击，都应该根据相关法律和国际公约予以坚决打击。维护网络安全不应有双重标准，不能一个国家安全而其他国家不安全，一部分国家安全而另一部分国家不安全，更不能以牺牲别国安全谋求自身所谓绝对安全。

　　——促进开放合作。"天下兼相爱则治，交相恶则乱。"完善全球互联网治理体系，维护网络空间秩序，必须坚持同舟共济、互信互利的理念，摈弃零和博弈、赢者通吃的旧观念。各国应该推进互联网领域开放合作，丰富开放内涵，提高开放水平，搭建更多沟通合作平台，创造更多利益契合点、合作增长点、共赢新亮点，推动彼此在网络空间优势互补、共同发展，让更多国家和人民搭乘信息时代的快车、共享互联网发展成果。

　　——构建良好秩序。网络空间同现实社会一样，既要提倡自由，也要保持秩序。自由是秩序的目的，秩序是自由的保障。我们既要尊重网民交流思想、表达意愿的权利，也要依法构建良好网络秩序，这有利于保障广大网民合法权益。网络空间不是"法外之地"。网络空间是虚拟的，但运用网络空间的主体是现实的，大家都应该遵守法律，明确各方权利义务。要坚持依法治网、依法办网、依法上网，让互联网在法治轨道上健康运行。同时，要加强网络伦理、网络文明建设，发挥道德教化引导作用，用人类文明优秀成果滋养网络空间、修复网络生态。

　　各位嘉宾、各位朋友！

　　网络空间是人类共同的活动空间，网络空间前途命运应由世界各国共同掌握。各国应该加强沟通、扩大共识、深化合作，共同构建网络空间命运共同体。对此，我愿提出五点主张。

　　第一，加快全球网络基础设施建设，促进互联互通。网络的本质在于互联，信息的价值在于互通。只有加强信息基础设施建设，铺就信息畅通之路，不断缩小不同国家、地区、人群间的信息鸿沟，才能让信息资源充分涌流。中国正在实施"宽带中国"战略，预计到二○二○年，中国宽带网络将基本覆盖所有行政村，打通网络基础设施"最后一公里"，让更多人用上互联网。中国愿同各方一道，加大资金投入，加强技术支持，共同推动全球网络基础设施建设，让更多发展中国家和人民共享互联网带来的发展机遇。

第二，打造网上文化交流共享平台，促进交流互鉴。文化因交流而多彩，文明因互鉴而丰富。互联网是传播人类优秀文化、弘扬正能量的重要载体。中国愿通过互联网架设国际交流桥梁，推动世界优秀文化交流互鉴，推动各国人民情感交流、心灵沟通。我们愿同各国一道，发挥互联网传播平台优势，让各国人民了解中华优秀文化，让中国人民了解各国优秀文化，共同推动网络文化繁荣发展，丰富人们精神世界，促进人类文明进步。

第三，推动网络经济创新发展，促进共同繁荣。当前，世界经济复苏艰难曲折，中国经济也面临着一定下行压力。解决这些问题，关键在于坚持创新驱动发展，开拓发展新境界。中国正在实施"互联网+"行动计划，推进"数字中国"建设，发展分享经济，支持基于互联网的各类创新，提高发展质量和效益。中国互联网蓬勃发展，为各国企业和创业者提供了广阔市场空间。中国开放的大门永远不会关上，利用外资的政策不会变，对外商投资企业合法权益的保障不会变，为各国企业在华投资兴业提供更好服务的方向不会变。只要遵守中国法律，我们热情欢迎各国企业和创业者在华投资兴业。我们愿意同各国加强合作，通过发展跨境电子商务、建设信息经济示范区等，促进世界范围内投资和贸易发展，推动全球数字经济发展。

第四，保障网络安全，促进有序发展。安全和发展是一体之两翼、驱动之双轮。安全是发展的保障，发展是安全的目的。网络安全是全球性挑战，没有哪个国家能够置身事外、独善其身，维护网络安全是国际社会的共同责任。各国应该携手努力，共同遏制信息技术滥用，反对网络监听和网络攻击，反对网络空间军备竞赛。中国愿同各国一道，加强对话交流，有效管控分歧，推动制定各方普遍接受的网络空间国际规则，制定网络空间国际反恐公约，健全打击网络犯罪司法协助机制，共同维护网络空间和平安全。

第五，构建互联网治理体系，促进公平正义。国际网络空间治理，应该坚持多边参与、多方参与，由大家商量着办，发挥政府、国际组织、互联网企业、技术社群、民间机构、公民个人等各个主体作用，不搞单边主义，不搞一方主导或由几方凑在一起说了算。各国应该加强沟通交流，完善网络空间对话协商机制，研究制定全球互联网治理规则，使全球互联网治理体系更加公正合理，更加平衡地反映大多数国家意愿和利益。举办世界互联网大会，就是希望搭建全球互联网共享共治的一个平台，共同推动互联网健康发展。

各位嘉宾、各位朋友！

"凡益之道，与时偕行。"互联网虽然是无形的，但运用互联网的人们都是有形的，互联网是人类的共同家园。让这个家园更美丽、更干净、更安全，是国际社会的共同责任。让我们携起手来，共同推动网络空间互联互通、共享共治，为开创人类发展更加美好的未来助力！

最后，预祝大会取得圆满成功！

谢谢大家。

在亚洲基础设施投资银行
开业仪式上的致辞

（二〇一六年一月十六日）

尊敬的各代表团团长，

各位部长，

各位嘉宾，

女士们，先生们，朋友们：

这是见证历史的时刻！五十七个国家的代表相聚北京，举行亚洲基础设施投资银行开业仪式暨理事会和董事会成立大会。首先，我谨代表中国政府和中国人民，并以我个人的名义，对远道而来的各位嘉宾，表示热烈的欢迎！对亚投行开业，表示衷心的祝贺！对各方积极支持和参与亚投行筹建，表示诚挚的感谢！

二〇一三年十月，中国提出筹建亚投行的倡议，今天亚投行正式开业了。在短短两年多时间里，我们共同走过了一段不平凡的历程。

二〇一四年十月，首批二十二个意向创始成员国代表签署了《筹建亚洲基础设施投资银行备忘录》。二〇一五年六月，五十个意向创始成员国代表共同签署《亚洲基础设施投资银行协定》，另外七个国家随后在年底前先后签署。二〇一五年十二月，《亚洲基础设施投资银行协定》达到法定生效条件，亚投行正式宣告成立。

这些进展和成果的取得，得益于各成员国精诚合作和大力支持。各成员国表现了开放包容的合作姿态、共谋发展的务实行动、规范高效的专业精神。各成员国在协定谈判、政策制定、高管遴选等方面秉持合作精神，促成在关键问题上及早达成共识。各成员国加快国内签署和批准进程，共同推动协定如期生效，充分体现了对成立亚投行的承诺和支持。各成员国遵循多边程序，协力推进各项筹建议程，使亚投行在治理结构、业务政策、保障和采购政策、人力资源管理等方面都体现出国际性、规范性、高标准。

亚投行的成立，说明了一个道理：有志者事竟成。我们相信，面对人类和平与发展的繁重任务，只要国际社会坚定信心、增进共识、合作共赢，我们不仅能够想做事，而且一定能够做成事。

女士们、先生们、朋友们！

亚投行正式成立并开业，将有效增加亚洲地区基础设施投资，多渠道动员各种资源特别是私营部门资金投入基础设施建设领域，推动区域互联互通和经济一体化进程，也有利于改善亚洲发展中成员国的投资环境，创造就业机会，提升中长期发展潜力，对亚洲乃至世界经济增长带来积极提振作用。

亚投行正式成立并开业，对全球经济治理体系改革完善具有重大意义，顺应了世界经济格局调整演变的趋势，有助于推动全球经济治理体系朝着更加公正合理有效的方向发展。

我们期待，各成员国秉持团结合作精神，积极加大投入，推动亚投行尽早开展业务，尽快做大做强，壮大多边开发银行整体力量，为国际发展事业作出更大贡献。

女士们、先生们、朋友们！

亚投行应该奉行开放的区域主义，同现有多边开发银行相互补充，应该以其优势和特色给现有多边体系增添新活力，促进多边机构共同发展，努力成为一个互利共赢和专业高效的基础设施投融资平台，在提高地区基础设施融资水平、促进地区经济社会发展中发挥应有作用。

亚洲基础设施融资需求巨大，是一片广阔的蓝海，新老机构互补空间巨大，可以通过开展联合融资、知识共享、能力建设等多种形式的合作和良性竞争，相互促进，取长补短，共同提高，提升多边开发机构对亚洲基础设施互联互通和经济可持续发展的贡献度。

亚投行应该结合国际发展领域新趋势和发展中成员国多样化需求，创新业务模式和融资工具，帮助成员国开发更多高质量、低成本的基础设施项目。亚投行以发展中成员国为主体，同时包括大量发达成员国，这一独特优势使其能够成为推进南南合作和南北合作的桥梁和纽带。

亚投行应该按照多边开发银行模式和原则运作，并充分借鉴现有多边开发银行在治理结构、环境和社会保障政策、采购政策、债务可持续性等方面好的经验和做法，取长补短，高起点运作。

女士们、先生们、朋友们！

中国是国际发展体系的积极参与者和受益者，也是建设性的贡献者。倡议成立亚投行，就是中国承担更多国际责任、推动完善现有国际经济体系、提供国际公共产品的建设性举动，有利于促进各方实现互利共赢。

中国作为亚投行倡议方，在银行成立后，将坚定不移支持其运营和发展，除按期缴纳股本金之外，还将向银行即将设立的项目准备特别基金出资五千万美元，用于支持欠发达成员国开展基础设施项目准备。

二〇一六年是中国“十三五”时期开局之年。中国将按照创新、协调、绿色、开放、共享的发展理念，着力推动创新驱动发展，增强经济发展新动力；着力推动供给侧结构性改革，适应和引领经济发展新常态；着力扩大对外开放，更加注重推进高水平双向开放。中国有信心、有能力保持经济持续健康发展，为亚洲和世界各国创造更多机遇、带来更多福祉。

中国将始终做全球发展的贡献者，坚持奉行互利共赢的开放战略。中国开放的大门永远不会关上，欢迎各国搭乘中国发展的“顺风车”。中国愿意同各方一道，推动亚投行早日投入运营、发挥作用，为发展中国家经济增长和民生改善贡献力量。我们将继续欢迎包括亚投行在内的新老国际金融机构共同参与"一带一路"建设。

女士们、先生们、朋友们！

众人拾柴火焰高。亚投行是各成员国的亚投行，是促进地区和世界共同发展的亚投行。亚投行要取得成功，需要各方团结协作、形成合力。

我期待并坚信，通过各成员国携手努力，亚投行一定能成为专业、高效、廉洁的二十一世纪新型多边开发银行，成为构建人类命运共同体的新平台，为促进亚洲和世界发展繁荣作出新贡献！为改善全球经济治理增添新力量！

谢谢大家。

共同开创中阿关系的美好未来[*]

（二〇一六年一月二十一日）

尊敬的阿拉比秘书长，

尊敬的伊斯梅尔总理，

尊敬的各位部长，

各位阿拉伯国家使节，

女士们，先生们，朋友们：

很高兴同阿拉伯朋友见面。这是我担任中国国家主席后首次出访阿拉伯国家。首先，我谨代表中国政府和中国人民，并以我个人的名义，向阿拉伯国家和人民，致以崇高的敬意和良好的祝愿！

"未之见而亲焉，可以往矣；久而不忘焉，可以来矣。"来到阿拉伯国家，我和我的同事们都有一种亲近感。这是因为，在穿越时空的往来中，中阿两个民族彼此真诚相待，在古丝绸之路上出入相友，在争取民族独立的斗争中甘苦与共，在建设国家的征程上守望相助。这份信任牢不可破，是金钱买不到的。

女士们、先生们、朋友们！

---

* 这是习近平同志在埃及开罗阿拉伯国家联盟总部的演讲。

中东是一块富饶的土地。让我们感到痛心的是，这里迄今仍未摆脱战争和冲突。中东向何处去？这是世界屡屡提及的"中东之问"。少一些冲突和苦难，多一点安宁和尊严，这是中东人民的向往。

有一位阿拉伯诗人曾说："当你面向太阳的时候，你定会看到自己的希望。"中东蕴含希望，各方要在追求对话和发展的道路上寻找希望。

——化解分歧，关键要加强对话。武力不是解决问题之道，零和思维无法带来持久安全。对话过程虽然漫长，甚至可能出现反复，但后遗症最小，结果也最可持续。冲突各方应该开启对话，把最大公约数找出来，在推进政治解决上形成聚焦。国际社会应该尊重当事方、周边国家、地区组织意愿和作用，而非从外部强加解决方案，要为对话保持最大耐心，留出最大空间。

——破解难题，关键要加快发展。中东动荡，根源出在发展，出路最终也要靠发展。发展事关人民生活和尊严。这是一场同时间的赛跑，是希望和失望的较量。只有让青年人在发展中获得生活的尊严，在他们的心中，希望才能跑赢失望，才会自觉拒绝暴力，远离极端思潮和恐怖主义。

——道路选择，关键要符合国情。现代化不是单选题。历史条件的多样性，决定了各国选择发展道路的多样性。阿拉伯谚语讲："自己的指甲才知道哪里痒"。在发展道路的探索上，照搬没有出路，模仿容易迷失，实践才出真知。一个国家的发展道路，只能由这个国家的人民，依据自己的历史传承、文化传统、经济社会发展水平来决定。

女士们、先生们、朋友们！

阿盟是阿拉伯国家团结的象征。维护巴勒斯坦人民合法民族权益是阿盟的神圣使命，也是国际社会的共同责任。巴勒斯坦问题不应被边缘化，更不应被世界遗忘。巴勒斯坦问题是中东和平的根源性问题。国际社会定分止争，既要推动复谈、落实和约，也要主持公道、伸张正义，二者缺一不可。没有公道，和约只能带来冰冷的和平。国际社会应该坚持以公道为念、以正义为基，尽快纠正历史不公。

我愿在此呼吁，国际社会采取更强有力行动，在政治上激活和谈进程，在经济上推进重建进程，让巴勒斯坦人民早日看到希望。中国坚定支持中东和平进程，支持建立以一九六七年边界为基础、以东耶路撒冷为首都、享有完全主权的巴勒斯坦国。我们理解巴勒斯坦以国家身份融入国际社会的正当诉求，支持建立新的中东问题促和机制，支持阿盟、伊斯兰合作组织为此作出的努力。为改善巴勒斯坦民生，中国决定向巴方提供五千万元人民币无偿援助，并将为巴勒斯坦太阳能电站建设项目提供支持。

叙利亚现状不可持续，冲突不会有赢家，受苦的是地区人民。解决热点问题，停火是当务之急，政治对话是根本之道，人道主义救援刻不容缓。中方今年将再向叙利亚、约旦、黎巴嫩、利比亚、也门人民提供二亿三千万元人民币人道主义援助。

女士们、先生们、朋友们！

二〇一四年六月，我在中阿合作论坛北京部长级会议上提出，中阿共建"一带一路"，构建以能源合作为主轴，以基础设施建设、贸易和投资便利化为两翼，以核能、航天卫星、新能源三大高新领域为突破口的"1+2+3"合作格局，阿拉伯朋友热烈响应。现在，我们已经有了早期收获。

——顶层设计日臻成熟。中阿建立了政治战略对话机制，中国同八个阿拉伯国家建立了战略伙伴关系，同六个阿拉伯国家签署了共建"一带一路"协议，七个阿拉伯国家成为亚洲基础设施投资银行创始成员。

——务实合作显露活力。中国是阿拉伯国家第二大贸易伙伴，新签对阿拉伯国家工程承包合同额四百六十四亿美元；海湾阿拉伯国家合作委员会重启对华自由贸易区谈判并取得实质性进展，阿拉伯国家建立了两家人民币清算中心，中阿双方成立两个共同投资基金；中阿技术转移中心正式揭牌成立，双方就建立和平利用核能培训中心、清洁能源培训中心、北斗卫星导航系统落地等达成一致；第二届中阿博览会签署合作项目金额一千八百三十亿元人民币，成为中阿共建"一带一路"的重要平台。

　　——人文交流丰富多彩。我们举办了中阿友好年活动，签署了第一个共建联合大学协议，启动了百家文化机构对口合作，在华阿拉伯留学生突破一万四千人，在阿拉伯国家孔子学院增至十一所，中阿每周往来航班增至一百八十三架次。

　　女士们、先生们、朋友们！

　　中国坚持走和平发展道路，奉行独立自主的和平外交政策，实行互利共赢的对外开放战略，着力点之一就是积极主动参与全球治理，构建互利合作格局，承担国际责任义务，扩大同各国利益汇合，打造人类命运共同体。

　　我们要抓住未来五年的关键时期共建"一带一路"，确立和平、创新、引领、治理、交融的行动理念，做中东和平的建设者、中东发展的推动者、中东工业化的助推者、中东稳定的支持者、中东民心交融的合作伙伴。

　　中方愿同阿拉伯国家开展共建"一带一路"行动，推动中阿两大民族复兴形成更多交汇。

　　第一，高举和平对话旗帜，开展促进稳定行动。"一带一路"建设，倡导不同民族、不同文化要"交而通"，而不是"交而恶"，彼此要多拆墙、少筑墙，把对话当作"黄金法则"用起来，大家一起做有来有往的邻居。

　　中国古代圣贤孟子说："立天下之正位，行天下之大道。"中国对中东的政策举措坚持从事情本身的是非曲直出发，坚持从中东人民根本利益出发。我们在中东不找代理人，而是劝和促谈；不搞势力范围，而是推动大家一起加入"一带一路"朋友圈；不谋求填补"真空"，而是编织互利共赢的合作伙伴网络。

中国人有穷变通久的哲学，阿拉伯人也说"没有不变的常态"。我们尊重阿拉伯国家的变革诉求，支持阿拉伯国家自主探索发展道路。处理好改革发展稳定关系十分重要。这就好比阿拉伯喜闻乐见的赛骆驼，前半程跑得太快，后半程就可能体力透支；前半程跑得太慢，后半程又可能跟不上。骑手只有平衡好速度和耐力，才能够坚持到最后。

恐怖主义和极端思潮泛滥，是对和平与发展的严峻考验。打击恐怖主义和极端势力，需要凝聚共识。恐怖主义不分国界，也没有好坏之分，反恐不能搞双重标准。同样，也不能把恐怖主义同特定民族宗教挂钩，那样只会制造民族宗教隔阂。没有哪一项政策能够单独完全奏效，反恐必须坚持综合施策、标本兼治。

为此，中方将建立中阿改革发展研究中心；在中阿合作论坛框架内召开文明对话与去极端化圆桌会议，组织一百名宗教界知名人士互访；加强中阿网络安全合作，切断暴力恐怖音视频网络传播渠道，共同参与制定网络空间国际反恐公约；提供三亿美元援助用于执法合作、警察培训等项目，帮助地区国家加强维护稳定能力建设。

第二，推进结构调整，开展创新合作行动。日趋激烈的国际发展竞争，需要我们提高合作档次。要推进"油气+"合作新模式，挖掘合作新潜力。中方愿同阿方加强上中下游全产业链合作，续签长期购油协议，构建互惠互利、安全可靠、长期友好的中阿能源战略合作关系。要创新贸易和投资机制，拓展合作新空间。

中国对外投资已经进入快车道，阿拉伯国家主权基金实力雄厚，我们可以更多签署本币互换、相互投资协议，扩大人民币结算业务规模，加快投资便利化进程，引导双方投资基金和社会资金参与"一带一路"重点项目。双方要加强高新领域合作、培育合作新动力，可以依托已经成立的技术转移、培训中心等，加快高铁、核能、航天、新能源、基因工程等高新技术落地进程，提高中阿务实合作含金量。

为此，中方将实施创新合作行动，愿同阿方探索"石油、贷款、工程"一揽子合作模式，延伸传统油气合作链条，合作开发新能源、可再生能源；中方将参与中东工业园区建设，重点推进苏伊士经贸合作区建设，通过人员培训、共同规划、合作建厂等方式，实现加工制造、运输出口一体化；启动中阿科技伙伴计划，在现代农业、信息通信、人口健康等领域共建十个联合实验室；举办中阿北斗合作论坛。

第三，促进中东工业化，开展产能对接行动。产能合作契合中东国家经济多元化大趋势，可以引领中东国家走出一条经济、民本、绿色的工业化新路。

中国装备性价比高，加上技术转让、人才培训、强有力融资支持，可以帮助中东国家花较少的钱建立起钢铁、有色金属、建材、玻璃、汽车制造、电厂等急需产业，填补产业空白，培育新的比较优势。中方优势产能和中东人力资源相结合，可以创造更多更好的就业机会。

今天上午，我出席了中埃苏伊士经贸合作区二期揭牌仪式，这一项目将引进纺织服装、石油装备、摩托、太阳能等一百多家企业，可以为埃及创造一万多个就业机会。

为促进中东工业化进程，中国将联合阿拉伯国家，共同实施产能对接行动，包括设立一百五十亿美元的中东工业化专项贷款，用于同地区国家开展的产能合作、基础设施建设项目，同时向中东国家提供一百亿美元商业性贷款，支持开展产能合作；提供一百亿美元优惠性质贷款，并提高优惠贷款优惠度；同阿联酋、卡塔尔设立共计二百亿美元共同投资基金，主要投资中东传统能源、基础设施建设、高端制造业等。

第四，倡导文明交流互鉴，开展增进友好行动。文明具有多样性，就如同自然界物种的多样性一样，一同构成我们这个星球的生命本源。中东是人类古老文明的交汇之地，有着色彩斑斓的文明和文化多样性。中国将继续毫不动摇支持中东、阿拉伯国家维护民族文化传统，反对一切针对特定民族宗教的歧视和偏见。

中华文明与阿拉伯文明各成体系、各具特色，但都包含有人类发展进步所积淀的共同理念和共同追求，都重视中道平和、忠恕宽容、自我约束等价值观念。我们应该开展文明对话，倡导包容互鉴，一起挖掘民族文化传统中积极处世之道同当今时代的共鸣点。

"一带一路"延伸之处，是人文交流聚集活跃之地。民心交融要绵绵用力，久久为功。昨天，我会见了获得"中阿友好杰出贡献奖"的十位阿拉伯老朋友。正是有一代接一代的友好人士辛勤耕耘，中阿友好的大树才能枝繁叶茂、四季常青。

为了让人才和思想在"一带一路"上流动起来，我们将实施增进友好"百千万"工程，包括落实"丝路书香"设想，开展一百部中阿典籍互译；加强智库对接，邀请一百名专家学者互访；提供一千个阿拉伯青年领袖培训名额，邀请一千五百名阿拉伯政党领导人来华考察，培育中阿友好的青年使者和政治领军人物；提供一万个奖学金名额和一万个培训名额，落实一万名中阿艺术家互访。

女士们、先生们、朋友们！

埃及谚语说："比时间永恒的是金字塔。"在我看来，最永恒的是埃及人民崇尚变革、追求自由的伟大精神。今天的埃及承载着传承文明的希望，肩负着探索复兴道路的使命。中国坚定支持埃及政府和人民的努力，期待埃及成为地区稳定支柱和发展标杆。

民族复兴的追梦路上，难免会经历曲折和痛苦，但只要路走对了，就不怕遥远。中国和阿拉伯国家要心手相连、并肩攀登，为深化中阿友好合作而努力！为人类和平与发展的崇高事业而共同奋斗！

舒克拉[1]！谢谢！

注　释

〔1〕舒克拉，阿拉伯语，意为"谢谢"。

加强国际核安全体系，
推进全球核安全治理[*]

（二〇一六年四月一日）

尊敬的奥巴马总统，

各位同事：

很高兴同大家聚首华盛顿，共商国际核安全大计。感谢奥巴马总统和美国政府所作的周到安排。

六十年前，人类和平利用核能事业起步，也从此迈开了加强核安全的步伐。六十年来，在国际社会共同努力下，核安全理念深入人心，核安全合作硕果累累，各国核安全能力显著提高。

始于二〇一〇年的核安全峰会，启动了国际核安全事业的助推器。六年一路走来，从确立共同目标，到制定工作重点，再到规划未来蓝图，我们一步一个脚印作出了自己的贡献。

两年前，在荷兰海牙举行的第三届核安全峰会上，我提出应坚持理性、协调、并进的核安全观，将核安全

---

* 这是习近平同志在美国华盛顿核安全峰会上的讲话。

进程纳入持续健康发展轨道。我高兴地看到，两年来全球核安全水平又有新的提高。

但是，我们不能故步自封、裹足不前。环顾全球，世界格局正在经历前所未有的深刻演变，安全领域威胁和挑战层出不穷，产生恐怖主义的根源远未消除，核恐怖主义仍然是对国际安全的重大威胁。

展望未来，加强国际核安全体系，是核能事业健康发展的基本前提，更是推进全球安全治理、构建新型国际关系、完善世界秩序的重要环节。核安全峰会虽然将落下帷幕，但我们的新征程才刚刚开始。

各位同事！

我在海牙峰会上主张构建一个公平、合作、共赢的国际核安全体系。以公平原则固本强基，以合作手段驱动发展，以共赢前景坚定信心，为核能安全造福人类提供强有力、可持续的制度保障。为实现这一远大目标，我们要携手共进，作出新的努力。

——强化政治投入，把握标本兼治方向。作为国家领导人，我们有责任使核安全得到充分重视，有必要对国际反核恐怖主义形势进行经常性审议。要凝聚加强核安全的国际共识，对核恐怖主义零容忍、无差别，推动全面落实核安全法律义务及政治承诺，有效应对新挑战新威胁。

求木之长者，必固其根本。寻求治本之道，始终是我们的目标。我们要铭记全人类福祉，构建以合作共赢为核心的新型国际关系，坚定推进全球安全治理，维护和平稳定的国际环境，促进各国普遍发展繁荣，开展和而不同、兼收并蓄的文明交流。惟其如此，才能早日铲除滋生核恐怖主义的土壤。

——强化国家责任，构筑严密持久防线。发展核能是各国自主选择，确保核安全是各国应尽之责。我们要结合国情，从国家层面部署实施核安全战略，制定中长期核安全发展规划，完善核安全立法和监管机制，并确保相关工作得到足够投入和支持。

战略布局离不开实际举措支撑。核恐怖主义威胁非对称性和不确定性突出，日常预防和危机应对要双管齐下。一方面，要做到见之于未萌、治之于未乱，筑牢基本防线，排除恐怖分子利用国际网络和金融系统兴风作浪等新风险。另一方面，要制定全方位、分阶段的危机应对预案，准确评估风险，果断处置事态，及时掌控局势。

——强化国际合作，推动协调并进势头。核恐怖主义是全人类的公敌，核安全事件的影响超越国界。在互联互通时代，没有哪个国家能够独自应对，也没有哪个国家可以置身事外。在尊重各国主权的前提下，所有国家都要参与到核安全事务中来，以开放包容的精神，努力打造核安全命运共同体。

现有国际组织和机制可作为未来核安全国际合作的坚实平台。我们要以国际原子能机构为核心，协调、整合全球核安全资源，并利用其专业特长服务各国。联合国作为最具普遍性的国际组织，可继续发挥重要作用。其他组织和机制也可以提供有益补充，促进执法等领域务实合作。在此过程中，要照顾广大发展中国家合理诉求，向他们提供援助。

——强化核安全文化，营造共建共享氛围。加强国际核安全体系，人的因素最为重要。法治意识、忧患意识、自律意识、协作意识是核安全文化的核心，要贯穿到每位从业人员的思想和行动中，使他们知其责、尽其职。

学术界和公众树立核安全意识同样重要。我们要鼓励各国智库密切关注国际反核恐怖主义形势，积极开展核安全学术研究，并就加强国际核安全体系、促进各国核安全工作提出更多有价值的建议。我们还要做好核安全知识普及，增进公众对核安全的理解和重视。

各位同事！

作为最大的发展中国家，中国始终在确保安全的前提下，致力于开发利用核能，弥补能源需求缺口，应对气候变化挑战。中国是核电发展最快的国家，同时保持着良好核安全纪录。海牙峰会以来，中国在核安全领域又取得了新进展。

——中国奉行精益求精的理念，努力探索加强核安全的有效途径。我们已经将核安全纳入国家总体安全体系，写入国家安全法，明确了对核安全的战略定位。我们不断完善核安全国家法律框架，正在研究颁布原子能法、核安全法。我们制定实施了核安全中长期工作规划，不断健全监管和执法机制，全面开展从业人员能力建设，组织各类型模拟演练，提高应急响应能力。

——中国坚持言出必行的原则，忠实履行国际义务和政治承诺。中国已经批准核安全领域所有国际法律文书，一贯严格执行安理会相关决议，积极支持和参与核安全国际倡议。海牙峰会上，我承诺的国家核安全示范中心已经提前一年竣工并在北京投入运营；中国原子能科学研究院高浓铀微堆已经顺利完成改造，开始使用更为安全的低浓铀燃料；中国协助加纳改造其高浓铀微堆的项目也取得了积极进展。

——中国心怀合作共赢的愿景，积极推动国际交流合作。中国坚定支持国际原子能机构执行核安全行动计划，逐步增加向核安全基金的捐款。中国和国际原子能机构已经商定，将于今年正式启动实施首次实物保护咨询服务。今年二月，中国和美国成功举行了首次年度核安全对话。我们也将深化同其他国家以及联合国、打击核恐怖主义全球倡议等的交流合作。

中国将继续加强本国核安全，同时将积极推进核安全国际合作，分享技术和经验，贡献资源和平台。我宣布：

第一，中国将构建核安全能力建设网络。我们将利用国家核安全示范中心、中国海关辐射探测培训中心等现有平台，开展核安全从业人员培训、核安全技术演练和交流等活动。我们欢迎亚太国家、"一带一路"沿线国家和其他发展中国家参与相关项目，并将同国际原子能机构等保持紧密合作。

第二，中国将推广减少高浓铀合作模式。我们支持各国根据本国需要，在经济和技术条件可行的情况下，尽量减少使用高浓铀。我们愿在"加纳模式"基础上，本着自愿务实的原则，协助有关国家改造从中国进口的高浓铀微堆。我们还将总结改造高浓铀微堆的多方合作模式，供其他有兴趣的国家参考。

第三，中国将实施加强放射源安全行动计划。为防止各国数量庞大的放射源被恐怖分子觊觎，我们将在未来五年内，进一步梳理境内放射源情况，健全安保制度，重点实现对高风险移动放射源的实时监控。我们愿同其他国家分享经验，共同提高放射源安全监管水平。

第四，中国将启动应对核恐怖危机技术支持倡议。我们将同有意愿的国家和组织一道，开展民用核材料分析、溯源等领域的科学研究，积极组织模拟演练，共同提升危机应对能力。

第五，中国将推广国家核电安全监管体系。中国实施最严格的安全监管，确保中国境内和对外出口的核电站安全可靠、万无一失。我们将依托国家核与辐射安全监管技术研发中心，帮助有需要的国家提升安全监管能力，为提高全球核电安全水平作出贡献。

各位同事！

春生夏长，秋收冬藏。有耕耘必有收获。只要我们精诚合作，持续加强核安全，核能造福人类的前景必将更加光明！

凝聚共识，促进对话，共创亚洲和平与繁荣的美好未来*

（二〇一六年四月二十八日）

各位外长，各位来宾，

女士们，先生们，朋友们：

"春夏之交，草木际天。"欢迎大家在这个生机盎然的时节来到北京。首先，我谨代表中国政府和人民，并以我个人的名义，对来自亚信成员国、观察员国的外长和代表以及有关国际组织的负责人和代表，表示诚挚的欢迎！对本次会议的召开，表示热烈的祝贺！

这次会议是亚信外长会首次在中国举行，也是新形势下促进亚洲安全和发展、推动亚信建设的一件大事。会议以"以对话促安全"为主题，凝聚各方共识，促进亚洲安全，谋求共同发展，加强亚信作用，促进信任和协作。这对亚洲乃至世界安全和繁荣具有重要意义。

当今世界正处在前所未有的历史性变革之中。和

* 这是习近平同志在北京举行的亚信第五次外长会议开幕式上的讲话。

平、发展、合作、共赢的时代潮流不可阻挡，同时我们所处的星球并不太平，维护世界和平、促进共同发展仍然任重道远。

在世界和平与发展进程中，亚洲具有独特而重要的地位。今天的亚洲，和平稳定是大势所趋，发展繁荣是民心所向。亚洲经济领跑全球，区域合作和一体化进程方兴未艾，亚洲在全球发展全局中的战略地位不断上升。同时，亚洲局部动荡冲突等传统安全问题仍然存在，恐怖主义等非传统安全威胁日益突出，区域安全合作亟待加强。

在二〇一四年亚信上海峰会上，我倡议树立共同、综合、合作、可持续的亚洲安全观，走出一条共建共享共赢的亚洲安全之路。两年来，国际和地区形势发展变化表明，维护地区安全需要大家共同努力。我们要坚持和践行亚洲安全观，凝聚共识，促进对话，加强协作，推动构建具有亚洲特色的安全治理模式，共创亚洲和平与繁荣的美好未来。为此，我们要重点在以下方面作出努力。

第一，把握方向，构建亚洲命运共同体。亚洲各国安危与共、命运相系。我们要发展合作共赢的新型伙伴关系，相互尊重，平等相待，守望相助，同舟共济，在追求本国利益时兼顾各国合理关切，在谋求本国发展时促进各国共同发展，在维护本国安全时尊重各国安全，一起来促进地区和平、稳定、繁荣。我们要深化军事政治、新威胁新挑战、经济、人文、环保等领域安全和信任措施建设合作，共同为亚洲安全和发展撑起一片蓝天。

第二，夯实基础，推动不同文明交流互鉴。亚洲民族、宗教、文化多样，社会制度、发展道路、经济发展水平各异，对有关安全问题的认知和关切不尽相同。在这样的情况下，我们要加强交流、加强沟通，把亚洲多样性转化为扩大交流合作的动力，推动不同文明包容互鉴、共同发展，为维护地区和平稳定发挥作用。各方可以通过参与亚洲文明对话大会等平台和手段，汇聚智慧和力量，为地区安全综合治理营造更加深厚的基础。

第三，互谅互让，坚持对话协商和平解决争议。"恃德者昌，恃力者亡。"弱肉强食有违时代潮流，穷兵黩武缔造不了和平，互谅互让才能带来稳定，坚守道义才能赢得持久安全。我们要坚持通过对话协商，依据国际法，坚持以和平方式解决争议问题，以对话增互信，以对话解纷争，以对话促安全。针对复杂的地区热点问题，有关各方要保持冷静、坚守和平，避免采取使局势升级的行动，通过建立规则机制管控危机，通过增进互信缓和紧张，通过政治手段化解危机，逐步推动问题解决。

第四，循序渐进，探讨建立符合地区特点的安全架构。亚洲存在多个安全合作机制，在维护地区安全方面都发挥着一定作用。我们要坚持和发扬亚洲国家长期以来形成的相互尊重、协商一致、照顾各方舒适度的亚洲方式，加强地区各项安全机制协调，围绕彼此一致或相近目标逐步开展合作，形成合力，求得实效。在此基础上，可以逐步探讨构建符合亚洲特点的地区安全合作新架构。亚信非政府论坛等平台可以就此进行研讨，就地区安全合作的原则、重点方向等提出设想和建议。

当今世界，合作潮流浩浩荡荡，包容理念深入人心。亚洲国家和人民有能力更有需要通过对话和合作维护亚洲安全和发展环境。亚洲一贯具有开放包容的传统，也拥有登高望远的智慧。我们欢迎域外国家为亚洲和平与发展贡献正能量，同亚洲国家一起促进亚洲安全稳定和发展繁荣。亚洲稳定了、发展了，对世界有利；亚洲混乱了、衰落了，对世界不利。这是近代以来亚洲历史告诉人们的一个深刻道理。

女士们、先生们、朋友们！

中国奉行和平外交政策，提出并带头践行共同、综合、合作、可持续的亚洲安全观，始终是国际和地区安全的维护者、建设者、贡献者。中国坚定不移走和平发展道路，坚定不移维护以联合国宪章宗旨和原则为核心的国际秩序，坚定不移推动构建以合作共赢为核心的新型国际关系，致力于打造人类命运共同体。长期以来，中国同国际社会一道，共同应对国际和地区安全风险、挑战、危机，作出了积极贡献。

世界关注亚洲，亚洲影响世界。当前，涉及亚洲安全形势的一些热点问题受到国际社会高度关注，中国为推动这些问题解决作出了积极努力。

今年年初以来，朝鲜半岛局势持续紧张。中国为管控形势、推动各方对话谈判付出巨大努力。我们坚持朝鲜半岛无核化，坚持维护半岛和平稳定，坚持通过对话协商解决问题。作为联合国安理会常任理事国，中国全面完整执行联合国安理会有关决议。作为半岛近邻，我们决不允许半岛生战生乱，一旦发生这样的情况对谁都没有好处。希望各方保持克制，不要相互刺激和激化矛盾，而是要共同努力，把半岛核问题早日拉回到对话谈判解决的轨道，推动实现东北亚长治久安。

阿富汗正处于关键转型期，面临多方面挑战，需要国际社会大力支持。中国积极参与阿富汗问题伊斯坦布尔进程，支持阿富汗和平重建，支持"阿人主导，阿人所有"的包容性政治和解进程。中国真诚希望阿富汗早日实现和平、稳定、发展，愿同国际社会一道，继续为阿富汗和平重建、政治和解、顺利转型提供支持和帮助。

叙利亚、巴以等问题早日解决既符合当事各方利益，也是国际社会共同期盼。中国历来主张通过政治谈判推动有关问题和平解决，一直以各种方式积极劝和促谈，并将会继续为此作出努力。中国为伊朗核问题全面协议的达成发挥了建设性作用，愿同各方一道，继续推动全面协议的后续执行。

一段时间以来，各方都很关心南海问题。我想强调，中国一贯致力于维护南海地区和平稳定，坚定维护自身在南海的主权和相关权利，坚持通过同直接当事国友好协商谈判和平解决争议。中方愿同东盟国家一道努力，将南海建设成为和平之海、友谊之海、合作之海。

女士们、先生们、朋友们！

自二〇一四年接任亚信主席国以来，中国认真履行职责，推进亚信各领域对话合作，取得积极成果。未来两年，中国将连任主席国，愿同各方一道推动亚信在地区安全和发展事务中发挥更大作用。在此，我谨对各方对中方主席国工作的大力支持和配合，表示衷心的感谢！

当前，中国人民正在为实现全面建成小康社会奋斗目标、实现中华民族伟大复兴的中国梦而团结奋斗。中国发展将继续为各国创造更多机遇、给各国民众带来更多福祉。中国人民将在追求中国梦的过程中帮助和支持各国人民实现各自的美好梦想，一道实现持久和平、共同繁荣的亚洲梦，共创亚洲美好未来！

最后，预祝本次会议取得圆满成功！

谢谢大家。

推进"一带一路"建设，努力拓展改革发展新空间[*]

（二〇一六年四月二十九日）

"一带一路"建设是我国在新的历史条件下实行全方位对外开放的重大举措、推行互利共赢的重要平台。我们必须以更高的站位、更广的视野，在吸取和借鉴历史经验的基础上，以创新的理念和创新的思维，扎扎实实做好各项工作，使沿线各国人民实实在在感受到"一带一路"给他们带来的好处。

中央政治局这次学习安排这个题目，主要是想通过了解丝绸之路和海上丝绸之路的历史文化，总结历史经验，为新形势下推进"一带一路"建设提供借鉴。"一带一路"倡议提出来后，一石激起千层浪，外界反响很大，各方都在响应。各方之所以反映强烈，主要是因为这个倡议顺应了时代要求和各国加快发展的愿望，具有深厚历史渊源和人文基础。从我们自己的情况来看，这

---

* 这是习近平同志主持中共十八届中央政治局第三十一次集体学习时讲话的要点。

个倡议符合我国经济发展内生性要求，也有助于带动我国边疆民族地区发展。

"一带一路"倡议，唤起了沿线国家的历史记忆。古代丝绸之路是一条贸易之路，更是一条友谊之路。在中华民族同其他民族的友好交往中，逐步形成了以和平合作、开放包容、互学互鉴、互利共赢为特征的丝绸之路精神。在新的历史条件下，我们提出"一带一路"倡议，就是要继承和发扬丝绸之路精神，把我国发展同沿线国家发展结合起来，把中国梦同沿线各国人民的梦想结合起来，赋予古代丝绸之路以全新的时代内涵。

推进"一带一路"建设，要处理好我国利益和沿线国家利益的关系，政府、市场、社会的关系，经贸合作和人文交流的关系，对外开放和维护国家安全的关系，务实推进和舆论引导的关系，国家总体目标和地方具体目标的关系。

我国是"一带一路"的倡导者和推动者，但建设"一带一路"不是我们一家的事。"一带一路"建设不应仅仅着眼于我国自身发展，而是要以我国发展为契机，让更多国家搭上我国发展快车，帮助他们实现发展目标。我们要在发展自身利益的同时，更多考虑和照顾其他国家利益。要坚持正确义利观，以义为先、义利并举，不急功近利，不搞短期行为。要统筹我国同沿线国家的共同利益和具有差异性的利益关切，寻找更多利益交汇点，调动沿线国家积极性。我国企业走出去既要重视投资利益，更要赢得好名声、好口碑，遵守驻在国法律，承担更多社会责任。

推进"一带一路"建设，既要发挥政府把握方向、统筹协调作用，又要发挥市场作用。政府要在宣传推介、加强协调、建立机制等方面发挥主导性作用，同时要注意构建以市场为基础、企业为主体的区域经济合作机制，广泛调动各类企业参与，引导更多社会力量投入"一带一路"建设，努力形成政府、市场、社会有机结合的合作模式，形成政府主导、企业参与、民间促进的立体格局。

人文交流合作也是"一带一路"建设的重要内容。真正要建成"一带一路"，必须在沿线国家民众中形成一个相互欣赏、相互理解、相互尊重的人文格局。民心相通是"一带一路"建设的重要内容，也是"一带一路"建设的人文基础。要坚持经济合作和人文交流共同推进，注重在人文领域精耕细作，尊重各国人民文化历史、风俗习惯，加强同沿线国家人民的友好往来，为"一带一路"建设打下广泛社会基础。要加强同沿线国家在安全领域的合作，努力打造利益共同体、责任共同体、命运共同体，共同营造良好环境。要重视和做好舆论引导工作，通过各种方式，讲好"一带一路"故事，传播好"一带一路"声音，为"一带一路"建设营造良好舆论环境。

"一带一路"建设既要确立国家总体目标，也要发挥地方积极性。地方的规划和目标要符合国家总体目标，服从大局和全局。要把主要精力放在提高对外开放水平、增强参与国际竞争能力、倒逼转变经济发展方式和调整经济结构上来。要立足本地实际，找准位置，发挥优势，取得扎扎实实的成果，努力拓展改革发展新空间。

为构建中美新型
大国关系而不懈努力[*]

（二〇一六年六月六日）

克里国务卿，

雅各布·卢财长，

各位来宾，

女士们，先生们，朋友们：

今天，第八轮中美战略与经济对话和第七轮中美人文交流高层磋商在北京举行。首先，我对对话和磋商的开幕，表示衷心的祝贺！对远道而来的美国朋友，表示热烈的欢迎！

三年前的这个时节，我同奥巴马总统在安纳伯格庄园举行会晤，双方同意加强战略沟通，拓展务实合作，妥善管控分歧，努力构建中美新型大国关系。

一分耕耘，一分收获。三年耕耘，我们有了不少收获。在双方努力下，中美两国在双边、地区、全球层面

---

* 这是习近平同志在北京举行的第八轮中美战略与经济对话和第七轮中美人文交流高层磋商联合开幕式上的讲话。

众多领域开展合作，推动两国关系发展取得新成果。两国贸易额和双向投资达到历史新高，人文和地方交流更加密切，网络、执法等领域合作和两军交往取得新进展。两国发表了三个气候变化联合声明，同国际社会一道推动达成具有历史意义的《巴黎协定》。两国在朝鲜半岛核、伊朗核、阿富汗、叙利亚等热点问题上也保持了有效沟通和协调。这些合作给中美双方带来了实实在在的利益，也有力促进了亚太地区及世界和平、稳定、发展。

三年的成果来之不易，也给了我们很多启示，最根本的一条就是双方要坚持不冲突不对抗、相互尊重、合作共赢的原则，坚定不移推进中美新型大国关系建设。这个选择符合中美两国人民根本利益，也是各国人民普遍愿望。无论国际风云如何变幻，我们都应该坚持这个大方向，毫不动摇为之努力。

现在，我们正处在一个快速发展变化的世界里。世界多极化、经济全球化、社会信息化深入推进，各种挑战层出不穷，各国利益紧密相连。零和博弈、冲突对抗早已不合时宜，同舟共济、合作共赢成为时代要求。作为世界上最大的发展中国家、最大的发达国家和前两大经济体，中美两国更应该从两国人民和各国人民根本利益出发，勇于担当，朝着构建中美新型大国关系的方向奋力前行。

——我们要增强两国互信。中国人历来讲究"信"。

二千多年前，孔子就说："人而无信，不知其可也。"信任是人与人关系的基础、国与国交往的前提。我们要防止浮云遮眼，避免战略误判，就要通过经常性沟通，积累战略互信。这个问题解决好了，中美合作基础就会更加坚实，动力就会更加强劲。

——我们要积极拓展两国互利合作。建交三十七年来，中美合作内涵和外延不断扩大，两国人民从中受益。要秉持共赢理念，不断提高合作水平。当前，要着力加强宏观经济政策协调，同有关各方一道推动二十国集团领导人杭州峰会取得积极成果，向国际社会传递信心，为世界经济注入动力。要全力争取早日达成互利共赢的中美投资协定，打造经贸合作新亮点。要深化两国在气候变化、发展、网络、反恐、防扩散、两军、执法等领域交流合作，加强双方在重大国际和地区以及全球性问题上的沟通和协调，给两国人民带来更多实际利益，为世界和平、稳定、繁荣提供更多公共产品。

——我们要妥善管控分歧和敏感问题。中美两国各具特色，历史、文化、社会制度、民众诉求等不尽相同，双方存在一些分歧是难以避免的。世界是多样的，没有分歧就没有世界。一个家庭里还经常有这样那样的分歧。有了分歧并不可怕，关键是不要把分歧当成采取对抗态度的理由。有些分歧是可以通过努力解决的，双方应该加把劲，把它们解决掉。有些分歧可能一时解决不了，双方应该多从对方的具体处境着想，以务实和建设性的态度加以管控。只要双方遵循相互尊重、平等相待原则，坚持求同存异、聚同化异，就没有过不去的坎，中美两国关系就能避免受到大的干扰。

——我们要就亚太事务加强沟通和合作。宽广的太平洋不应该成为各国博弈的竞技场，而应该成为大家包容合作的大平台。中国奉行亲诚惠容的周边外交理念，始终致力于促进亚太和平、稳定、发展。中美在亚太地区拥有广泛共同利益，应该保持经常性对话，开展更多合作，应对各种挑战，努力培育两国共同而非排他的"朋友圈"，都做地区繁荣稳定的建设者和守护者。

——我们要厚植两国人民友谊。人民友好交往是国与国关系的源头活水。中美关系发展的基础是两国人民相互了解和友谊。我多次到访美国，无论是艾奥瓦州的老朋友，还是塔科马市林肯中学可爱的孩子们，对中国人民都抱有友好情谊，让我深受感动。我高兴地看到，去年两国人员往来近五百万人次。双方要为两国各界交往搭建更多平台、提供更多便利，让中美友好薪火相传、生生不息。

女士们、先生们、朋友们！

今年是中国实施"十三五"规划开局之年。中国将贯彻全面建成小康社会、全面深化改革、全面依法治国、全面从严治党的战略布局，落实创新、协调、绿色、开放、共享的发展理念，着力推进供给侧结构性改革，推动转方式调结构，继续完善对外开放布局。我们对实现中国经济社会发展既定目标充满信心。中国将会为世界提供更多发展机遇，将会同包括美国在内的世界各国开展更密切的合作。

中国坚定不移走和平发展道路，倡导各国共同走和平发展道路，推动构建以合作共赢为核心的新型国际关系，打造人类命运共同体。我们愿同世界各国加强合作，共同维护以联合国宪章宗旨和原则为核心的国际秩序和国际体系，推动国际秩序朝着更加公正合理的方向发展，让我们生活的这个星球更加美好。

女士们、先生们、朋友们！

中美战略与经济对话和人文交流高层磋商机制为增进两国战略互信、拓展互利合作、加深两国人民友谊发挥了重要作用。我向双方工作团队，向所有关心、支持对话和磋商的两国各界人士，表示衷心的感谢！希望双方团队不负重托、再接再厉，在接下来的两天里深入沟通、积累共识，取得更多实际成果。

中国宋代诗人辛弃疾有一句名句，叫作"青山遮不住，毕竟东流去"。意思是天下的大江大河千回百转，历经多少曲折，最终都会奔流到海。只要我们坚定方向、锲而不舍，就一定能推动中美新型大国关系建设得到更大发展，更好造福两国人民和各国人民。

最后，祝本轮中美战略与经济对话和人文交流高层磋商取得圆满成功！

谢谢大家。

共同推进中国—中亚—西亚经济走廊建设[*]

（二〇一六年六月二十二日）

二〇一三年我访问中亚期间，提出共同建设丝绸之路经济带的倡议，得到包括乌兹别克斯坦在内国际社会广泛支持和积极响应。此后，我又提出建设二十一世纪海上丝绸之路的倡议。

丝绸之路是历史留给我们的伟大财富。"一带一路"倡议是中国根据古丝绸之路留下的宝贵启示，着眼于各国人民追求和平与发展的共同梦想，为世界提供的一项充满东方智慧的共同繁荣发展的方案。

三年来，"一带一路"建设在探索中前进、在发展中完善、在合作中成长。我们以共商、共建、共享为"一带一路"建设的原则，以和平合作、开放包容、互学互鉴、互利共赢的丝绸之路精神为指引，以打造命运共同体和利益共同体为合作目标，得到沿线国家广泛认

---

* 这是习近平同志在乌兹别克斯坦最高会议立法院的演讲《携手共创丝绸之路新辉煌》的一部分。

同。截至目前，共有七十多个国家和国际组织积极参与"一带一路"建设，中方制定出台了推动共建"一带一路"的愿景与行动文件，并同三十多个国家签署了共建"一带一路"的合作协议。我们的朋友圈越来越广，"一带一路"建设逐渐成为沿线各国人民共同的梦想。

我上次来访时，卡里莫夫总统对我说，乌兹别克斯坦有句谚语叫"空口袋立不起来"。三年来，沿线各国聚焦政策沟通、设施联通、贸易畅通、资金融通、民心相通，不断深化合作，已经在多个方面取得积极成果。中国同二十个国家签署了产能合作协议，同"一带一路"沿线十七个国家共同建设了四十六个境外合作区，中国企业累计投资超过一百四十亿美元，为当地创造六万个就业岗位。亚洲基础设施投资银行正式运营，五十七个国家积极参与其中；丝路基金、中国—欧亚经济合作基金等顺利组建。中国每年资助一万名沿线国家新生来华学习或研修。二○一五年，中国同"一带一路"参与国双边贸易额突破一万亿美元，占中国外贸总额的百分之二十五，中国企业对"一带一路"沿线四十九个国家的直接投资额近一百五十亿美元、同比增长百分之十八；"一带一路"参与国对华投资额超过八十二亿美元、同比增长百分之二十五。"一带一路"建设已经初步完成规划和布局，正在向落地生根、深耕细作、持久发展的阶段迈进。

综合起来看，"一带一路"沿线国家市场规模和资源禀赋优势明显，互补性强，潜力巨大，前景广阔。"知者善谋，不如当时。"中方愿同包括乌兹别克斯坦在内的各方一道把握历史机遇，应对各种风险挑战，推动"一带一路"建设向更高水平、更广空间迈进。

第一，构建"一带一路"互利合作网络。中国愿同"一带一路"沿线国家一道，顺应时代潮流，弘扬丝绸之路精神，增进互信，巩固友好，深化合作，加大相互支持，在自愿、平等、互利原则基础上，携手构建务实进取、包容互鉴、开放创新、共谋发展的"一带一路"互利合作网络，共同致力于重振全球经济。

第二，共创"一带一路"新型合作模式。中国愿秉持共商、共建、共享原则，以"一带一路"沿线各国发展规划对接为基础，以贸易和投资自由化便利化为纽带，以互联互通、产能合作、人文交流为支柱，以金融互利合作为重要保障，积极开展双边和区域合作，努力开创"一带一路"新型合作模式。中国将不断加大投入，为"一带一路"建设提供全方位支持，使合作成果惠及各方。

第三，打造"一带一路"多元合作平台。中国愿同伙伴国家携手努力，推动各国政府、企业、社会机构、民间团体开展形式多样的互利合作，增强企业自主参与意愿，吸收社会资本参与合作项目，共同打造"一带一路"沿线国家多主体、全方位、跨领域的互利合作新平台。

第四，推进"一带一路"重点领域项目。中国愿同伙伴国家一道，大力推进六大国际经济合作走廊建设，开办更多产业集聚区和经贸合作区，抓好重点领域合作。中国将同伙伴国家一道，继续完善基础设施网络，共同确定一批能够提升区域整体合作水平的互联互通项目，研究开展大通关合作；全面推进国际产能合作，继续向各国提供优质和环境友好的产能和先进技术装备，帮助有关伙伴国家优化产业布局、提高工业化水平；加强金融创新和合作，扩大同伙伴国家本币结算规模和范围，促进沿线国家离岸人民币业务发展，创新金融产品；加强人文领域合作，深入开展教育、科技、文化、体育、旅游、卫生、考古等领域合作，建立大数据交流平台，共同打造"一带一路"智库合作网络。

这其中，我们要着力深化环保合作，践行绿色发展理念，加大生态环境保护力度，携手打造"绿色丝绸之路"；着力深化医疗卫生合作，加强在传染病疫情通报、疾病防控、医疗救援、传统医药领域互利合作，携手打造"健康丝绸之路"；着力深化人才培养合作，中方倡议成立"一带一路"职业技术合作联盟，培养培训各类专业人才，携手打造"智力丝绸之路"；着力深化安保合作，践行共同、综合、合作、可持续的亚洲安全观，推动构建具有亚洲特色的安全治理模式，携手打造"和平丝绸之路"。

中亚是古丝绸之路必经之地。三年来，中亚国家积极参与"一带一路"建设，率先取得一系列重要早期收获，起到了示范作用。中国同中亚国家共建"一带一路"具备历史传统优势、地缘文化优势、政治法律优势，得到各国人民广泛支持和赞同。中国将中亚地区视为共建"一带一路"的重点合作地区和重要合作伙伴。双方要加强发展战略和规划对接，共同寻找合作切入点，不断提高合作水平。我们愿同中亚国家共同推进中国—中亚—西亚经济走廊建设。

中国将于二〇一七年举办"一带一路"国际高峰论坛。希望以这一论坛为平台，同伙伴国家坦诚交流，集思广益、凝聚共识，共商"一带一路"建设大计。

共创中俄关系更加美好的明天[*]

（二〇一六年六月二十五日）

尊敬的普京总统，

女士们，先生们，朋友们：

今天，我们在这里隆重庆祝《中俄睦邻友好合作条约》签署十五周年。首先，我谨代表中国政府和人民，并以我个人的名义，向长期致力于中俄友好事业的两国各界人士，致以最诚挚的问候！

十五年前，中俄双方在全面总结两国关系历史发展经验和成果的基础上，签署了《睦邻友好合作条约》，将两国不结盟、不对抗、不针对第三方的新型国家关系和世代友好的理念用法律形式固定下来，为两国关系在二十一世纪长远发展奠定了坚实法律基础。在条约宗旨和原则指导下，我们很快彻底解决了历史遗留的剩余边界问题，进而建立起平等信任、相互支持、共同繁荣、世代友好的全面战略协作伙伴关系，给两国人民带来了实实在在的利益，也为地区和世界和平、安全、稳定作

---

[*] 这是习近平同志在北京举行的《中俄睦邻友好合作条约》签署十五周年纪念大会上的讲话。

出了积极贡献。

十五年来，在条约精神指引下，中俄全面战略协作伙伴关系在高水平上快速向前发展，各领域合作取得丰硕成果。

——双方都把对方作为本国外交优先方向，和睦相处、平等相待，在涉及彼此核心利益问题上相互坚定支持，相互尊重并坚定支持对方走符合本国国情的发展道路，建立起高度政治互信。

——双方都把对方发展视为本国发展的机遇，相互坚定支持对方办好自己的事，相互坚定支持对方发展强大，相互给力借力，致力于共同发展，实现共同繁荣。

——双方建立起完备的高层交往机制，及时就彼此关切的重大问题密切沟通、深入磋商、坦诚交流，化解合作中出现的困难和问题，确保双边关系高水平运行。

——双方基于共赢原则开展互利互惠经济合作，双边贸易额十五年间增长了十倍多，合作领域从单纯贸易扩展到投资、融资、能源、航空航天、高技术、高铁、农业、地方等各个领域，合作方式从单纯买卖关系扩展到联合研发、联合生产，合作层次从边境贸易发展到战略性大项目，经济利益深度交融。

——双方人文交流蓬勃开展，国家年、语言年、旅游年、青年友好交流年相继成功举办，媒体交流年活动正在如火如荼开展，两国民众相互好感增多，传统友谊日益巩固。

——双方在国际和地区事务中密切协调和配合，在联合国、上海合作组织、亚信、金砖国家、中俄印、二十国集团等国际和地区组织中相互支持协作，共同推动国际和地区热点问题政治解决进程，完善全球治理体系，成为促进国际和平稳定的关键因素和建设性力量。

十五年来的实践充分证明，《中俄睦邻友好合作条约》确立的宗旨和原则符合中俄两国和两国人民根本利益，契合和平与发展的时代主题，能够经得住任何国际风云变幻的考验，具有强大生命力，这也正是中俄全面战略协作伙伴关系持续健康稳定发展的根本保证和取之不竭的动力。

女士们、先生们、朋友们！

十五年后的今天，我们两国人民对两国关系发展提出了新的要求。我同普京总统顺应两国人民愿望，顺应形势发展需要，基于条约确立的世代友好理念，为中俄全面战略协作伙伴关系深入发展作出新的规划。

——我们要以共同庆祝条约签署十五周年为契机，保持密切高层交往，持续巩固政治和战略互信，加大相互支持，彼此构筑牢固的战略支撑。

——我们要保持两国四千三百多公里共同边界和平安宁，还要积极开展边境地区合作，致力于把两国共同边界建成友谊和合作的牢固纽带。

——我们要在业已取得的经济合作成果基础上，深入推进两国发展战略对接和"一带一路"建设同欧亚经济联盟建设对接合作，进而在欧亚大陆发展更高水平、更深层次的经济合作关系，使中俄关系发展带来的福祉不仅惠及两国人民，还要惠及整个地区国家人民。

——我们要大力开展人文交流，特别是要发挥中俄友好、和平与发展委员会的主渠道作用，加强民间交往，广泛弘扬条约确立的和平理念，推动两国社会各界相识相知，使中俄世代友好代代相传。

——我们要坚持维护联合国宪章宗旨和原则及国际关系基本准则，加强国际战略协作，推动国际秩序朝着更加公正合理的方向发展，共同推动热点问题政治解决进程，维护好世界和平、安全、稳定。

女士们、先生们、朋友们！

《中俄睦邻友好合作条约》作为我们两国关系中的一个创举，在国际上产生了积极效应。我们有理由相信，随着国际形势深刻复杂变化，《中俄睦邻友好合作条约》的示范效应和强大生命力还将进一步显现。

历史潮流浩浩荡荡，时代的呼唤不可违，世界人民愿望不可逆，和平与发展大势不可挡。让我们继续携手并肩，坚定沿着《中俄睦邻友好合作条约》确定的方向，积极进取，开拓创新，共创中俄关系更加美好的明天，让我们的子孙后代永远生活在和平、友谊、阳光之中！

谢谢大家。

让"一带一路"建设
造福沿线各国人民[*]

（二〇一六年八月十七日）

总结经验、坚定信心、扎实推进，聚焦政策沟通、设施联通、贸易畅通、资金融通、民心相通，聚焦构建互利合作网络、新型合作模式、多元合作平台，聚焦携手打造绿色丝绸之路、健康丝绸之路、智力丝绸之路、和平丝绸之路，以钉钉子精神抓下去，一步一步把"一带一路"建设推向前进，让"一带一路"建设造福沿线各国人民。

党的十八大以后，党中央着眼于我国"十三五"时期和更长时期的发展，逐步明确了"一带一路"建设、京津冀协同发展、长江经济带发展三个大的发展战略。二〇一四年我们通过了《丝绸之路经济带和二十一世纪海上丝绸之路建设战略规划》，二〇一五年对外发布了《推动共建丝绸之路经济带和二十一世纪海上丝绸之路

---

* 这是习近平同志在推进"一带一路"建设工作座谈会上讲话的要点。

的愿景与行动》，有关地方和部门也出台了配套规划，在国际上引起较大反响。

目前，已经有一百多个国家和国际组织参与其中，我们同三十多个沿线国家签署了共建"一带一路"合作协议、同二十多个国家开展国际产能合作，联合国等国际组织也态度积极，以亚投行、丝路基金为代表的金融合作不断深入，一批有影响力的标志性项目逐步落地。"一带一路"建设从无到有、由点及面，进度和成果超出预期。

一个国家强盛才能充满信心开放，而开放促进一个国家强盛。党的十一届三中全会以来我国改革开放的成就充分证明，对外开放是推动我国经济社会发展的重要动力。随着我国经济总量跃居世界第二，随着我国经济发展进入新常态，我们要保持经济持续健康发展，就必须树立全球视野，更加自觉地统筹国内国际两个大局，全面谋划全方位对外开放大战略，以更加积极主动的姿态走向世界。

以"一带一路"建设为契机，开展跨国互联互通，提高贸易和投资合作水平，推动国际产能和装备制造合作，本质上是通过提高有效供给来催生新的需求，实现世界经济再平衡。特别是在当前世界经济持续低迷的情况下，如果能够使顺周期下形成的巨大产能和建设能力走出去，支持沿线国家推进工业化、现代化和提高基础设施水平的迫切需要，有利于稳定当前世界经济形势。

推进"一带一路"建设,一是要切实推进思想统一,坚持各国共商、共建、共享,遵循平等、追求互利,牢牢把握重点方向,聚焦重点地区、重点国家、重点项目,抓住发展这个最大公约数,不仅造福中国人民,更造福沿线各国人民。中国欢迎各方搭乘中国发展的"快车"、"便车",欢迎世界各国和国际组织参与到合作中来。二是要切实推进规划落实,周密组织,精准发力,进一步研究出台推进"一带一路"建设的具体政策措施,创新运用方式,完善配套服务,重点支持基础设施互联互通、能源资源开发利用、经贸产业合作区建设、产业核心技术研发支撑等战略性优先项目。三是要切实推进统筹协调,坚持陆海统筹,坚持内外统筹,加强政企统筹,鼓励国内企业到沿线国家投资经营,也欢迎沿线国家企业到我国投资兴业,加强"一带一路"建设同京津冀协同发展、长江经济带发展等国家战略的对接,同西部开发、东北振兴、中部崛起、东部率先发展、沿边开发开放的结合,带动形成全方位开放、东中西部联动发展的局面。四是要切实推进关键项目落地,以基础设施互联互通、产能合作、经贸产业合作区为抓手,实施好一批示范性项目,多搞一点早期收获,让有关国家不断有实实在在的获得感。五是要切实推进金融创新,创新国际化的融资模式,深化金融领域合作,打造多层次金融平台,建立服务"一带一路"建设长期、稳定、可持续、风险可控的金融保障体系。六是要切实推进民心相通，弘扬丝路精神，推进文明交流互鉴，重视人文合作。七是要切实推进舆论宣传，积极宣传"一带一路"建设的实实在在成果，加强"一带一路"建设学术研究、理论支撑、话语体系建设。八是要切实推进安全保障，完善安全风险评估、监测预警、应急处置，建立健全工作机制，细化工作方案，确保有关部署和举措落实到每个部门、每个项目执行单位和企业。

中国发展新起点，全球增长新蓝图[*]

（二〇一六年九月三日）

女士们，先生们，朋友们：

下午好！很高兴同大家在杭州相聚。明天，二十国集团领导人峰会就要拉开帷幕。国际社会期待着这次峰会，工商、智库、劳动、妇女、青年等社会各界也期待着这次峰会。大家目标高度一致，那就是推动杭州峰会取得丰硕成果。

杭州是中国的一个历史文化重镇和商贸中心。千百年来，从白居易到苏东坡，从西湖到大运河，杭州的悠久历史和文化传说引人入胜。杭州是创新活力之城，电子商务蓬勃发展，在杭州点击鼠标，联通的是整个世界。杭州也是生态文明之都，山明水秀，晴好雨奇，浸透着江南韵味，凝结着世代匠心。

我曾在浙江工作了六个年头，熟悉这里的山水草木、风土人情，参与和见证了这里的发展。在中国，像杭州这样的城市有很多，在过去几十年经历了大发展、

---

　　* 这是习近平同志在杭州举行的二十国集团工商峰会开幕式上的主旨演讲。

大变化，许许多多普通家庭用勤劳的双手改变了自己的生活。这一点一滴的变化，集合起来就是磅礴的力量，推动着中国发展进步，折射出中国改革开放的伟大进程。

——这是探索前行的进程。一个十三亿多人口的大国实现现代化，在人类历史上没有先例可循。中国的发展注定要走一条属于自己的道路。我们"摸着石头过河"，不断深化改革开放，不断探索前进，开创和发展了中国特色社会主义。

——这是真抓实干的进程。我们紧紧抓住经济建设这个中心不放松，与时俱进，开拓创新，靠着拼劲、闯劲、干劲，靠着钉钉子精神，把中国建成世界第二大经济体、最大货物贸易国、第三大对外直接投资国，人均国内生产总值接近八千美元。

——这是共同富裕的进程。发展为了人民、发展依靠人民、发展成果由人民共享，这是中国推进改革开放和社会主义现代化建设的根本目的。改革开放以来，中国有七亿多人口摆脱贫困，十三亿多人民的生活质量和水平大幅度提升，用几十年时间完成了其他国家几百年走过的发展历程。

——这是中国走向世界、世界走向中国的进程。我们奉行独立自主的和平外交政策，坚持对外开放的基本国策，敞开大门搞建设，从大规模引进来到大踏步走出去，积极推动建设更加公正合理的国际秩序，中国同外部世界的互动持续加深，中国的朋友遍布世界。

女士们、先生们、朋友们！

改革开放三十八年过去，弹指一挥间。今天，随着中国经济体量的增大以及同世界的合作不断加深，中国经济走向受到外界关注。很多人都关心，中国经济能否实现持续稳定增长？中国能否把改革开放推进下去？中国能否避免陷入"中等收入陷阱"？

行胜于言。中国用实际行动对这些问题作出了回答。今年年初，中国出台了国民经济和社会发展第十三个五年规划纲要，围绕全面建成小康社会奋斗目标，针对发展不平衡、不协调、不可持续等突出问题，强调要牢固树立和坚决贯彻创新、协调、绿色、开放、共享的发展理念。

今天的中国，已经站在新的历史起点上。这个新起点，就是中国全面深化改革、增加经济社会发展新动力的新起点，就是中国适应经济发展新常态、转变经济发展方式的新起点，就是中国同世界深度互动、向世界深度开放的新起点。我们有信心、有能力保持经济中高速增长，继续在实现自身发展的同时为世界带来更多发展机遇。

——在新的起点上，我们将坚定不移全面深化改革，开拓更好发展前景。中国经济发展进入新常态，这是中国经济向形态更高级、分工更优化、结构更合理阶段演进的必经过程。要在新常态下保持经济中高速增长，必须依靠改革。因循守旧没有出路，畏缩不前坐失良机。中国改革的方向已经明确、不会动摇；中国改革的步伐将坚定向前、不会放慢。

中国改革已经进入攻坚期和深水区，我们将以壮士断腕的勇气、凤凰涅槃的决心，敢于向积存多年的顽瘴痼疾开刀，敢于触及深层次利益关系和矛盾，把改革进行到底。我们将继续推进供给侧结构性改革，解决好当前经济发展中的主要矛盾，通过优化要素配置和调整产业结构提高供给体系质量和效率，激发市场活力，促进协调发展。我们将继续创新体制机制、突破利益固化藩篱，全面推进依法治国，更好发挥市场在资源配置中的决定性作用，更好发挥政府作用。

——在新的起点上，我们将坚定不移实施创新驱动发展战略，释放更强增长动力。抓住科技创新就抓住了发展的牛鼻子。我们清醒认识到，中国经济发展不少领域大而不强、大而不优，长期以来主要依靠资源、资本、劳动力等要素投入支撑经济增长和规模扩张的方式已不可持续，中国发展正面临着动力转换、方式转变、结构调整的繁重任务。建设创新型国家和世界科技强国，是中国发展的迫切要求和必由之路。

我们正在实施创新驱动发展战略，发挥创新第一动力的作用，努力实现从量的增长向质的提升转变。我们将推广发展理念、体制机制、商业模式等全方位、多层次、宽领域的大创新，在推动发展的内生动力和活力上来一个根本性转变。我们将力争在重大项目、重点方向率先突破，积极牵头实施国际大科学计划和大科学工程。我们将深入研究和解决经济和产业发展急需的科技问题，围绕促进转方式调结构、建设现代产业体系、培育战略性新兴产业、发展现代服务业等方面需求推动科技成果转移转化，推动产业和产品向价值链中高端跃升，塑造更多依靠创新驱动、更多发挥先发优势的引领性发展。

——在新的起点上，我们将坚定不移推动绿色发展，谋求更佳质量效益。我多次说过，绿水青山就是金山银山，保护环境就是保护生产力，改善环境就是发展生产力。这个朴素的道理正得到越来越多人们的认同。

我们将毫不动摇实施可持续发展战略，坚持绿色低碳循环发展，坚持节约资源和保护环境的基本国策。我们推动绿色发展，也是为了主动应对气候变化和产能过剩问题。今后五年，中国单位国内生产总值用水量、能耗、二氧化碳排放量将分别下降百分之二十三、百分之十五、百分之十八。我们要建设天蓝、地绿、水清的美丽中国，让老百姓在宜居的环境中享受生活，切实感受到经济发展带来的生态效益。

从二○一六年开始，我们正大力推进供给侧结构性改革，主动调节供求关系，要用五年时间再压减粗钢产能一亿至一亿五千万吨，用三至五年时间再退出煤炭产能五亿吨左右、减量重组五亿吨左右。这是我们从自身长远发展出发，从去产能、调结构、稳增长出发，自主采取的行动。中国在去产能方面，力度最大，举措最实，说到就会做到。

——在新的起点上，我们将坚定不移推进公平共享，增进更多民众福祉。民惟邦本，本固邦宁。坚持以人民为中心，就要扎扎实实体现在经济社会发展各方面各环节。

我们将顺应人民对美好生活的向往，不断提高人民生活质量和水平，健全公共服务体系，扩大中等收入者比重。特别是要加大对困难群众精准帮扶力度，在二〇二〇年前实现现行标准下五千七百多万农村贫困人口全部脱贫，贫困县全部摘帽。改革开放以来，中国使七亿多人摆脱贫困，占全球减贫人口的百分之七十以上，为世界减贫事业作出了重大贡献。中国将继续为全球反贫困作出贡献。我们将更加注重公平公正，在做大发展蛋糕的同时分好蛋糕，从人民最关心最直接最现实的利益问题出发，让百姓有更多成就感和获得感。

——在新的起点上，我们将坚定不移扩大对外开放，实现更广互利共赢。奉行互利共赢的开放战略，不断创造更全面、更深入、更多元的对外开放格局，是中国的战略选择。中国对外开放不会停滞，更不会走回头路。

我们将继续深入参与经济全球化进程，支持多边贸易体制。我们将加大放宽外商投资准入，提高便利化程度，促进公平开放竞争，全力营造优良营商环境。同时，我们将加快同有关国家商签自由贸易协定和投资协定，推进国内高标准自由贸易试验区建设。在有序开展人民币汇率市场化改革、逐步开放国内资本市场的同时，我们将继续推动人民币走出去，提高金融业国际化水平。

中国的发展得益于国际社会，也愿为国际社会提供更多公共产品。我提出"一带一路"倡议，旨在同沿线各国分享中国发展机遇，实现共同繁荣。丝绸之路经济带一系列重点项目和经济走廊建设已经取得重要进展，二十一世纪海上丝绸之路建设正在同步推进。我们倡导创建的亚洲基础设施投资银行，已经开始在区域基础设施建设方面发挥积极作用。

我想特别指出，中国倡导的新机制新倡议，不是为了另起炉灶，更不是为了针对谁，而是对现有国际机制的有益补充和完善，目标是实现合作共赢、共同发展。中国对外开放，不是要一家唱独角戏，而是要欢迎各方共同参与；不是要谋求势力范围，而是要支持各国共同发展；不是要营造自己的后花园，而是要建设各国共享的百花园。

我们落实上述改革发展举措的决心是坚定的。这些举措已经初见成效。今年上半年，中国经济增长百分之六点七，产业升级和结构调整步伐加快，最终消费支出对国内生产总值的贡献率达到百分之七十三点四，第三产业增加值占到国内生产总值的百分之五十四点一，居民收入稳定增长，城镇新增就业七百一十七万人。可以相信，中国的发展前景一定会越来越好，对世界的贡献一定会越来越大！

女士们、先生们、朋友们！

当前，世界经济在深度调整中曲折复苏，正处于新旧增长动能转换的关键时期。上一轮科技和产业革命提供的动能面临消退，新一轮增长动能尚在孕育。现在，保护主义抬头，国际贸易和投资低迷，多边贸易体制发展面临瓶颈，区域贸易安排丛生，导致规则碎片化。地缘政治因素错综复杂，政治安全冲突和动荡、难民危机、气候变化、恐怖主义等地区热点和全球性挑战，对世界经济的影响不容忽视。

面对当前世界经济的复杂形势和风险挑战，国际社会对二十国集团、对杭州峰会抱有很高期待。在去年二十国集团领导人安塔利亚峰会上，我提出要对世界经济把准脉、开好方。中方希望同各方一道，推动杭州峰会开出一剂标本兼治、综合施策的药方，推动世界经济走上强劲、可持续、平衡、包容增长之路。

第一，建设创新型世界经济，开辟增长源泉。创新是从根本上打开增长之锁的钥匙。以互联网为核心的新一轮科技和产业革命蓄势待发，人工智能、虚拟现实等新技术日新月异，虚拟经济与实体经济的结合，将给人们的生产方式和生活方式带来革命性变化。这种变化不会一蹴而就，也不会一帆风顺，需要各国合力推动，在充分放大和加速其正面效应的同时，把可能出现的负面影响降到最低。

中方把创新增长方式设定为杭州峰会重点议题，推动制定《二十国集团创新增长蓝图》，目的就是要向创新要动力，向改革要活力，把握创新、新科技革命和产业变革、数字经济的历史性机遇，提升世界经济中长期增长潜力。这是二十国集团首次围绕创新采取行动，我们要把各国实施创新政策的力量汇集一处，做到理念上有共识、行动上有计划、机制上有保障。我们要针对全球经济增长低迷的突出问题，在宏观经济政策上进行创新，把财政货币和结构性改革政策有效组合起来。

第二，建设开放型世界经济，拓展发展空间。世界经济发展的历史证明，开放带来进步，封闭导致落后。重回以邻为壑的老路，不仅无法摆脱自身危机和衰退，而且会收窄世界经济共同空间，导致"双输"局面。

"轻关易道，通商宽农。"这是建设开放型世界经济的应有之义。中方把贸易和投资摆上二十国集团重要议程。我们推动二十国集团加强贸易和投资机制建设，制定全球贸易增长战略和全球投资指导原则，巩固多边贸易体制，重申反对保护主义承诺。我们希望通过这些举措，为各国发展营造更大市场和空间，重振贸易和投资这两大引擎。

第三，建设联动型世界经济，凝聚互动合力。在经济全球化时代，各国发展环环相扣，一荣俱荣，一损俱损。没有哪一个国家可以独善其身，协调合作是必然选择。我们要在世界经济共振中实现联动发展。

我们应该加强政策规则的联动，一方面通过宏观经济政策协调放大正面外溢效应，减少负面外部影响，另一方面倡导交流互鉴，解决制度、政策、标准不对称问题。我们应该夯实基础设施的联动，中方发起全球基础设施互联互通联盟倡议，推动多边开发银行发表联合愿景声明，加大对基础设施项目的资金投入和智力支持，以加速全球基础设施互联互通进程。我们应该增进利益共赢的联动，推动构建和优化全球价值链，扩大各方参与，打造全球增长共赢链。

第四，建设包容型世界经济，夯实共赢基础。消除贫困和饥饿，推动包容和可持续发展，不仅是国际社会的道义责任，也能释放出不可估量的有效需求。据有关统计，现在世界基尼系数已经达到零点七左右，超过了公认的零点六"危险线"，必须引起我们的高度关注。同时，全球产业结构调整给不同产业和群体带来了冲击。我们要正视和妥善处理这一问题，努力让经济全球化更具包容性。

为实现上述目标，今年二十国集团首次把发展问题置于全球宏观政策框架核心位置，首次就落实二〇三〇年可持续发展议程制定行动计划，首次就支持非洲国家和最不发达国家工业化开展合作，具有开创性意义。各方一致承诺推动气候变化《巴黎协定》尽快生效。我们还就能源可及性、能效、可再生能源、创业制定共同行动计划，加强粮食安全和农业合作。我们关心不同阶层和群体特别是困难群众的需求，推动各国讨论公共管理和再分配政策调整。

我们希望向国际社会传递这样一个信号：二十国集团不仅属于二十个成员，也属于全世界。我们的目标是让增长和发展惠及所有国家和人民，让各国人民特别是发展中国家人民的日子都一天天好起来！

女士们、先生们、朋友们！

一个行动胜过一打纲领。二十国集团成员应该同国际社会一道坚定信念、立即行动，从以下方面作出努力。

第一，共同维护和平稳定的国际环境。历史一再证明，没有和平就没有发展，没有稳定就没有繁荣。各国安全紧密相关，没有哪个国家可以独善其身，也没有哪个国家可以包打天下。抛弃过时的冷战思维，树立共同、综合、合作、可持续的新安全观是当务之急。我们呼吁各国珍惜难能可贵的和平和安宁，为维护全球和地区稳定发挥建设性作用。各国都应该坚持联合国宪章宗旨和原则，坚持多边主义，通过对话协商解决分歧和争端，寻求而不是破坏共识，化解而不是制造矛盾，推动国际秩序朝着更加公正合理的方向发展。

和衷共济、和合共生是中华民族的历史基因，也是东方文明的精髓。中国坚定不移走和平发展道路。国强必霸的逻辑不适用，穷兵黩武的道路走不通。中国是联合国安理会常任理事国中派遣维和人员最多的国家，不久前在马里和南苏丹牺牲的联合国维和人员中就有中国人民的优秀儿子。我们将继续履行好国际义务，始终做世界和平的建设者和维护者。

第二，共同构建合作共赢的全球伙伴关系。在经济全球化的今天，没有与世隔绝的孤岛。同为地球村居民，我们要树立人类命运共同体意识。伙伴精神是二十国集团最宝贵的财富，也是各国共同应对全球性挑战的选择。

我们应该求同存异、聚同化异，共同构建合作共赢的新型国际关系。国家不论大小、强弱、贫富，都应该平等相待，既把自己发展好，也帮助其他国家发展好。大家都好，世界才能更美好。

我们应该加强在重大全球性问题上的沟通和协调，为实现世界和平、稳定、繁荣提供更多公共产品。我们应该建立健全宏观经济政策协调机制，考虑国内政策的联动效应和传导影响，推动正面而非负面溢出效应。我们应该以伙伴关系为依托，秉持共赢理念，加强各领域务实合作，不断扩大合作内涵和外延，推动取得符合人民期待的合作成果。我们应该促进不同国家、不同文化和历史背景的人们深入交流，增进彼此理解，携手构建人类命运共同体。

第三，共同完善全球经济治理。常言说，小智治事，大智治制。面对世界经济形势的发展演变，全球经济治理需要与时俱进、因时而变。全球经济治理应该以平等为基础，更好反映世界经济格局新现实，增加新兴市场国家和发展中国家代表性和发言权，确保各国在国际经济合作中权利平等、机会平等、规则平等。

全球经济治理应该以开放为导向，坚持理念、政策、机制开放，适应形势变化，广纳良言，充分听取社会各界建议和诉求，鼓励各方积极参与和融入，不搞排他性安排，防止治理机制封闭化和规则碎片化。全球经济治理应该以合作为动力，全球性挑战需要全球性应对，合作是必然选择，各国要加强沟通和协调，照顾彼此利益关切，共商规则，共建机制，共迎挑战。全球经济治理应该以共享为目标，提倡所有人参与，所有人受益，不搞一家独大或者赢者通吃，而是寻求利益共享，实现共赢目标。

当前形势下，全球经济治理特别要抓住以下重点：共同构建公正高效的全球金融治理格局，维护世界经济稳定大局；共同构建开放透明的全球贸易和投资治理格局，巩固多边贸易体制，释放全球经贸投资合作潜力；共同构建绿色低碳的全球能源治理格局，推动全球绿色发展合作；共同构建包容联动的全球发展治理格局，以落实联合国二〇三〇年可持续发展议程为目标，共同增进全人类福祉！

二十国集团领导人峰会已经举行十届，正处在关键发展节点上。中方主办杭州峰会的目标之一，是推动二十国集团实现从短期政策向中长期政策转型，从危机应对向长效治理机制转型，巩固其作为全球经济治理重要平台的地位。

女士们、先生们、朋友们！

工商界是促进增长的生力军。中方把工商峰会安排在领导人峰会前夕举行，就是要充分汇集工商界的思想和智慧。我高兴地看到，二十国集团工商界人士积极参与全年会议进程，同其他各界人士一道，针对二十国集团关注重点，围绕金融促增长、贸易和投资、基础设施建设、中小企业发展、就业、反腐败等议题提出意见和建议，为二十国集团政策制定提供了重要参考，为杭州峰会作出了积极贡献。

女士们、先生们、朋友们！

这几天，正值钱塘江大潮，"弄潮儿向涛头立。手把红旗旗不湿"。我同各位一样，期待着二十国集团勇做世界经济的弄潮儿。相信在各方一道努力下，杭州峰会一定能够取得成功！

最后，我祝这次工商峰会取得圆满成功！

谢谢大家。

从巴黎到杭州，
应对气候变化在行动[*]

（二〇一六年九月三日）

尊敬的奥巴马总统，

尊敬的潘基文秘书长，

女士们，先生们，朋友们：

我们相聚西子湖畔，共同见证中美两国交存批准气候变化《巴黎协定》法律文书，重申承诺，加速行动，意义重大。

气候变化关乎人民福祉，关乎人类未来。去年年底达成的《巴黎协定》具有里程碑意义，它为二〇二〇年后的全球合作应对气候变化明确了方向，标志着合作共赢、公正合理的全球气候治理体系正在形成。

中国为应对气候变化作出了重要贡献。中国倡议二十国集团发表了首份气候变化问题主席声明，率先签署了《巴黎协定》。我作为中国国家主席，今天根据全国

---

* 这是习近平同志在杭州举行的中美气候变化《巴黎协定》批准文书交存仪式上的讲话。

人大常委会的决定批准了《巴黎协定》。我现在向联合国交存批准文书，这是中国政府作出的新的庄严承诺。

中国是最大的发展中国家，美国是最大的发达国家。中美两国在气候变化领域开展了卓有成效的对话和合作，为《巴黎协定》达成发挥了关键作用。在二十国集团领导人杭州峰会前夕，两国共同交存参加《巴黎协定》法律文书，展示了共同应对全球性问题的雄心和决心，也将带动更多国家行动起来，为《巴黎协定》早日生效奠定重要基础。我们欢迎中美双方率先完成二十国集团框架下化石燃料补贴同行审议报告，这有利于促进经济结构性改革，也是对全球应对气候变化挑战的贡献。

"功崇惟志，业广惟勤。"国际社会应该以落实《巴黎协定》为契机，加倍努力，有效应对气候变化挑战。

——我们要不断加强和完善全球治理体系。《巴黎协定》的达成启示我们，应对气候变化等全球性挑战，非一国之力，更非一日之功。只有团结协作，才能凝聚力量，有效克服国际政治经济环境变动带来的不确定因素。只有持之以恒，才能积累共识，逐步形成有效持久的全球解决框架。只有共商共建共享，才能保护好地球，建设人类命运共同体。

——我们要创新应对气候变化路径。实现可持续发展，要有新的全球视野。老路走不通，创新是出路。要积极运用全球变化综合观测、大数据等新手段，深化气候变化科学基础研究。要加快创新驱动，以低碳经济推动发展，转变传统生产和消费方式。要以关键技术突破支撑能源、交通、建筑等重点行业战略性减排。要增强脆弱领域适应能力，大力发展气候适应型经济。科技创新只有打破利益藩篱，才能有效服务全人类。

——我们要推动《巴黎协定》早日生效和全面落实。中方支持潘基文秘书长今年九月在联合国举办高级别会议，动员更多国家交存《巴黎协定》批准文书，中方呼吁二十国集团成员继续发挥表率作用。我们要坚持共同但有区别的责任原则、公平原则、各自能力原则，按照巴黎大会授权，稳步推进后续谈判。发达国家要履行承诺，提供资金技术支持，增强发展中国家应对气候变化能力。

中国是负责任的发展中大国，是全球气候治理的积极参与者。中国已经向世界承诺将于二〇三〇年左右使二氧化碳排放达到峰值，并争取尽早实现。中国将落实创新、协调、绿色、开放、共享的发展理念，坚持尊重自然、顺应自然、保护自然，坚持节约资源和保护环境的基本国策，全面推进节能减排和低碳发展，迈向生态文明新时代。

让我们从杭州再出发，呵护绿色家园，建设美丽星球。

谢谢大家！

构建创新、活力、联动、包容的世界经济[*]

（二〇一六年九月四日）

各位同事：

我宣布，二十国集团领导人杭州峰会开幕！

很高兴同大家相聚杭州。首先，我谨对各位同事的到来，表示热烈欢迎！

去年，二十国集团领导人安塔利亚峰会开得很成功。我也愿借此机会，再次感谢去年主席国土耳其的出色工作和取得的积极成果。土耳其以"共同行动以实现包容和稳健增长"作为峰会主题，从"包容、落实、投资"三方面推动产生成果，中国一直积极评价土耳其在担任主席国期间开展的各项工作。

去年十一月，我在安塔利亚向大家介绍，上有天堂，下有苏杭，相信杭州峰会将给大家呈现一种历史和现实交汇的独特韵味。今天，当时的邀请已经变成现实。在座的有老朋友，也有新朋友，大家齐聚杭州，共

———————

* 这是习近平同志在二十国集团领导人杭州峰会上的开幕词。

商世界经济发展大计。

未来两天，我们将围绕峰会主题，就加强宏观政策协调、创新增长方式，更高效的全球经济金融治理，强劲的国际贸易和投资，包容和联动式发展，影响世界经济的其他突出问题等议题展开讨论。

八年前，在国际金融危机最紧要关头，二十国集团临危受命，秉持同舟共济的伙伴精神，把正在滑向悬崖的世界经济拉回到稳定和复苏轨道。这是一次创举，团结战胜了分歧，共赢取代了私利。这场危机，让人们记住了二十国集团，也确立了二十国集团作为国际经济合作主要论坛的地位。

八年后的今天，世界经济又走到一个关键当口。科技进步、人口增长、经济全球化等过去数十年推动世界经济增长的主要引擎都先后进入换挡期，对世界经济的拉动作用明显减弱。上一轮科技进步带来的增长动能逐渐衰减，新一轮科技和产业革命尚未形成势头。主要经济体先后进入老龄化社会，人口增长率下降，给各国经济社会带来压力。经济全球化出现波折，保护主义、内顾倾向抬头，多边贸易体制受到冲击。金融监管改革虽有明显进展，但高杠杆、高泡沫等风险仍在积聚。如何让金融市场在保持稳定的同时有效服务实体经济，仍然是各国需要解决的重要课题。

在这些因素综合作用下，世界经济虽然总体保持复苏态势，但面临增长动力不足、需求不振、金融市场反复动荡、国际贸易和投资持续低迷等多重风险和挑战。

二十国集团聚集了世界主要经济体，影响和作用举足轻重，也身处应对风险挑战、开拓增长空间的最前沿。国际社会对二十国集团充满期待，对这次峰会寄予厚望。我们需要通过各自行动和集体合力，直面问题，共寻答案。希望杭州峰会能够在以往的基础上，为世界经济开出一剂标本兼治、综合施策的药方，让世界经济走上强劲、可持续、平衡、包容增长之路。

第一，面对当前挑战，我们应该加强宏观经济政策协调，合力促进全球经济增长、维护金融稳定。二十国集团成员应该结合本国实际，采取更加全面的宏观经济政策，使用多种有效政策工具，统筹兼顾财政、货币、结构性改革政策，努力扩大全球总需求，全面改善供给质量，巩固经济增长基础。应该结合制定和落实《杭州行动计划》，继续加强政策协调，减少负面外溢效应，共同维护金融稳定，提振市场信心。

第二，面对当前挑战，我们应该创新发展方式，挖掘增长动能。二十国集团应该调整政策思路，做到短期政策和中长期政策并重，需求侧管理和供给侧改革并重。今年，我们已经就《二十国集团创新增长蓝图》达成共识，一致决定通过创新、结构性改革、新工业革命、数字经济等新方式，为世界经济开辟新道路，拓展新边界。要沿着这一方向坚定走下去，帮助世界经济彻底摆脱复苏乏力、增长脆弱的局面，为世界经济迎来新一轮增长和繁荣打下坚实基础。

第三，面对当前挑战，我们应该完善全球经济治理，夯实机制保障。二十国集团应该不断完善国际货币金融体系，优化国际金融机构治理结构，充分发挥国际货币基金组织特别提款权作用。应该完善全球金融安全网，加强在金融监管、国际税收、反腐败领域合作，提高世界经济抗风险能力。今年，我们重启了二十国集团国际金融架构工作组，希望继续向前推进，不断提高有效性。

第四，面对当前挑战，我们应该建设开放型世界经济，继续推动贸易和投资自由化便利化。保护主义政策如饮鸩止渴，看似短期内能缓解一国内部压力，但从长期看将给自身和世界经济造成难以弥补的伤害。二十国集团应该坚决避免以邻为壑，做开放型世界经济的倡导者和推动者，恪守不采取新的保护主义措施的承诺，加强投资政策协调合作，采取切实行动促进贸易增长。我们应该发挥基础设施互联互通的辐射效应和带动作用，帮助发展中国家和中小企业深入参与全球价值链，推动全球经济进一步开放、交流、融合。

第五，面对当前挑战，我们应该落实二〇三〇年可持续发展议程，促进包容性发展。实现共同发展是各国人民特别是发展中国家人民的普遍愿望。据有关统计，现在世界基尼系数已经达到零点七左右，超过了公认的零点六"危险线"，必须引起我们的高度关注。今年，我们把发展置于二十国集团议程的突出位置，共同承诺积极落实二〇三〇年可持续发展议程，并制定了行动计划。同时，我们还将通过支持非洲和最不发达国家工业化、提高能源可及性、提高能效、加强清洁能源和可再生能源利用、发展普惠金融、鼓励青年创业等方式，减少全球发展不平等和不平衡，使各国人民共享世界经济增长成果。

各位同事！

二十国集团承载着世界各国期待，使命重大。我们要努力把二十国集团建设好，为世界经济繁荣稳定把握好大方向。

第一，与时俱进，发挥引领作用。二十国集团应该根据世界经济需要，调整自身发展方向，进一步从危机应对向长效治理机制转型。面对重大突出问题，二十国集团有责任发挥领导作用，展现战略视野，为世界经济指明方向，开拓路径。

第二，知行合一，采取务实行动。承诺一千，不如落实一件。我们应该让二十国集团成为行动队，而不是清谈馆。今年，我们在可持续发展、绿色金融、提高能效、反腐败等诸多领域制定了行动计划，要把每一项行动落到实处。

第三，共建共享，打造合作平台。我们应该继续加强二十国集团机制建设，确保合作延续和深入。广纳良言，充分倾听世界各国特别是发展中国家声音，使二十国集团工作更具包容性，更好回应各国人民诉求。

第四，同舟共济，发扬伙伴精神。伙伴精神是二十国集团最宝贵的财富。我们虽然国情不同、发展阶段不同、面临的现实挑战不同，但推动经济增长的愿望相同，应对危机挑战的利益相同，实现共同发展的憧憬相同。只要我们坚持同舟共济的伙伴精神，就能够克服世界经济的惊涛骇浪，开辟未来增长的崭新航程。

各位同事！

在杭州峰会筹备过程中，中国始终秉持开放、透明、包容的办会理念，同各成员保持密切沟通和协调。我们还举办了各种形式的外围对话，走进联合国，走进非盟总部，走进七十七国集团，走进最不发达国家、内陆国、小岛国，向世界各国，以及所有关心二十国集团的人们介绍杭州峰会筹备情况，倾听各方利益诉求。各方提出的意见和建议对这次峰会的筹备都发挥了重要作用。

我期待在接下来两天的讨论中，我们能够集众智、聚合力，努力让杭州峰会实现促进世界经济增长、加强国际经济合作、推动二十国集团发展的目标。

让我们以杭州为新起点，引领世界经济的航船，从钱塘江畔再次扬帆启航，驶向更加广阔的大海！

谢谢大家。

提高我国参与全球治理的能力[*]

（二〇一六年九月二十七日）

随着国际力量对比消长变化和全球性挑战日益增多，加强全球治理、推动全球治理体系变革是大势所趋。我们要抓住机遇、顺势而为，推动国际秩序朝着更加公正合理的方向发展，更好维护我国和广大发展中国家共同利益，为实现"两个一百年"奋斗目标、实现中华民族伟大复兴的中国梦营造更加有利的外部条件，为促进人类和平与发展的崇高事业作出更大贡献。

党的十八大以来，我们抓住机遇、主动作为，坚决维护以联合国宪章宗旨和原则为核心的国际秩序，坚决维护中国人民以巨大民族牺牲换来的第二次世界大战胜利成果，提出"一带一路"倡议，发起成立亚洲基础设施投资银行等新型多边金融机构，促成国际货币基金组织完成份额和治理机制改革，积极参与制定海洋、极地、网络、外空、核安全、反腐败、气候变化等新兴领域治理规则，推动改革全球治理体系中不公正不合理的安排。

---

* 这是习近平同志主持中共十八届中央政治局第三十五次集体学习时讲话的要点。

刚刚结束的二十国集团领导人杭州峰会，是近年来我国主办的级别最高、规模最大、影响最深的国际峰会。我们运用议题和议程设置主动权，打造亮点，突出特色，开出气势，形成声势，引导峰会形成一系列具有开创性、引领性、机制性的成果，实现了为世界经济指明方向、为全球增长提供动力、为国际合作筑牢根基的总体目标。在这次峰会上，我们首次全面阐释我国的全球经济治理观，首次把创新作为核心成果，首次把发展议题置于全球宏观政策协调的突出位置，首次形成全球多边投资规则框架，首次发布气候变化问题主席声明，首次把绿色金融列入二十国集团议程，在二十国集团发展史上留下了深刻的中国印记。

全球治理格局取决于国际力量对比，全球治理体系变革源于国际力量对比变化。我们要坚持以经济发展为中心，集中力量办好自己的事情，不断增强我们在国际上说话办事的实力。我们要积极参与全球治理，主动承担国际责任，但也要尽力而为、量力而行。

随着时代发展，现行全球治理体系不适应的地方越来越多，国际社会对变革全球治理体系的呼声越来越高。推动全球治理体系变革是国际社会大家的事，要坚持共商共建共享原则，使关于全球治理体系变革的主张转化为各方共识，形成一致行动。要坚持为发展中国家发声，加强同发展中国家团结合作。

要把能做的事情、已经形成广泛共识的事情先做起来。当前，要拓展杭州峰会成果，巩固和发挥好二十国集团全球经济治理主平台作用，推动二十国集团向长效治理机制转型。要深入推进"一带一路"建设，推动各方加强规划和战略对接。要深化上海合作组织合作，加强亚信、东亚峰会、东盟地区论坛等机制建设，整合地区自由贸易谈判架构。要加大对网络、极地、深海、外空等新兴领域规则制定的参与，加大对教育交流、文明对话、生态建设等领域的合作机制和项目支持力度。

党的十八大以来，我们提出践行正确义利观，推动构建以合作共赢为核心的新型国际关系、打造人类命运共同体，打造遍布全球的伙伴关系网络，倡导共同、综合、合作、可持续的安全观，等等。这些理念得到国际社会广泛欢迎。要继续向国际社会阐释我们关于推动全球治理体系变革的理念，坚持要合作而不要对抗，要双赢、多赢、共赢而不要单赢，不断寻求最大公约数、扩大合作面，引导各方形成共识，加强协调合作，共同推动全球治理体系变革。

要提高我国参与全球治理的能力，着力增强规则制定能力、议程设置能力、舆论宣传能力、统筹协调能力。参与全球治理需要一大批熟悉党和国家方针政策、了解我国国情、具有全球视野、熟练运用外语、通晓国际规则、精通国际谈判的专业人才。要加强全球治理人才队伍建设，突破人才瓶颈，做好人才储备，为我国参与全球治理提供有力人才支撑。

坚定信心，共谋发展[*]

（二○一六年十月十六日）

尊敬的莫迪总理，

尊敬的祖马总统，

尊敬的特梅尔总统，

尊敬的普京总统，

女士们，先生们，朋友们：

很高兴来到美丽的果阿。感谢莫迪总理和印度政府为本次会晤所作的精心组织和周到安排。二○一四年，我访问过印度，勤勉奋进的印度人民、瑰丽多彩的印度文化给我留下深刻印象。

金秋十月是收获的季节，今年也恰逢金砖国家合作十周年。"十年磨一剑。"金砖国家十年耕耘，十年收获。金砖国家一步一个脚印，合作不断走深走实，发展为具有重要影响的国际机制，取得了丰硕成果。

——这是共谋发展、不断前行的十年。我们坚持发展优先，集中精力发展经济、改善民生，取得了突出成

---

* 这是习近平同志在印度果阿举行的金砖国家领导人第八次会晤大范围会议上的讲话。

就。十年来，五国经济总量在世界经济中的比重从百分之十二上升到百分之二十三，贸易总额比重从百分之十一上升到百分之十六，对外投资比重从百分之七上升到百分之十二，三十亿人民的生活质量日益改善，金砖国家在国际上的地位和作用不断提升。

——这是拓展合作、互利共赢的十年。我们秉持开放、包容、合作、共赢的金砖精神，努力构建全方位、多层次的合作架构，合作领域不断拓展，合作机制不断完善，合作成果不断涌现。我们设立新开发银行和建立应急储备安排，推动节能和提高能效合作，加强气候变化立场协调，彰显了金砖国家合作的行动力和有效性，开辟了南南合作新路径。

——这是敢于担当、有所作为的十年。我们携手应对国际金融危机冲击，为促进全球经济金融稳定作出重要贡献。国际货币基金组织报告指出，过去十年，金砖国家对世界经济增长的贡献超过百分之五十。我们秉持国际公平正义，在重大国际和地区问题上共同发声、仗义执言。我们积极推进全球经济治理改革进程，大大提升了新兴市场国家和发展中国家的代表性和发言权。

各位同事！

"明镜所以照形，古事所以知今。"我们回顾过去，是为了继往开来，再铸辉煌。

当前，世界经济复苏势头仍然脆弱，全球贸易和投资低迷，大宗商品价格持续波动，引发国际金融危机的深层次矛盾远未解决。一些国家政策内顾倾向加重，保护主义抬头，"逆全球化"思潮暗流涌动。地缘政治因素错综复杂，传统和非传统安全风险相互交织，恐怖主义、传染性疾病、气候变化等全球性挑战更加凸显。金砖国家发展面临着复杂、严峻的外部环境。

本次领导人会晤以"打造有效、包容、共同的解决方案"为主题，很有针对性。在国际大环境带来的挑战面前，我们必须坚定信心，共同面对。

经过十年发展，金砖国家合作已经是枝繁叶茂、树大根深。我们完全有能力化挑战为机遇，化压力为动力，同舟共济，共克时艰。我们要贡献金砖国家的智慧和力量，携手寻找应对之道。

第一，共同建设开放世界。开放是实现国家繁荣富强的根本出路。我们要遵循历史发展的客观规律，顺应当今时代发展潮流，推进结构性改革，创新增长方式，构建开放型经济，旗帜鲜明反对各种形式的保护主义。我们要加强宏观经济政策协调，以推进经贸大市场、金融大流通、基础设施大联通、人文大交流为抓手，走向国际开放合作最前沿，在国际舞台上积极发挥引领作用。

第二，共同勾画发展愿景。实现包容和可持续发展，既是各国人民的共同期许，也是世界经济持续稳定增长的动力源泉。我们要继续高举发展旗帜，结合落实二〇三〇年可持续发展议程和二十国集团领导人杭州峰会成果，加强南北对话和南南合作，用新思路、新理念、新举措为国际发展合作注入新动力、开辟新空间，推动全球经济实现强劲、可持续、平衡、包容增长。

第三，共同应对全球性挑战。金砖国家同呼吸、共命运，既是息息相关的利益共同体，更是携手前行的行动共同体。我们要加强在重大国际问题以及地区热点上的协调沟通，共同行动，推动热点问题的政治解决，携手应对自然灾害、气候变化、传染病疫情、恐怖主义等全球性问题。既要联合发声，倡导国际社会加大投入，也要采取务实行动，推动解决实际问题，注重标本兼治、综合施策，从根源上化解矛盾，为国际社会实现长治久安作出贡献。

第四，共同维护公平正义。公平正义的全球治理是实现各国共同发展的必要条件。我们要继续做全球治理变革进程的参与者、推动者、引领者，推动国际秩序朝着更加公正合理的方向发展，继续提升新兴市场国家和发展中国家代表性和发言权。我们要继续做国际和平事业的捍卫者，坚持按照联合国宪章宗旨、原则和国际关系准则，按照事情本身的是非曲直处理问题，释放正能量，推动构建合作共赢的新型国际关系。

第五，共同深化伙伴关系。金砖国家是真诚相待的好朋友、好兄弟、好伙伴，这种友谊和合作必将不断深化。我们要以落实《金砖国家经济伙伴战略》为契机，深化拓展各领域经济合作，提升金砖国家整体竞争力。我们要把金砖国家新开发银行和应急储备安排这两个机制建设好、维护好、发展好，为发展中国家经济发展提供有力保障。我们要加强人文交流，促进民心相通，夯实金砖国家合作的民意基础。我们要继续扩大和巩固金砖国家"朋友圈"，保持开放、包容，谋求共同发展。

各位同事！

中国是金砖机制的坚定支持者和参与者，把金砖国家合作作为中国外交的重要方向，相信金砖国家合作会有力促进世界和平、稳定、繁荣。明年，中国将接任金砖国家轮值主席国，主办金砖国家领导人第九次会晤。我们深感重任在肩，同时也充满信心。我们将同各成员国一道，携手努力，规划金砖国家发展新蓝图。

谢谢大家。

深化伙伴关系，增强发展动力[*]

（二〇一六年十一月十九日）

布斯塔曼特主席先生，

亚太工商界各位代表，

女士们，先生们，朋友们：

很高兴同大家相会在美丽的利马。中国和秘鲁相距遥远，《英汉大词典》有一个词语，叫"从中国到秘鲁"，意思是走遍天下。今天，我们不远万里来到利马，共同的目标是探讨推进亚太发展思路和举措。

两个月前，二十国集团领导人杭州峰会成功举行。我同各国领导人一道，深入讨论世界经济面临的突出问题，形成许多重要共识。大家普遍认为，全球经济复苏仍然乏力，增长动力不足，经济全球化遇到波折，贸易和投资低迷，全球性挑战加剧世界经济不确定性。面对风险和挑战，各方要发扬同舟共济、合作共赢的伙伴精神，加强宏观政策协调，创新经济增长方式，构建开放型世界经济，推动强劲、可持续、平衡、包容增长。

---

* 这是习近平同志在秘鲁利马举行的亚太经合组织工商领导人峰会上的主旨演讲。

当前，亚太总体保持平衡发展态势，但也面临挑战，处在发展关键当口。作为全球经济规模最大、最具发展活力的地区，亚太要勇于担当，发挥引领作用，采取有力协调行动，为世界经济复苏注入新动力，为世界经济增长开辟新道路。

第一，促进经济一体化，建设开放型经济。开放是亚太经济的生命线。二十多年来，亚太经合组织成员坚持贸易自由化和便利化，贸易量年均增长百分之八，是同期经济增速的两倍多，为亚太经济增长提供了稳定动力。近年来，国际贸易发展进入低迷期。世界贸易组织预计，今年全球贸易增幅可能连续第五年低于经济增速。亚太面临相同压力，也亟待解决区域经济合作碎片化等挑战。任何区域贸易安排要获得广泛支持，必须坚持开放、包容、普惠、共赢。我们应该构建平等协商、共同参与、普遍受益的区域合作框架，封闭和排他性安排不是正确选择。

建设亚太自由贸易区，是事关亚太长远繁荣的战略举措，工商界朋友称之为"亚太经合组织之梦"。我们要坚定推进亚太自由贸易区建设，为亚太开放型经济提供制度保障。要重振贸易和投资的引擎作用，增强自由贸易安排开放性和包容性，维护多边贸易体制。

当前，围绕经济全球化有很多讨论，支持者有之，质疑者亦有之。总体而言，经济全球化符合经济规律，符合各方利益。同时，经济全球化是一把双刃剑，既为全球发展提供强劲动能，也带来一些新情况新挑战，需要认真面对。新一轮科技和产业革命正孕育兴起，国际分工体系加速演变，全球价值链深度重塑，这些都给经济全球化赋予新的内涵。亚太经合组织成立于经济全球化不断推进的时期，亚太取得的发展成就同经济全球化密不可分。我们要认识和把握自身发展和外部环境的互动变化，捕捉新机遇，定位新角色，创立新优势。同时，全球化也提出需要深入研究的新问题，我们要积极引导经济全球化发展方向，着力解决公平公正问题，让经济全球化进程更有活力、更加包容、更可持续，增强广大民众参与感、获得感、幸福感。

第二，促进互联互通，实现联动发展。互联互通是释放发展潜力的重要手段，也是实现联动发展的基础前提。我们要推动建立覆盖整个亚太的全方位、复合型互联互通网络。今年，亚太经合组织会议时隔八年重回拉美举行，我们要把握这一契机，推动太平洋两岸互联互通建设彼此对接，在更广范围内辐射和带动实体经济发展。要深入落实北京会议制定的互联互通蓝图，完善基础设施、制度规章、人员交流三位一体的互联互通架构，确保二〇二五年实现全面联接的目标。

三年前，我提出"一带一路"倡议，就是要以互联互通为着力点，促进生产要素自由便利流动，打造多元合作平台，实现共赢和共享发展。截至目前，共有一百多个国家和国际组织积极参与和支持，结成志同道合、互信友好、充满活力的"朋友圈"。亚洲基础设施投资银行开业运营，丝路基金顺利组建，一大批重大项目付诸实施，产生巨大经济社会效益。中国将同各方一道，秉持共商、共建、共享原则，推进政策沟通、道路联通、贸易畅通、货币流通、民心相通，实现发展战略对接，深化互利合作，为区域经济发展和民生改善注入强大动力。我们欢迎各方参与到合作中来，共享机遇，共迎挑战，共谋发展。

第三，促进改革创新，增强内生动力。亚太发展到今天，每迈出一步都要向改革要动力，向创新要活力。改革创新是好事，也是难事。中国古语说："遇事无难易，而勇于敢为。"拉美谚语说，"没有比缺乏意志更大的困难"。二〇一四年，亚太经合组织领导人在北京批准《经济创新发展、改革与增长共识》，为亚太地区走创新发展之路指明了方向。今年，二十国集团领导人杭州峰会通过《创新增长蓝图》，强调改革创新的重要意义，制定具体行动计划。

亚太各成员要落实好这些共识和原则，推进发展方式转变，下决心用改革推进经济结构调整，提高全要素生产率。要加强宏观政策协调，坚定推进结构性改革，强化正面溢出效应。要加快发展理念、模式、路径创新，激发社会创造力和市场活力，推动产业和产品向全球价值链中高端跃升，拓展发展新空间。

第四，促进合作共赢，深化伙伴关系。伙伴关系是亚太合作的重要纽带，也是共同应对当前挑战的必然选择。大家都认为二十一世纪是亚太世纪，但幸福不会从天而降。两年前，亚太经合组织领导人回顾二十五年合作历程，提出构建亚太伙伴关系的指导原则。去年，我们在马尼拉强调，要秉持亚太伙伴关系理念，发扬互信、包容、合作、共赢的精神。

我们要深化命运共同体意识，让彼此越走越近，而非渐行渐远。要不断提升区域合作的深度和广度，共同搭建平台，共同制定规则，共享发展成果，绝不应该相互拆台、相互排斥。要平等参与、充分协商，要相互帮助、共同发展，全力营造健康稳定的发展环境，不让任何因素干扰亚太发展进程。

女士们、先生们、朋友们！

实现亚太共同发展繁荣，需要加强区域层面合作，更需要每一个成员付出行动。作为人口最多的发展中国家，中国保持经济平稳健康发展，有力带动了亚太和全球经济增长。国际金融危机爆发后的几年间，中国为全球经济贡献了接近百分之四十的增量，对世界经济复苏起到重要支撑作用。近年来，在世界经济增长乏力的背景下，中国经济遇到一些困难和挑战。我们坚定信心、主动调整，经济增速仍然位居主要经济体前列，对世界经济增长的贡献率保持在百分之二十五以上。

今年是中国实施"十三五"规划开局之年，我们积极适应和引领经济发展新常态，坚持全面深化改革，坚持创新驱动发展，加快经济发展方式转变和经济结构调整，经济运行在合理区间。前三季度，中国经济增速为百分之六点七，最终消费支出对国内生产总值增长贡献率达到百分之七十一，第三产业增加值占国内生产总值比重上升至百分之五十二点八，单位国内生产总值能耗同比下降百分之五点二，新增城镇就业一千零六十七万人，城乡居民收入差距继续缩小。中国经济发展质量和效益不断提升，新动力正在强化，新业态不断出现，很多地区很多产业都在发生可喜变革，有利因素进一步累积。

中国正处在全面建成小康社会决胜阶段，我们以创新、协调、绿色、开放、共享五大发展理念为指引，以供给侧结构性改革为主线，培育新的经济结构，强化新的发展动能，推动中国经济平稳健康发展。

当前和今后一个时期，中国将着力从以下方面采取措施推动经济发展。

第一，着力推进供给侧结构性改革，加快转变经济发展方式。我们将全面深化经济体制改革，努力健全制度体系，使市场在资源配置中起决定性作用和更好发挥政府作用。我们在适度扩大总需求的同时，用改革的办法推进结构调整，促进产业优化重组，优化要素配置，增强供给结构对需求变化的适应性和灵活性，为经济持续健康发展提供源源不断的内生动力。

第二，着力促进创新发展，实现新旧动能转换。我们将坚持创新驱动发展战略，深化科技体制改革，破除思想障碍和制度藩篱，推动科技和经济社会发展深度融合，让一切创新源泉充分涌流。我们将加快产学研深度融合，让机构、人才、市场、资金都充分活跃起来，形成推进创新发展的强大活力。我们将推动新技术、新产业、新业态蓬勃发展，使创新成果转变为实实在在的经济活动，培育发展新动力。

第三，着力推进高水平双向开放，坚持互利共赢。我多次强调，中国开放的大门永远不会关上，只会越开越大。我们将实行更加积极主动的开放战略，创造更全面、更深入、更多元的对外开放格局。我们将加大放宽外商投资准入，推进国内高水平高标准自由贸易试验区建设，完善法治化、便利化、国际化的营商环境，促进内外资企业一视同仁、公平竞争。我相信，随着一系列重大改革举措的持续推进，中国投资软环境将更开放、更宽松、更透明，为外资企业分享中国发展机遇创造更为有利的条件。我们将鼓励更多企业走出去，扩大对外投资，搭建互利共赢合作新平台。我们将深入参与经济全球化进程，支持多边贸易体制，推进亚太自由贸易区建设，推动区域全面经济伙伴关系协定尽早结束谈判。

第四，着力实现共享发展、绿色发展，增进人民福祉。中国古语说："治国有常，而利民为本。"秘鲁谚语说："人民的声音就是上天的声音。"顺应人民群众对美好生活的向往，就要做到发展成果由人民共享。我们将完善再分配调节机制，在做大蛋糕的同时分好蛋糕，扩大中等收入群体。我们将大力推进脱贫攻坚战，在二〇二〇年前确保现行标准下五千五百七十五万农村贫困人口全部脱贫。我们将深入推进健康中国建设，为人民提供全生命周期的卫生与健康服务。绿水青山就是金山银山，我们将坚持可持续发展战略，推动绿色低碳循环发展，建设天蓝、地绿、水清的美丽中国，让人民切实感受到发展带来的生态效益。

中国经济发展前景是光明的。中国发展是世界的机遇。预计未来五年，中国进口总额将达到八万亿美元，利用外资总额将达到六千亿美元，对外投资总额将达到七千五百亿美元，出境旅游将达到七亿人次。这将为世界各国提供更广阔的市场、更充足的资本、更丰富的产品、更宝贵的合作契机。

女士们、先生们、朋友们！

二十五年前，中国正式成为亚太经合组织成员。二十五年里，中国同各成员风雨同舟，携手走过的是一条聚焦发展、共谋繁荣之路，是一条持续开放、深度融合之路，是一条锐意进取、勇敢创新之路，是一条互敬互助、共同发展之路。中国一步步走向亚太，亚太也一步步走向中国，中国已经成为绝大多数亚太经合组织成员主要贸易伙伴和出口市场。

大家都知道，拉美是地瓜等薯类作物的原产地。我曾给中国一些企业家举过地瓜的例子。地瓜的藤蔓向四面八方延伸，但它的块茎始终长在根基位置。同样道理，无论发展到什么程度，中国都将扎根亚太、建设亚太、造福亚太。中国坚定不移走和平发展道路，奉行互利共赢的开放战略，在谋求自身发展的同时积极带动亚太国家共同发展，为本地区人民创造更多机遇。

工商界是全球经济最活跃的力量，是推动改革、发展、创新的主力军。希望大家勇立潮头、积极行动，在合作中实现共赢，在耕耘中收获果实，为亚太乃至全球经济发展作出新贡献。

最后，我祝愿这次工商领导人峰会取得圆满成功！

谢谢大家。

共担时代责任，共促全球发展[*]

（二〇一七年一月十七日）

尊敬的洛伊特哈德主席和豪森先生，

尊敬的各国元首、政府首脑、副元首和夫人，

尊敬的国际组织负责人，

尊敬的施瓦布主席和夫人，

女士们，先生们，朋友们：

很高兴来到美丽的达沃斯。达沃斯虽然只是阿尔卑斯山上的一个小镇，却是一个观察世界经济的重要窗口。大家从四面八方会聚这里，各种思想碰撞出智慧的火花，以较少的投入获得了很高的产出。我看这个现象可以称作"施瓦布经济学"。

"这是最好的时代，也是最坏的时代"，英国文学家狄更斯曾这样描述工业革命发生后的世界。今天，我们也生活在一个矛盾的世界之中。一方面，物质财富不断积累，科技进步日新月异，人类文明发展到历史最高水平。另一方面，地区冲突频繁发生，恐怖主义、难民潮

---

* 这是习近平同志在瑞士达沃斯举行的世界经济论坛二〇一七年年会开幕式上的主旨演讲。

等全球性挑战此起彼伏，贫困、失业、收入差距拉大，世界面临的不确定性上升。

对此，许多人感到困惑，世界到底怎么了？

要解决这个困惑，首先要找准问题的根源。有一种观点把世界乱象归咎于经济全球化。经济全球化曾经被人们视为阿里巴巴的山洞，现在又被不少人看作潘多拉的盒子。国际社会围绕经济全球化问题展开了广泛讨论。

今天，我想从经济全球化问题切入，谈谈我对世界经济的看法。

我想说的是，困扰世界的很多问题，并不是经济全球化造成的。比如，过去几年来，源自中东、北非的难民潮牵动全球，数以百万计的民众颠沛流离，甚至不少年幼的孩子在路途中葬身大海，让我们痛心疾首。导致这一问题的原因，是战乱、冲突、地区动荡。解决这一问题的出路，是谋求和平、推动和解、恢复稳定。再比如，国际金融危机也不是经济全球化发展的必然产物，而是金融资本过度逐利、金融监管严重缺失的结果。把困扰世界的问题简单归咎于经济全球化，既不符合事实，也无助于问题解决。

历史地看，经济全球化是社会生产力发展的客观要求和科技进步的必然结果，不是哪些人、哪些国家人为造出来的。经济全球化为世界经济增长提供了强劲动力，促进了商品和资本流动、科技和文明进步、各国人民交往。

　　当然，我们也要承认，经济全球化是一把双刃剑。当世界经济处于下行期的时候，全球经济蛋糕不容易做大，甚至变小了，增长和分配、资本和劳动、效率和公平的矛盾就会更加突出，发达国家和发展中国家都会感受到压力和冲击。反全球化的呼声，反映了经济全球化进程的不足，值得我们重视和深思。

　　"甘瓜抱苦蒂，美枣生荆棘。"从哲学上说，世界上没有十全十美的事物，因为事物存在优点就把它看得完美无缺是不全面的，因为事物存在缺点就把它看得一无是处也是不全面的。经济全球化确实带来了新问题，但我们不能就此把经济全球化一棍子打死，而是要适应和引导好经济全球化，消解经济全球化的负面影响，让它更好惠及每个国家、每个民族。

　　当年，中国对经济全球化也有过疑虑，对加入世界贸易组织也有过忐忑。但是，我们认为，融入世界经济是历史大方向，中国经济要发展，就要敢于到世界市场的汪洋大海中去游泳，如果永远不敢到大海中去经风雨、见世面，总有一天会在大海中溺水而亡。所以，中国勇敢迈向了世界市场。在这个过程中，我们呛过水，遇到过漩涡，遇到过风浪，但我们在游泳中学会了游泳。这是正确的战略抉择。

　　世界经济的大海，你要还是不要，都在那儿，是回避不了的。想人为切断各国经济的资金流、技术流、产品流、产业流、人员流，让世界经济的大海退回到一个一个孤立的小湖泊、小河流，是不可能的，也是不符合历史潮流的。

人类历史告诉我们，有问题不可怕，可怕的是不敢直面问题，找不到解决问题的思路。面对经济全球化带来的机遇和挑战，正确的选择是，充分利用一切机遇，合作应对一切挑战，引导好经济全球化走向。

去年年底，我在亚太经合组织领导人非正式会议上提出，要让经济全球化进程更有活力、更加包容、更可持续。我们要主动作为、适度管理，让经济全球化的正面效应更多释放出来，实现经济全球化进程再平衡；我们要顺应大势、结合国情，正确选择融入经济全球化的路径和节奏；我们要讲求效率、注重公平，让不同国家、不同阶层、不同人群共享经济全球化的好处。这是我们这个时代的领导者应有的担当，更是各国人民对我们的期待。

女士们、先生们、朋友们！

当前，最迫切的任务是引领世界经济走出困境。世界经济长期低迷，贫富差距、南北差距问题更加突出。究其根源，是经济领域三大突出矛盾没有得到有效解决。

一是全球增长动能不足，难以支撑世界经济持续稳定增长。世界经济增速处于七年来最低水平，全球贸易增速继续低于经济增速。短期性政策刺激效果不佳，深层次结构性改革尚在推进。世界经济正处在动能转换的换挡期，传统增长引擎对经济的拉动作用减弱，人工智能、3D 打印等新技术虽然不断涌现，但新的经济增长点尚未形成。世界经济仍然未能开辟出一条新路。

二是全球经济治理滞后，难以适应世界经济新变化。前不久，拉加德女士告诉我，新兴市场国家和发展中国家对全球经济增长的贡献率已经达到百分之八十。过去数十年，国际经济力量对比深刻演变，而全球治理体系未能反映新格局，代表性和包容性很不够。全球产业布局在不断调整，新的产业链、价值链、供应链日益形成，而贸易和投资规则未能跟上新形势，机制封闭化、规则碎片化十分突出。全球金融市场需要增强抗风险能力，而全球金融治理机制未能适应新需求，难以有效化解国际金融市场频繁动荡、资产泡沫积聚等问题。

三是全球发展失衡，难以满足人们对美好生活的期待。施瓦布先生在《第四次工业革命》一书中写道，第四次工业革命将产生极其广泛而深远的影响，包括会加剧不平等，特别是有可能扩大资本回报和劳动力回报的差距。全球最富有的百分之一人口拥有的财富量超过其余百分之九十九人口财富的总和，收入分配不平等、发展空间不平衡令人担忧。全球仍然有七亿多人口生活在极端贫困之中。对很多家庭而言，拥有温暖住房、充足食物、稳定工作还是一种奢望。这是当今世界面临的最大挑战，也是一些国家社会动荡的重要原因。

这些问题反映出，当今世界经济增长、治理、发展模式存在必须解决的问题。国际红十字会创始人杜楠说过：“真正的敌人不是我们的邻国，而是饥饿、贫穷、无知、迷信和偏见。”我们既要有分析问题的智慧，更要有采取行动的勇气。

第一，坚持创新驱动，打造富有活力的增长模式。世界经济面临的根本问题是增长动力不足。创新是引领发展的第一动力。与以往历次工业革命相比，第四次工业革命是以指数级而非线性速度展开。我们必须在创新中寻找出路。只有敢于创新、勇于变革，才能突破世界经济增长和发展的瓶颈。

二十国集团领导人在杭州峰会上达成重要共识，要以创新为重要抓手，挖掘各国和世界经济增长新动力。我们要创新发展理念，超越财政刺激多一点还是货币宽松多一点的争论，树立标本兼治、综合施策的思路。我们要创新政策手段，推进结构性改革，为增长创造空间、增加后劲。我们要创新增长方式，把握好新一轮产业革命、数字经济等带来的机遇，既应对好气候变化、人口老龄化等带来的挑战，也化解掉信息化、自动化等给就业带来的冲击，在培育新产业新业态新模式过程中注意创造新的就业机会，让各国人民重拾信心和希望。

第二，坚持协同联动，打造开放共赢的合作模式。人类已经成为你中有我、我中有你的命运共同体，利益高度融合，彼此相互依存。每个国家都有发展权利，同时都应该在更加广阔的层面考虑自身利益，不能以损害其他国家利益为代价。

我们要坚定不移发展开放型世界经济，在开放中分享机会和利益、实现互利共赢。不能一遇到风浪就退回到港湾中去，那是永远不能到达彼岸的。我们要下大气力发展全球互联互通，让世界各国实现联动增长，走向共同繁荣。我们要坚定不移发展全球自由贸易和投资，在开放中推动贸易和投资自由化便利化，旗帜鲜明反对保护主义。搞保护主义如同把自己关进黑屋子，看似躲过了风吹雨打，但也隔绝了阳光和空气。打贸易战的结果只能是两败俱伤。

第三，坚持与时俱进，打造公正合理的治理模式。小智治事，大智治制。全球经济治理体系变革紧迫性越来越突出，国际社会呼声越来越高。全球治理体系只有适应国际经济格局新要求，才能为全球经济提供有力保障。

国家不分大小、强弱、贫富，都是国际社会平等成员，理应平等参与决策、享受权利、履行义务。要赋予新兴市场国家和发展中国家更多代表性和发言权。二○一○年国际货币基金组织份额改革方案已经生效，这一势头应该保持下去。要坚持多边主义，维护多边体制权威性和有效性。要践行承诺、遵守规则，不能按照自己的意愿取舍或选择。《巴黎协定》符合全球发展大方向，成果来之不易，应该共同坚守，不能轻言放弃。这是我们对子孙后代必须担负的责任！

第四，坚持公平包容，打造平衡普惠的发展模式。

"大道之行也，天下为公。"发展的目的是造福人民。要让发展更加平衡，让发展机会更加均等、发展成果人人共享，就要完善发展理念和模式，提升发展公平性、有效性、协同性。

我们要倡导勤劳俭朴、努力奋进的社会风气，让所有人的劳动成果得到尊重。要着力解决贫困、失业、收入差距拉大等问题，照顾好弱势人群的关切，促进社会公平正义。要保护好生态环境，推动经济、社会、环境协调发展，实现人与自然、人与社会和谐。要落实联合国二〇三〇年可持续发展议程，实现全球范围平衡发展。

"积力之所举，则无不胜也；众智之所为，则无不成也。"只要我们牢固树立人类命运共同体意识，携手努力、共同担当，同舟共济、共渡难关，就一定能够让世界更美好、让人民更幸福。

女士们、先生们、朋友们！

经过三十八年改革开放，中国已经成为世界第二大经济体。道路决定命运。中国的发展，关键在于中国人民在中国共产党领导下，走出了一条适合中国国情的发展道路。

这是一条从本国国情出发确立的道路。中国立足自身国情和实践，从中华文明中汲取智慧，博采东西方各家之长，坚守但不僵化，借鉴但不照搬，在不断探索中形成了自己的发展道路。条条大路通罗马。谁都不应该把自己的发展道路定为一尊，更不应该把自己的发展道路强加于人。

这是一条把人民利益放在首位的道路。中国秉持以人民为中心的发展思想，把改善人民生活、增进人民福祉作为出发点和落脚点，在人民中寻找发展动力、依靠人民推动发展、使发展造福人民。中国坚持共同富裕的目标，大力推进减贫事业，让七亿多人口摆脱贫困，正在向着全面建成小康社会目标快步前进。

这是一条改革创新的道路。中国坚持通过改革破解前进中遇到的困难和挑战，敢于啃硬骨头、涉险滩，勇于破除妨碍发展的体制机制障碍，不断解放和发展社会生产力，不断解放和增强社会活力。近四年来，我们在之前三十多年不断改革的基础上，又推出了一千二百多项改革举措，为中国发展注入了强大动力。

这是一条在开放中谋求共同发展的道路。中国坚持对外开放基本国策，奉行互利共赢的开放战略，不断提升发展的内外联动性，在实现自身发展的同时更多惠及其他国家和人民。

中国发展取得了巨大成就，中国人民生活得到了极大改善，这对中国好，对世界也好。中国的发展成就，是中国人民几十年含辛茹苦、流血流汗干出来的。千百年来，中华民族素以吃苦耐劳闻名于世。中国人民深知，世界上没有免费的午餐，中国是一个有着十三亿多人口的大国，想发展就要靠自己苦干实干，不能寄托于别人的恩赐，世界上也没有谁有这样的能力。

观察中国发展，要看中国人民得到了什么收获，更要看中国人民付出了什么辛劳；要看中国取得了什么成就，更要看中国为世界作出了什么贡献。这才是全面的看法。

一九五〇年至二〇一六年，中国在自身长期发展水平和人民生活水平不高的情况下，累计对外提供援款四千多亿元人民币，实施各类援外项目五千多个，其中成套项目近三千个，举办一万一千多期培训班，为发展中国家在华培训各类人员二十六万多名。改革开放以来，中国累计吸引外资超过一万七千亿美元，累计对外直接投资超过一万二千亿美元，为世界经济发展作出了巨大贡献。国际金融危机爆发以来，中国经济增长对世界经济增长的贡献率年均在百分之三十以上。这些数字，在世界上都是名列前茅的。

从这些数字可以看出，中国的发展是世界的机遇，中国是经济全球化的受益者，更是贡献者。中国经济快速增长，为全球经济稳定和增长提供了持续强大的推动。中国同一大批国家的联动发展，使全球经济发展更加平衡。中国减贫事业的巨大成就，使全球经济增长更加包容。中国改革开放持续推进，为开放型世界经济发展提供了重要动力。

中国人民深知实现国家繁荣富强的艰辛，对各国人民取得的发展成就都点赞，都为他们祝福，都希望他们的日子越过越好，不会犯"红眼病"，不会抱怨他人从中国发展中得到了巨大机遇和丰厚回报。中国人民张开双臂欢迎各国人民搭乘中国发展的"快车"、"便车"。

女士们、先生们、朋友们！

很多人都在关注中国经济发展趋势。中国经济发展进入了新常态，经济增速、经济发展方式、经济结构、经济发展动力都正在发生重大变化。但中国经济长期向好的基本面没有改变。

二〇一六年，在世界经济疲弱的背景下，中国经济预计增长百分之六点七，依然处于世界前列。现在，中国经济的体量已不能同过去同日而语，集聚的动能是过去两位数的增长都达不到的。中国居民消费和服务业成为经济增长的主要动力，二〇一六年前三季度第三产业增加值占国内生产总值的比重为百分之五十二点八，国内消费对经济增长的贡献率达百分之七十一。居民收入和就业实现稳定增长，单位国内生产总值能耗持续下降，绿色发展初见成效。

当前，中国经济面临一定的下行压力和不少困难，如产能过剩和需求结构升级矛盾突出，经济增长内生动力不足，金融风险有所积聚，部分地区困难增多。我们认为，这些都是前进中必然出现的阶段性现象，对这些问题和矛盾，我们正在着力加以解决，并不断取得积极成效。我们坚定向前发展的决心不会动摇。中国仍然是世界上最大的发展中国家，中国有十三亿多人口，人民生活水平还不高，但这也意味着巨大的发展潜力和空间。我们将在创新、协调、绿色、开放、共享的发展理念指引下，不断适应、把握、引领中国经济发展新常态，统筹抓好稳增长、促改革、调结构、惠民生、防风险工作，推动中国经济保持中高速增长、迈向中高端水平。

——中国将着力提升经济增长质量和效益，围绕供给侧结构性改革这条主线，转变经济发展方式，优化经济结构，积极推进去产能、去库存、去杠杆、降成本、补短板，培育增长新动能，发展先进制造业，实现实体经济升级，深入实施"互联网+"行动计划，扩大有效需求，更好满足人们个性化、多样化的需求，更好保护生态环境。

——中国将不断激发增长动力和市场活力，加大重要领域和关键环节改革力度，让市场在资源配置中起决定性作用，牵住创新这个"牛鼻子"，推进创新驱动发展战略，推动战略性新兴产业发展，注重用新技术新业态改造提升传统产业，促进新动能发展壮大、传统动能焕发生机。

——中国将积极营造宽松有序的投资环境，放宽外商投资准入，建设高标准自由贸易试验区，加强产权保护，促进公平竞争，让中国市场更加透明、更加规范。预计未来五年，中国将进口八万亿美元的商品、吸收六千亿美元的外来投资，对外投资总额将达到七千五百亿美元，出境旅游将达到七亿人次。这将为世界各国提供更广阔市场、更充足资本、更丰富产品、更宝贵合作契机。对各国工商界而言，中国发展仍然是大家的机遇。中国的大门对世界始终是打开的，不会关上。开着门，世界能够进入中国，中国也才能走向世界。我们希望，各国的大门也对中国投资者公平敞开。

——中国将大力建设共同发展的对外开放格局，推进亚太自由贸易区建设和区域全面经济伙伴关系协定谈判，构建面向全球的自由贸易区网络。中国一贯主张建设开放透明、互利共赢的区域自由贸易安排，而不是搞排他性、碎片化的小圈子。中国无意通过人民币贬值提升贸易竞争力，更不会主动打货币战。

三年多前，我提出了"一带一路"倡议。三年多来，已经有一百多个国家和国际组织积极响应支持，四十多个国家和国际组织同中国签署合作协议，"一带一路"的"朋友圈"正在不断扩大。中国企业对沿线国家投资达到五百多亿美元，一系列重大项目落地开花，带动了各国经济发展，创造了大量就业机会。可以说，"一带一路"倡议来自中国，但成效惠及世界。

今年五月，中国将在北京主办"一带一路"国际合作高峰论坛，共商合作大计，共建合作平台，共享合作成果，为解决当前世界和区域经济面临的问题寻找方案，为实现联动式发展注入新能量，让"一带一路"建设更好造福各国人民。

女士们、先生们、朋友们！

世界历史发展告诉我们，人类文明进步历程从来没有平坦的大道可走，人类就是在同困难的斗争中前进的。再大的困难，都不可能阻挡人类前行的步伐。遇到了困难，不要埋怨自己，不要指责他人，不要放弃信心，不要逃避责任，而是要一起来战胜困难。历史是勇敢者创造的。让我们拿出信心、采取行动，携手向着未来前进！

谢谢大家。

共同构建人类命运共同体[*]

（二〇一七年一月十八日）

尊敬的联合国大会主席汤姆森先生，

尊敬的联合国秘书长古特雷斯先生，

尊敬的联合国日内瓦总部总干事穆勒先生，

女士们，先生们，朋友们：

一元复始，万象更新。很高兴在新年伊始就来到联合国日内瓦总部，同大家一起探讨构建人类命运共同体这一时代命题。

我刚刚出席了世界经济论坛年会。在达沃斯，各方在发言中普遍谈到，当今世界充满不确定性，人们对未来既寄予期待又感到困惑。世界怎么了、我们怎么办？这是整个世界都在思考的问题，也是我一直在思考的问题。

我认为，回答这个问题，首先要弄清楚一个最基本的问题，就是我们从哪里来、现在在哪里、将到哪里去？

回首最近一百多年的历史，人类经历了血腥的热战、冰冷的冷战，也取得了惊人的发展、巨大的进步。

———————

[*] 这是习近平同志在联合国日内瓦总部的演讲。

上世纪上半叶以前，人类遭受了两次世界大战的劫难，那一代人最迫切的愿望，就是免于战争、缔造和平。上世纪五六十年代，殖民地人民普遍觉醒，他们最强劲的呼声，就是摆脱枷锁、争取独立。冷战结束后，各方最殷切的诉求，就是扩大合作、共同发展。

这一百多年全人类的共同愿望，就是和平与发展。然而，这项任务至今远远没有完成。我们要顺应人民呼声，接过历史接力棒，继续在和平与发展的马拉松跑道上奋勇向前。

人类正处在大发展大变革大调整时期。世界多极化、经济全球化深入发展，社会信息化、文化多样化持续推进，新一轮科技革命和产业革命正在孕育成长，各国相互联系、相互依存，全球命运与共、休戚相关，和平力量的上升远远超过战争因素的增长，和平、发展、合作、共赢的时代潮流更加强劲。

同时，人类也正处在一个挑战层出不穷、风险日益增多的时代。世界经济增长乏力，金融危机阴云不散，发展鸿沟日益突出，兵戎相见时有发生，冷战思维和强权政治阴魂不散，恐怖主义、难民危机、重大传染性疾病、气候变化等非传统安全威胁持续蔓延。

宇宙只有一个地球，人类共有一个家园。霍金先生提出关于"平行宇宙"的猜想，希望在地球之外找到第二个人类得以安身立命的星球。这个愿望什么时候才能实现还是个未知数。到目前为止，地球是人类唯一赖以生存的家园，珍爱和呵护地球是人类的唯一选择。瑞士联邦大厦穹顶上刻着拉丁文铭文"人人为我，我为人人"。我们要为当代人着想，还要为子孙后代负责。

女士们、先生们、朋友们！

让和平的薪火代代相传，让发展的动力源源不断，让文明的光芒熠熠生辉，是各国人民的期待，也是我们这一代政治家应有的担当。中国方案是：构建人类命运共同体，实现共赢共享。

理念引领行动，方向决定出路。纵观近代以来的历史，建立公正合理的国际秩序是人类孜孜以求的目标。从三百六十多年前《威斯特伐利亚和约》确立的平等和主权原则，到一百五十多年前日内瓦公约确立的国际人道主义精神；从七十多年前联合国宪章明确的四大宗旨和七项原则，到六十多年前万隆会议倡导的和平共处五项原则，国际关系演变积累了一系列公认的原则。这些原则应该成为构建人类命运共同体的基本遵循。

主权平等，是数百年来国与国规范彼此关系最重要的准则，也是联合国及所有机构、组织共同遵循的首要原则。主权平等，真谛在于国家不分大小、强弱、贫富，主权和尊严必须得到尊重，内政不容干涉，都有权自主选择社会制度和发展道路。在联合国、世界贸易组织、世界卫生组织、世界知识产权组织、世界气象组织、国际电信联盟、万国邮政联盟、国际移民组织、国际劳工组织等机构，各国平等参与决策，构成了完善全球治理的重要力量。新形势下，我们要坚持主权平等，推动各国权利平等、机会平等、规则平等。

日内瓦见证了印度支那和平问题最后宣言的通过，见证了冷战期间两大对峙阵营国家领导人首次和解会议，见证了伊朗核、叙利亚等热点问题对话和谈判。历史和现实给我们的启迪是：沟通协商是化解分歧的有效之策，政治谈判是解决冲突的根本之道。只要怀有真诚愿望，秉持足够善意，展现政治智慧，再大的冲突都能化解，再厚的坚冰都能打破。

"法者，治之端也"。在日内瓦，各国以联合国宪章为基础，就政治安全、贸易发展、社会人权、科技卫生、劳工产权、文化体育等领域达成了一系列国际公约和法律文书。法律的生命在于付诸实施，各国有责任维护国际法治权威，依法行使权利，善意履行义务。法律的生命也在于公平正义，各国和国际司法机构应该确保国际法平等统一适用，不能搞双重标准，不能"合则用、不合则弃"，真正做到"无偏无党，王道荡荡"。

"海纳百川，有容乃大。"开放包容，筑就了日内瓦多边外交大舞台。我们要推进国际关系民主化，不能搞"一国独霸"或"几方共治"。世界命运应该由各国共同掌握，国际规则应该由各国共同书写，全球事务应该由各国共同治理，发展成果应该由各国共同分享。

一八六二年，亨利·杜楠先生在《沙斐利洛的回忆》中追问：能否成立人道主义组织？能否制定人道主义公约？"杜楠之问"很快有了答案，次年，红十字国际委员会应运而生。经过一百五十多年发展，红十字成为一种精神、一面旗帜。面对频发的人道主义危机，我们应该弘扬人道、博爱、奉献的精神，为身陷困境的无辜百姓送去关爱，送去希望；应该秉承中立、公正、独立的基本原则，避免人道主义问题政治化，坚持人道主义援助非军事化。

女士们、先生们、朋友们！

大道至简，实干为要。构建人类命运共同体，关键在行动。我认为，国际社会要从伙伴关系、安全格局、经济发展、文明交流、生态建设等方面作出努力。

——坚持对话协商，建设一个持久和平的世界。国家和，则世界安；国家斗，则世界乱。从公元前的伯罗奔尼撒战争到两次世界大战，再到延续四十余年的冷战，教训惨痛而深刻。"前事不忘，后事之师。"我们的先辈建立了联合国，为世界赢得七十余年相对和平。我们要完善机制和手段，更好化解纷争和矛盾、消弭战乱和冲突。

瑞士作家、诺贝尔文学奖获得者黑塞说："不应为战争和毁灭效劳，而应为和平与谅解服务。"国家之间要构建对话不对抗、结伴不结盟的伙伴关系。大国要尊重彼此核心利益和重大关切，管控矛盾分歧，努力构建不冲突不对抗、相互尊重、合作共赢的新型关系。只要坚持沟通、真诚相处，"修昔底德陷阱"就可以避免。

大国对小国要平等相待，不搞唯我独尊、强买强卖的霸道。任何国家都不能随意发动战争，不能破坏国际法治，不能打开潘多拉的盒子。核武器是悬在人类头上的"达摩克利斯之剑"，应该全面禁止并最终彻底销毁，实现无核世界。要秉持和平、主权、普惠、共治原则，把深海、极地、外空、互联网等领域打造成各方合作的新疆域，而不是相互博弈的竞技场。

——坚持共建共享，建设一个普遍安全的世界。世上没有绝对安全的世外桃源，一国的安全不能建立在别国的动荡之上，他国的威胁也可能成为本国的挑战。邻居出了问题，不能光想着扎好自家篱笆，而应该去帮一把。"单则易折，众则难摧。"各方应该树立共同、综合、合作、可持续的安全观。

近年来，在欧洲、北非、中东发生的恐怖袭击事件再次表明，恐怖主义是人类公敌。反恐是各国共同义务，既要治标，更要治本。要加强协调，建立全球反恐统一战线，为各国人民撑起安全伞。当前，难民数量已经创下第二次世界大战结束以来的历史纪录。危机需要应对，根源值得深思。如果不是有家难归，谁会颠沛流离？联合国难民署、国际移民组织等要发挥统筹协调作用，动员全球力量有效应对。中国决定提供二亿元人民币新的人道援助，用于帮助叙利亚难民和流离失所者。恐怖主义、难民危机等问题都同地缘冲突密切相关，化解冲突是根本之策。当事各方要通过协商谈判，其他各方应该积极劝和促谈，尊重联合国发挥斡旋主渠道作用。禽流感、埃博拉、寨卡等疫情不断给国际卫生安全敲响警钟。世界卫生组织要发挥引领作用，加强疫情监测、信息沟通、经验交流、技术分享。国际社会应该加大对非洲等发展中国家卫生事业的支持和援助。

——坚持合作共赢，建设一个共同繁荣的世界。发展是第一要务，适用于各国。各国要同舟共济，而不是以邻为壑。各国特别是主要经济体要加强宏观政策协调，兼顾当前和长远，着力解决深层次问题。要抓住新一轮科技革命和产业变革的历史性机遇，转变经济发展方式，坚持创新驱动，进一步发展社会生产力、释放社会创造力。要维护世界贸易组织规则，支持开放、透明、包容、非歧视性的多边贸易体制，构建开放型世界经济。如果搞贸易保护主义、画地为牢，损人不利己。

经济全球化是历史大势，促成了贸易大繁荣、投资大便利、人员大流动、技术大发展。本世纪初以来，在联合国主导下，借助经济全球化，国际社会制定和实施了千年发展目标和二〇三〇年可持续发展议程，推动十一亿人口脱贫，十九亿人口获得安全饮用水，三十五亿人口用上互联网等，还将在二〇三〇年实现零贫困。这充分说明，经济全球化的大方向是正确的。当然，发展失衡、治理困境、数字鸿沟、公平赤字等问题也客观存在。这些是前进中的问题，我们要正视并设法解决，但不能因噎废食。

我们要从历史中汲取智慧。历史学家早就断言，经济快速发展使社会变革成为必需，经济发展易获支持，而社会变革常遭抵制。我们不能因此踟蹰不前，而要砥砺前行。我们也要从现实中寻找答案。二〇〇八年爆发的国际金融危机启示我们，引导经济全球化健康发展，需要加强协调、完善治理，推动建设一个开放、包容、普惠、平衡、共赢的经济全球化，既要做大蛋糕，更要分好蛋糕，着力解决公平公正问题。

去年九月，二十国集团领导人杭州峰会聚焦全球经济治理等重大问题，通过《创新增长蓝图》，首次将发展问题纳入全球宏观政策框架，并制定了行动计划。

——坚持交流互鉴，建设一个开放包容的世界。"和羹之美，在于合异。"人类文明多样性是世界的基本特征，也是人类进步的源泉。世界上有二百多个国家和地区、二千五百多个民族、多种宗教。不同历史和国情，不同民族和习俗，孕育了不同文明，使世界更加丰富多彩。文明没有高下、优劣之分，只有特色、地域之别。文明差异不应该成为世界冲突的根源，而应该成为人类文明进步的动力。

每种文明都有其独特魅力和深厚底蕴，都是人类的精神瑰宝。不同文明要取长补短、共同进步，让文明交流互鉴成为推动人类社会进步的动力、维护世界和平的纽带。

——坚持绿色低碳，建设一个清洁美丽的世界。人与自然共生共存，伤害自然最终将伤及人类。空气、水、土壤、蓝天等自然资源用之不觉、失之难续。工业化创造了前所未有的物质财富，也产生了难以弥补的生态创伤。我们不能吃祖宗饭、断子孙路，用破坏性方式搞发展。绿水青山就是金山银山。我们应该遵循天人合一、道法自然的理念，寻求永续发展之路。

我们要倡导绿色、低碳、循环、可持续的生产生活方式，平衡推进二〇三〇年可持续发展议程，不断开拓生产发展、生活富裕、生态良好的文明发展道路。《巴黎协定》的达成是全球气候治理史上的里程碑。我们不能让这一成果付诸东流。各方要共同推动协定实施。中国将继续采取行动应对气候变化，百分之百承担自己的义务。

瑞士军刀是瑞士"工匠精神"的产物。我第一次得到一把瑞士军刀时，我就很佩服人们能赋予它那么多功能。我想，如果我们能为我们这个世界打造一把精巧的瑞士军刀就好了，人类遇到了什么问题，就用其中一个工具来解决它。我相信，只要国际社会不懈努力，这样一把瑞士军刀是可以打造出来的。

女士们、先生们、朋友们！

中国人始终认为，世界好，中国才能好；中国好，世界才更好。面向未来，很多人关心中国的政策走向，国际社会也有很多议论。在这里，我给大家一个明确的回答。

第一，中国维护世界和平的决心不会改变。中华文明历来崇尚"以和邦国"、"和而不同"、"以和为贵"。中国《孙子兵法》是一部著名兵书，但其第一句话就讲："兵者，国之大事，死生之地，存亡之道，不可不察也"，其要义是慎战、不战。几千年来，和平融入了中华民族的血脉中，刻进了中国人民的基因里。

数百年前，即使中国强盛到国内生产总值占世界百分之三十的时候，也从未对外侵略扩张。一八四〇年鸦片战争后的一百多年里，中国频遭侵略和蹂躏之害，饱受战祸和动乱之苦。孔子说，己所不欲，勿施于人。中国人民深信，只有和平安宁才能繁荣发展。

中国从一个积贫积弱的国家发展成为世界第二大经济体，靠的不是对外军事扩张和殖民掠夺，而是人民勤劳、维护和平。中国将始终不渝走和平发展道路。无论中国发展到哪一步，中国永不称霸、永不扩张、永不谋求势力范围。历史已经并将继续证明这一点。

第二，中国促进共同发展的决心不会改变。中国有句古语叫"落其实思其树，饮其流怀其源"。中国发展得益于国际社会，中国也为全球发展作出了贡献。中国将继续奉行互利共赢的开放战略，将自身发展机遇同世界各国分享，欢迎各国搭乘中国发展的"顺风车"。

一九五〇年至二〇一六年，中国累计对外提供援款四千多亿元人民币，今后将继续在力所能及的范围内加大对外帮扶。国际金融危机爆发以来，中国经济增长对世界经济增长的贡献率年均在百分之三十以上。未来五年，中国将进口八万亿美元的商品，吸收六千亿美元的外来投资，中国对外投资总额将达到七千五百亿美元，出境旅游将达到七亿人次。这将为世界各国发展带来更多机遇。

中国坚持走符合本国国情的发展道路，始终把人民权利放在首位，不断促进和保护人权。中国解决了十三亿多人口的温饱问题，让七亿多人口摆脱贫困，这是对世界人权事业的重大贡献。

我提出"一带一路"倡议，就是要实现共赢共享发展。目前，已经有一百多个国家和国际组织积极响应支持，一大批早期收获项目落地开花。中国支持建设好亚洲基础设施投资银行等新型多边金融机构，为国际社会提供更多公共产品。

第三，中国打造伙伴关系的决心不会改变。中国坚持独立自主的和平外交政策，在和平共处五项原则基础上同所有国家发展友好合作。中国率先把建立伙伴关系确定为国家间交往的指导原则，同九十多个国家和区域组织建立了不同形式的伙伴关系。中国将进一步联结遍布全球的"朋友圈"。

中国将努力构建总体稳定、均衡发展的大国关系框架，积极同美国发展新型大国关系，同俄罗斯发展全面战略协作伙伴关系，同欧洲发展和平、增长、改革、文明伙伴关系，同金砖国家发展团结合作的伙伴关系。中国将继续坚持正确义利观，深化同发展中国家务实合作，实现同呼吸、共命运、齐发展。中国将按照亲诚惠容理念同周边国家深化互利合作，秉持真实亲诚对非政策理念同非洲国家共谋发展，推动中拉全面合作伙伴关系实现新发展。

第四，中国支持多边主义的决心不会改变。多边主义是维护和平、促进发展的有效路径。长期以来，联合国等国际机构做了大量工作，为维护世界总体和平、持续发展的态势作出了有目共睹的贡献。

中国是联合国创始成员国，是第一个在联合国宪章上签字的国家。中国将坚定维护以联合国为核心的国际体系，坚定维护以联合国宪章宗旨和原则为基石的国际关系基本准则，坚定维护联合国权威和地位，坚定维护联合国在国际事务中的核心作用。

中国—联合国和平与发展基金已经正式投入运营，中国将把资金优先用于联合国及日内瓦相关国际机构提出的和平与发展项目。随着中国持续发展，中国支持多边主义的力度也将越来越大。

女士们、先生们、朋友们！

对中国来讲，日内瓦具有一份特殊的记忆和情感。一九五四年，周恩来总理率团出席日内瓦会议，同苏联、美国、英国、法国等共同讨论政治解决朝鲜问题和印度支那停战问题，展现和平精神，为世界和平贡献了中国智慧。一九七一年，中国恢复在联合国的合法席位、重返日内瓦国际机构后，逐步参与裁军、经贸、人权、社会等各领域事务，为重大问题解决和重要规则制定提供了中国方案。近年来，中国积极参与伊朗核、叙利亚等热点问题的对话和谈判，为推动政治解决作出了中国贡献。中国先后成功向国际奥委会申办夏季和冬季两届奥运会和残奥会，中国十多项世界自然遗产和文化自然双重遗产申请得到世界自然保护联盟支持，呈现了中国精彩。

女士们、先生们、朋友们！

中国古人说："善学者尽其理，善行者究其难。"构建人类命运共同体是一个美好的目标，也是一个需要一代又一代人接力跑才能实现的目标。中国愿同广大成员国、国际组织和机构一道，共同推进构建人类命运共同体的伟大进程。

一月二十八日，中国人民将迎来农历丁酉新年，也就是鸡年春节。鸡年寓意光明和吉祥。"金鸡一唱千门晓。"我祝大家新春快乐、万事如意！

谢谢大家。

有一千条理由把中美关系搞好*

（二○一七年四月六日）

一段时间以来，我同总统先生保持了密切联系，进行了多次通话和通信。我很高兴应总统先生邀请来美国举行这次会晤。我愿同总统先生就中美关系和重大国际及地区问题深入交换意见，达成更多共识，为新时期中美关系发展指明方向。

中美两国关系好，不仅对两国和两国人民有利，对世界也有利。我们有一千条理由把中美关系搞好，没有一条理由把中美关系搞坏。中美关系正常化四十五年来，两国关系虽然历经风风雨雨，但得到了历史性进展，给两国人民带来巨大实际利益。中美关系今后四十五年如何发展？需要我们深思，也需要两国领导人作出政治决断，拿出历史担当。我愿同总统先生一道，在新起点上推动中美关系取得更大发展。

合作是中美两国唯一正确的选择，我们两国完全能够成为很好的合作伙伴。下阶段双方要规划安排好两国

---

* 这是习近平同志在美国佛罗里达州海湖庄园同美国总统特朗普举行中美元首会晤时谈话的要点。

高层交往。我欢迎总统先生年内对中国进行国事访问。双方可以继续通过各种方式保持密切联系。要充分用好新建立的外交安全对话、全面经济对话、执法及网络安全对话、社会和人文对话四个高级别对话合作机制。要做大合作蛋糕，制定重点合作清单，争取多些早期收获。推进双边投资协定谈判，推动双向贸易和投资健康发展，探讨开展基础设施建设、能源等领域务实合作。要妥善处理敏感问题，建设性管控分歧。双方要加强在重大国际和地区问题上的沟通和协调，共同推动有关地区热点问题妥善处理和解决，拓展在防扩散、打击跨国犯罪等全球性挑战上的合作，加强在联合国、二十国集团、亚太经合组织等多边机制内的沟通和协调，共同维护世界和平、稳定、繁荣。

携手推进"一带一路"建设[*]

（二〇一七年五月十四日）

尊敬的各位国家元首，政府首脑，

各位国际组织负责人，

女士们，先生们，朋友们：

"孟夏之日，万物并秀。"在这美好时节，来自一百多个国家的各界嘉宾齐聚北京，共商"一带一路"建设合作大计，具有十分重要的意义。今天，群贤毕至，少长咸集，我期待着大家集思广益、畅所欲言，为推动"一带一路"建设献计献策，让这一世纪工程造福各国人民。

女士们、先生们、朋友们！

二千多年前，我们的先辈筚路蓝缕，穿越草原沙漠，开辟出联通亚欧非的陆上丝绸之路；我们的先辈扬帆远航，穿越惊涛骇浪，闯荡出连接东西方的海上丝绸之路。古丝绸之路打开了各国友好交往的新窗口，书写了人类发展进步的新篇章。中国陕西历史博物馆珍藏的

＊　这是习近平同志在北京举行的"一带一路"国际合作高峰论坛开幕式上的演讲。

千年"鎏金铜蚕",在印度尼西亚发现的千年沉船"黑石号"等,见证了这段历史。

古丝绸之路绵亘万里,延续千年,积淀了以和平合作、开放包容、互学互鉴、互利共赢为核心的丝路精神。这是人类文明的宝贵遗产。

——和平合作。公元前一百三十多年的中国汉代,一支从长安出发的和平使团,开始打通东方通往西方的道路,完成了"凿空之旅",这就是著名的张骞出使西域。中国唐宋元时期,陆上和海上丝绸之路同步发展,中国、意大利、摩洛哥的旅行家杜环、马可·波罗、伊本·白图泰都在陆上和海上丝绸之路留下了历史印记。十五世纪初的明代,中国著名航海家郑和七次远洋航海,留下千古佳话。这些开拓事业之所以名垂青史,是因为使用的不是战马和长矛,而是驼队和善意;依靠的不是坚船和利炮,而是宝船和友谊。一代又一代"丝路人"架起了东西方合作的纽带、和平的桥梁。

——开放包容。古丝绸之路跨越尼罗河流域、底格里斯河和幼发拉底河流域、印度河和恒河流域、黄河和长江流域,跨越埃及文明、巴比伦文明、印度文明、中华文明的发祥地,跨越佛教、基督教、伊斯兰教信众的汇集地,跨越不同国度和肤色人民的聚居地。不同文明、宗教、种族求同存异、开放包容,并肩书写相互尊重的壮丽诗篇,携手绘就共同发展的美好画卷。酒泉、敦煌、吐鲁番、喀什、撒马尔罕、巴格达、君士坦丁堡等古城，宁波、泉州、广州、北海、科伦坡、吉达、亚历山大等地的古港，就是记载这段历史的"活化石"。历史告诉我们：文明在开放中发展，民族在融合中共存。

——互学互鉴。古丝绸之路不仅是一条通商易货之道，更是一条知识交流之路。沿着古丝绸之路，中国将丝绸、瓷器、漆器、铁器传到西方，也为中国带来了胡椒、亚麻、香料、葡萄、石榴。沿着古丝绸之路，佛教、伊斯兰教及阿拉伯的天文、历法、医药传入中国，中国的四大发明、养蚕技术也由此传向世界。更为重要的是，商品和知识交流带来了观念创新。比如，佛教源自印度，在中国发扬光大，在东南亚得到传承。儒家文化起源中国，受到欧洲莱布尼茨、伏尔泰等思想家的推崇。这是交流的魅力、互鉴的成果。

——互利共赢。古丝绸之路见证了陆上"使者相望于道，商旅不绝于途"的盛况，也见证了海上"舶交海中，不知其数"的繁华。在这条大动脉上，资金、技术、人员等生产要素自由流动，商品、资源、成果等实现共享。阿拉木图、撒马尔罕、长安等重镇和苏尔港、广州等良港兴旺发达，罗马、安息、贵霜等古国欣欣向荣，中国汉唐迎来盛世。古丝绸之路创造了地区大发展大繁荣。

历史是最好的老师。这段历史表明，无论相隔多远，只要我们勇敢迈出第一步，坚持相向而行，就能走出一条相遇相知、共同发展之路，走向幸福安宁和谐美好的远方。

女士们、先生们、朋友们！

从历史维度看，人类社会正处在一个大发展大变革大调整时代。世界多极化、经济全球化、社会信息化、文化多样化深入发展，和平发展的大势日益强劲，变革创新的步伐持续向前。各国之间的联系从来没有像今天这样紧密，世界人民对美好生活的向往从来没有像今天这样强烈，人类战胜困难的手段从来没有像今天这样丰富。

从现实维度看，我们正处在一个挑战频发的世界。世界经济增长需要新动力，发展需要更加普惠平衡，贫富差距鸿沟有待弥合。地区热点持续动荡，恐怖主义蔓延肆虐。和平赤字、发展赤字、治理赤字，是摆在全人类面前的严峻挑战。这是我一直思考的问题。

二〇一三年秋天，我在哈萨克斯坦和印度尼西亚提出共建丝绸之路经济带和二十一世纪海上丝绸之路，即"一带一路"倡议。"桃李不言，下自成蹊。"四年来，全球一百多个国家和国际组织积极支持和参与"一带一路"建设，联合国大会、联合国安理会等重要决议也纳入"一带一路"建设内容。"一带一路"建设逐渐从理念转化为行动，从愿景转变为现实，建设成果丰硕。

——这是政策沟通不断深化的四年。我多次说过，"一带一路"建设不是另起炉灶、推倒重来，而是实现战略对接、优势互补。我们同有关国家协调政策，包括俄罗斯提出的欧亚经济联盟、东盟提出的互联互通总体规划、哈萨克斯坦提出的"光明之路"、土耳其提出的"中间走廊"、蒙古提出的"发展之路"、越南提出的"两廊一圈"、英国提出的"英格兰北方经济中心"、波兰提出的"琥珀之路"等。中国同老挝、柬埔寨、缅甸、匈牙利等国的规划对接工作也全面展开。中国同四十多个国家和国际组织签署了合作协议，同三十多个国家开展机制化产能合作。本次论坛期间，我们还将签署一批对接合作协议和行动计划，同六十多个国家和国际组织共同发出推进"一带一路"贸易畅通合作倡议。各方通过政策对接，实现了"一加一大于二"的效果。

　　——这是设施联通不断加强的四年。"道路通，百业兴。"我们和相关国家一道共同加速推进雅万高铁、中老铁路、亚吉铁路、匈塞铁路等项目，建设瓜达尔港、比雷埃夫斯港等港口，规划实施一大批互联互通项目。目前，以中巴、中蒙俄、新亚欧大陆桥等经济走廊为引领，以陆海空通道和信息高速路为骨架，以铁路、港口、管网等重大工程为依托，一个复合型的基础设施网络正在形成。

　　——这是贸易畅通不断提升的四年。中国同"一带一路"参与国大力推动贸易和投资便利化，不断改善营商环境。我了解到，仅哈萨克斯坦等中亚国家农产品到达中国市场的通关时间就缩短了百分之九十。二〇一四年至二〇一六年，中国同"一带一路"沿线国家贸易总额超过三万亿美元。中国对"一带一路"沿线国家投资累计超过五百亿美元。中国企业已经在二十多个国家建设五十六个经贸合作区，为有关国家创造近十一亿美元税收和十八万个就业岗位。

——这是资金融通不断扩大的四年。融资瓶颈是实现互联互通的突出挑战。中国同"一带一路"建设参与国和组织开展了多种形式的金融合作。亚洲基础设施投资银行已经为"一带一路"建设参与国的九个项目提供十七亿美元贷款，丝路基金投资达四十亿美元，中国同中东欧"16+1"金融控股公司正式成立。这些新型金融机制同世界银行等传统多边金融机构各有侧重、互为补充，形成层次清晰、初具规模的"一带一路"金融合作网络。

——这是民心相通不断促进的四年。"国之交在于民相亲，民相亲在于心相通。""一带一路"建设参与国弘扬丝绸之路精神，开展智力丝绸之路、健康丝绸之路等建设，在科学、教育、文化、卫生、民间交往等各领域广泛开展合作，为"一带一路"建设夯实民意基础，筑牢社会根基。中国政府每年向相关国家提供一万个政府奖学金名额，地方政府也设立了丝绸之路专项奖学金，鼓励国际文教交流。各类丝绸之路文化年、旅游年、艺术节、影视桥、研讨会、智库对话等人文合作项目百花纷呈，人们往来频繁，在交流中拉近了心与心的距离。

丰硕的成果表明，"一带一路"倡议顺应时代潮流，适应发展规律，符合各国人民利益，具有广阔前景。

女士们、先生们、朋友们！

中国人说，"万事开头难"。"一带一路"建设已经迈出坚实步伐。我们要乘势而上、顺势而为，推动"一带一路"建设行稳致远，迈向更加美好的未来。这里，我谈几点意见。

第一，我们要将"一带一路"建成和平之路。古丝绸之路，和时兴，战时衰。"一带一路"建设离不开和平安宁的环境。我们要构建以合作共赢为核心的新型国际关系，打造对话不对抗、结伴不结盟的伙伴关系。各国应该尊重彼此主权、尊严、领土完整，尊重彼此发展道路和社会制度，尊重彼此核心利益和重大关切。

古丝绸之路沿线地区曾经是"流淌着牛奶与蜂蜜的地方"，如今很多地方却成了冲突动荡和危机挑战的代名词。这种状况不能再持续下去。我们要树立共同、综合、合作、可持续的安全观，营造共建共享的安全格局。要着力化解热点，坚持政治解决；要着力斡旋调解，坚持公道正义；要着力推进反恐，标本兼治，消除贫困落后和社会不公。

第二，我们要将"一带一路"建成繁荣之路。发展是解决一切问题的总钥匙。推进"一带一路"建设，要聚焦发展这个根本性问题，释放各国发展潜力，实现经济大融合、发展大联动、成果大共享。

　　产业是经济之本。我们要深入开展产业合作，推动各国产业发展规划相互兼容、相互促进，抓好大项目建设，加强国际产能和装备制造合作，抓住新工业革命的发展新机遇，培育新业态，保持经济增长活力。

　　金融是现代经济的血液。血脉通，增长才有力。我们要建立稳定、可持续、风险可控的金融保障体系，创新投资和融资模式，推广政府和社会资本合作，建设多元化融资体系和多层次资本市场，发展普惠金融，完善金融服务网络。

　　设施联通是合作发展的基础。我们要着力推动陆上、海上、天上、网上四位一体的联通，聚焦关键通道、关键城市、关键项目，联结陆上公路、铁路道路网络和海上港口网络。我们已经确立"一带一路"建设六大经济走廊框架，要扎扎实实向前推进。要抓住新一轮能源结构调整和能源技术变革趋势，建设全球能源互联网，实现绿色低碳发展。要完善跨区域物流网建设。我们也要促进政策、规则、标准三位一体的联通，为互联互通提供机制保障。

　　第三，我们要将"一带一路"建成开放之路。开放带来进步，封闭导致落后。对一个国家而言，开放如同破茧成蝶，虽会经历一时阵痛，但将换来新生。"一带一路"建设要以开放为导向，解决经济增长和平衡问题。

　　我们要打造开放型合作平台，维护和发展开放型世界经济，共同创造有利于开放发展的环境，推动构建公正、合理、透明的国际经贸投资规则体系，促进生产要素有序流动、资源高效配置、市场深度融合。我们欢迎各国结合自身国情，积极发展开放型经济，参与全球治理和公共产品供给，携手构建广泛的利益共同体。

贸易是经济增长的重要引擎。我们要有"向外看"的胸怀，维护多边贸易体制，推动自由贸易区建设，促进贸易和投资自由化便利化。当然，我们也要着力解决发展失衡、治理困境、数字鸿沟、分配差距等问题，建设开放、包容、普惠、平衡、共赢的经济全球化。

第四，我们要将"一带一路"建成创新之路。创新是推动发展的重要力量。"一带一路"建设本身就是一个创举，搞好"一带一路"建设也要向创新要动力。

我们要坚持创新驱动发展，加强在数字经济、人工智能、纳米技术、量子计算机等前沿领域合作，推动大数据、云计算、智慧城市建设，连接成二十一世纪的数字丝绸之路。我们要促进科技同产业、科技同金融深度融合，优化创新环境，集聚创新资源。我们要为互联网时代的各国青年打造创业空间、创业工场，成就未来一代的青春梦想。

我们要践行绿色发展的新理念，倡导绿色、低碳、循环、可持续的生产生活方式，加强生态环保合作，建设生态文明，共同实现二〇三〇年可持续发展目标。

第五，我们要将"一带一路"建成文明之路。"一带一路"建设要以文明交流超越文明隔阂、文明互鉴超越文明冲突、文明共存超越文明优越，推动各国相互理解、相互尊重、相互信任。

我们要建立多层次人文合作机制，搭建更多合作平台，开辟更多合作渠道。要推动教育合作，扩大互派留学生规模，提升合作办学水平。要发挥智库作用，建设好智库联盟和合作网络。在文化、体育、卫生领域，要创新合作模式，推动务实项目。要用好历史文化遗产，联合打造具有丝绸之路特色的旅游产品和遗产保护。我们要加强各国议会、政党、民间组织往来，密切妇女、青年、残疾人等群体交流，促进包容发展。我们也要加强国际反腐合作，让"一带一路"成为廉洁之路。

女士们、先生们、朋友们！

当前，中国发展正站在新的起点上。我们将深入贯彻创新、协调、绿色、开放、共享的发展理念，不断适应、把握、引领经济发展新常态，积极推进供给侧结构性改革，实现持续发展，为"一带一路"注入强大动力，为世界发展带来新的机遇。

——中国愿在和平共处五项原则基础上，发展同所有"一带一路"建设参与国的友好合作。中国愿同世界各国分享发展经验，但不会干涉他国内政，不会输出社会制度和发展模式，更不会强加于人。我们推进"一带一路"建设不会重复地缘博弈的老套路，而将开创合作共赢的新模式；不会形成破坏稳定的小集团，而将建设和谐共存的大家庭。

——中国已经同很多国家达成了"一带一路"务实合作协议，其中既包括交通运输、基础设施、能源等硬件联通项目，也包括通信、海关、检验检疫等软件联通项目，还包括经贸、产业、电子商务、海洋和绿色经济等多领域的合作规划和具体项目。中国同有关国家的铁路部门将签署深化中欧班列合作协议。我们将推动这些合作项目早日启动、早见成效。

——中国将加大对"一带一路"建设资金支持，向丝路基金新增资金一千亿元人民币，鼓励金融机构开展人民币海外基金业务，规模预计约三千亿元人民币。中国国家开发银行、进出口银行将分别提供二千五百亿元和一千三百亿元等值人民币专项贷款，用于支持"一带一路"基础设施建设、产能、金融合作。我们还将同亚洲基础设施投资银行、金砖国家新开发银行、世界银行及其他多边开发机构合作支持"一带一路"项目，同有关各方共同制定"一带一路"融资指导原则。

——中国将积极同"一带一路"建设参与国发展互利共赢的经贸伙伴关系，促进同各相关国家贸易和投资便利化，建设"一带一路"自由贸易网络，助力地区和世界经济增长。本届论坛期间，中国将同三十多个国家签署经贸合作协议，同有关国家协商自由贸易协定。中国将从二〇一八年起举办中国国际进口博览会。

——中国愿同各国加强创新合作，启动"一带一路"科技创新行动计划，开展科技人文交流、共建联合实验室、科技园区合作、技术转移四项行动。我们将在未来五年内安排二千五百人次青年科学家来华从事短期科研工作，培训五千人次科学技术和管理人员，投入运行五十家联合实验室。我们将设立生态环保大数据服务平台，倡议建立"一带一路"绿色发展国际联盟，并为相关国家应对气候变化提供援助。

——中国将在未来三年向参与"一带一路"建设的发展中国家和国际组织提供六百亿元人民币援助，建设更多民生项目。我们将向"一带一路"沿线发展中国家提供二十亿元人民币紧急粮食援助，向南南合作援助基金增资十亿美元，在沿线国家实施一百个"幸福家园"、一百个"爱心助困"、一百个"康复助医"等项目。我们将向有关国际组织提供十亿美元落实一批惠及沿线国家的合作项目。

——中国将设立"一带一路"国际合作高峰论坛后续联络机制，成立"一带一路"财经发展研究中心、"一带一路"建设促进中心，同多边开发银行共同设立多边开发融资合作中心，同国际货币基金组织合作建立能力建设中心。我们将建设丝绸之路沿线民间组织合作网络，打造新闻合作联盟、音乐教育联盟以及其他人文合作新平台。

"一带一路"建设植根于丝绸之路的历史土壤，重点面向亚欧非大陆，同时向所有朋友开放。不论来自亚洲、欧洲，还是非洲、美洲，都是"一带一路"建设国际合作的伙伴。"一带一路"建设将由大家共同商量，"一带一路"建设成果将由大家共同分享。

女士们、先生们、朋友们！

中国古语讲："不积跬步，无以至千里。"阿拉伯谚语说，"金字塔是一块块石头垒成的"。欧洲也有句话："伟业非一日之功"。"一带一路"建设是伟大的事业，需要伟大的实践。让我们一步一个脚印推进实施，一点一滴抓出成果，造福世界，造福人民！

祝本次高峰论坛圆满成功！

谢谢大家。

开辟合作新起点，谋求发展新动力[*]

（二〇一七年五月十五日）

各位国家元首，政府首脑，国际组织负责人：

我宣布，"一带一路"国际合作高峰论坛圆桌峰会开幕！

欢迎大家来到雁栖湖畔出席"一带一路"国际合作高峰论坛圆桌峰会，共商推进国际合作、实现共赢发展大计。

"一带一路"建设是我在二〇一三年提出的倡议。它的核心内容是促进基础设施建设和互联互通，对接各国政策和发展战略，深化务实合作，促进协调联动发展，实现共同繁荣。

这项倡议源于我对世界形势的观察和思考。当今世界正处在大发展大变革大调整之中。新一轮科技和产业革命正在孕育，新的增长动能不断积聚，各国利益深度融合，和平、发展、合作、共赢成为时代潮流。与此同时，全球发展中的深层次矛盾长期累积，未能得到有效

---

* 这是习近平同志在北京举行的"一带一路"国际合作高峰论坛圆桌峰会上的开幕词。

解决。全球经济增长基础不够牢固，贸易和投资低迷，经济全球化遇到波折，发展不平衡加剧。战乱和冲突、恐怖主义、难民移民大规模流动等问题对世界经济的影响突出。

面对挑战，各国都在探讨应对之策，也提出很多很好的发展战略和合作倡议。但是，在各国彼此依存、全球性挑战此起彼伏的今天，仅凭单个国家的力量难以独善其身，也无法解决世界面临的问题。只有对接各国彼此政策，在全球更大范围内整合经济要素和发展资源，才能形成合力，促进世界和平安宁和共同发展。

"一带一路"建设根植于历史，但面向未来。古丝绸之路凝聚了先辈们对美好生活的追求，促进了亚欧大陆各国互联互通，推动了东西方文明交流互鉴，为人类文明发展进步作出了重大贡献。我们完全可以从古丝绸之路中汲取智慧和力量，本着和平合作、开放包容、互学互鉴、互利共赢的丝路精神推进合作，共同开辟更加光明的前景。

"一带一路"源自中国，但属于世界。"一带一路"建设跨越不同地域、不同发展阶段、不同文明，是一个开放包容的合作平台，是各方共同打造的全球公共产品。它以亚欧大陆为重点，向所有志同道合的朋友开放，不排除、也不针对任何一方。

在"一带一路"建设国际合作框架内，各方秉持共商、共建、共享原则，携手应对世界经济面临的挑战，开创发展新机遇，谋求发展新动力，拓展发展新空间，实现优势互补、互利共赢，不断朝着人类命运共同体方向迈进。这是我提出这一倡议的初衷，也是希望通过这一倡议实现的最高目标。

我高兴地看到，这一倡议提出以后，得到国际社会积极响应和广泛支持。一百多个国家和国际组织参与其中，一大批合作项目陆续启动，有的已经落地生根。基础设施联通网络初步成型，沿线产业合作形成势头，各国政策协调不断加强，民众已经开始从合作中得到实惠，彼此距离进一步拉近。

在这个基础上，中方倡议主办这次高峰论坛，目的就是共商合作大计，共建合作平台，共享合作成果，让"一带一路"建设更好造福各国人民。

昨天的高级别会议上，各国领导人、国际组织负责人和官、产、学各界代表提出了很多有见地的想法和建议，签署了多项合作协议。希望大家通过今天的圆桌峰会，进一步凝聚共识，为"一带一路"建设国际合作指明方向，勾画蓝图。具体而言，我期待会议在以下方面取得积极成果。

第一，推动互利共赢，明确合作方向。大雁之所以能够穿越风雨、行稳致远，关键在于其结伴成行，相互借力。这为我们合作应对挑战、实现更好发展揭示了一个深刻道理。

我们要本着伙伴精神，牢牢坚持共商、共建、共享，让政策沟通、设施联通、贸易畅通、资金融通、民心相通成为共同努力的目标。要坚持在开放中合作，在合作中共赢，不画地为牢，不设高门槛，不搞排他性安排，反对保护主义。

"一带一路"建设需要和平稳定环境。各国要加强合作，对话化解分歧，协商解决争端，共同维护地区安全稳定。

第二，密切政策协调，对接发展战略。加强政策协调，不搞以邻为壑，是应对国际金融危机的重要经验，也是当前世界经济发展的客观要求。大家基于自身国情制定发展战略，它们各有特色，但目标一致，有很多联系点和相通之处，可以做到相辅相成、相互促进。

我们要以此为基础，建立政策协调对接机制，相互学习借鉴，并在这一基础上共同制定合作方案，共同采取合作行动，形成规划衔接、发展融合、利益共享局面。我们要把"一带一路"建设国际合作同落实联合国二〇三〇年可持续发展议程、二十国集团领导人杭州峰会成果结合起来，同亚太经合组织、东盟、非盟、欧亚经济联盟、欧盟、拉共体区域发展规划对接起来，同有关国家提出的发展规划协调起来，产生"一加一大于二"的效果。

第三，依托项目驱动，深化务实合作。路是走出来的，事业是干出来的。美好的蓝图变成现实，需要扎扎实实的行动。

在基础设施联通方面，要推进铁路、公路等陆上大通道建设，加快海上港口建设，完善油气管道、电力输送、通信网络。

在实体经济合作方面，要大力推进经济走廊建设，办好经贸、产业合作园区，进一步促进投资、聚合产业、带动就业，走创新发展之路。

在贸易和投资自由化便利化方面，要推动自由贸易区建设，加强规则和标准体系相互兼容，提供更好的营商环境和机制保障，充分释放互联互通的积极效应。

在金融合作方面，要拓展融资渠道，创新融资方式，降低融资成本，打通融资这一项目推进的关键环节。

民心相通是"一带一路"建设国际合作的重要内容。我们要深入开展人文领域交流合作，让合作更加包容，让合作基础更加坚实，让广大民众成为"一带一路"建设的主力军和受益者。

各位同事！

雁栖湖是一个有历史积淀的地方，是一个启迪思想的地方，也是一个开启合作征程的地方。很多人形象地比喻说，"一带一路"就像一对腾飞的翅膀。让我们以雁栖湖为新的起点，张开双翼，一起飞向辽阔的蓝天，飞向和平、发展、合作、共赢的远方！

谢谢大家。

团结协作，开放包容，建设安全稳定、发展繁荣的共同家园[*]

（二○一七年六月九日）

尊敬的纳扎尔巴耶夫总统，
尊敬的各位同事：

很高兴来到阿斯塔纳出席上海合作组织峰会。这座城市展现的生机活力是本组织蓬勃发展的生动写照。

感谢东道主哈萨克斯坦和纳扎尔巴耶夫总统所作的精心准备和周到安排。一年来，哈方作为轮值主席国，做了大量卓有成效的工作，中方对此高度评价。

今年是《上海合作组织宪章》签署十五周年，也是《上海合作组织成员国长期睦邻友好合作条约》签署十周年。以这两份纲领性文件为思想基石和行动指南，成员国坚定遵循"上海精神"，在构建命运共同体道路上迈出日益坚实步伐，树立了合作共赢的新型国际关系典范。今天，我们将接收印度、巴基斯坦为成员国。

---

[*] 这是习近平同志在哈萨克斯坦阿斯塔纳举行的上海合作组织成员国元首理事会第十七次会议上的讲话。

当前，国际和地区形势深刻复杂变化，不稳定不确定因素增多。各国惟有同舟共济，才能妥善应对威胁和挑战。中方愿同各方一道，强化命运共同体意识，建设安全稳定、发展繁荣的共同家园。为此，我提出以下建议。

第一，巩固团结协作。哈萨克斯坦有句谚语，"有团结的地方，定有幸福相随"。"上海精神"产生的强大凝聚力是本组织发展的保证。我们要保持团结协作的良好传统，新老成员国密切融合，深化政治互信，加大相互支持，构建平等相待、守望相助、休戚与共、安危共担的命运共同体。中方倡议制定《上海合作组织成员国长期睦邻友好合作条约》未来五年实施纲要，规划下一阶段各领域合作方向。建议加强立法机构、政党、司法等领域交流合作，为各方进行政策沟通提供渠道。

第二，携手应对挑战。安全是发展的基石。没有安全，就谈不上发展。近期本地区发生的暴力恐怖事件表明，打击"三股势力"斗争仍然任重道远，我们要一如既往将维护地区安全稳定作为上海合作组织工作的优先方向。中方支持落实本次峰会将签署的《上海合作组织反极端主义公约》，有效遏制极端主义蔓延势头。为提升成员国在安全领域的协调水平和行动能力，中方主张加强地区反恐怖机构建设，严厉打击毒品制贩，愿再次主办上海合作组织网络反恐联合演习，倡议举办防务安全论坛，制定未来三年打击"三股势力"合作纲要。中方支持上海合作组织在国际和地区事务中发出一致声音，为推动热点问题政治解决贡献力量。中方对近期阿富汗安全形势恶化表示关切，呼吁各方支持阿富汗和平和解进程，期待"上海合作组织—阿富汗联络组"为阿富汗和平重建事业发挥更积极作用。

第三，深化务实合作。地区一体化和经济全球化是时代潮流，各国和各国人民应该从这一进程中受益。上个月，"一带一路"国际合作高峰论坛在北京成功举行。中方和有关各方正积极推动"一带一路"建设同欧亚经济联盟建设等区域合作倡议以及哈萨克斯坦"光明之路"等各国发展战略对接，上海合作组织可以为此发挥重要平台作用。中方倡议逐步建立区域经济合作制度性安排，并从商签《上海合作组织贸易便利化协定》做起。为提高地区国家互联互通水平，中方支持按期开放《上海合作组织成员国政府间国际道路运输便利化协定》中规定的跨境线路，欢迎本地区其他国家加入协定，并赞同制定成员国公路协调发展规划。为调动更多资源和力量推动上海合作组织框架内务实合作，中方支持建立地方合作机制，并积极开展中小企业合作，倡议成立经济智库联盟和电子商务工商联盟。建议充分利用现有平台为本组织项目合作融资，同时在专家层面继续研究建立上海合作组织开发银行的可行方式。

第四，拉紧人文纽带。我们要促进各国民众特别是青年一代心灵相通，使睦邻友好合作事业永葆活力。中方愿同各方一道，继续做好上海合作组织大学运行工作，办好青年交流营、中小学生夏令营等品牌项目，并主办上海合作组织国家文化艺术节、妇女论坛、职工技能大赛等活动，扎实推进卫生、救灾、环保、体育、旅游等领域合作。中方将启动实施"中国—上海合作组织人力资源开发合作计划"，通过邀请上海合作组织成员国人员来华研修研讨、派遣中方专家顾问赴成员国提供政策咨询、在成员国境内开展当地培训、提供政府奖学金名额等方式，加大同成员国在人力资源开发领域合作的广度和深度。促进民心相通，媒体不能缺位。中方倡议建立媒体合作机制，将主办本组织首届媒体峰会。

第五，坚持开放包容。对外开放是本组织成立之初就确立的基本原则。中方支持上海合作组织同观察员国、对话伙伴以及其他国家开展多形式、宽领域合作，并根据有关规定和协商一致原则继续认真研究有关国家获得本组织法律地位的申请。中方赞成本组织继续扩大同联合国等国际和地区组织的交流合作，共同致力于促进世界持久和平和共同繁荣的事业。

中方高度评价本组织两个常设机构的工作，决定向秘书处追加捐款一千万元人民币，用于改善工作条件和开展活动。

各位同事！

本次峰会后，中方将接任上海合作组织轮值主席国并于二〇一八年六月举办峰会。中方将认真履职尽责，同各方一道，努力给各国人民带来越来越多的获得感，携手创造本组织更加光明的未来。

谢谢大家。

接受俄罗斯媒体采访时的答问

（二〇一七年七月三日）

问：您多次提出中俄关系处于历史最好时期，您认为这体现在哪些方面？俄中两国及时就主要国际问题进行对话协商的做法对全球和地区和平稳定和发展繁荣有何重要意义？

答：当前，中俄全面战略协作伙伴关系处于历史最好时期，我认为主要体现在以下方面。

一是建立了高水平的政治和战略互信。双方彻底解决了历史遗留的边界问题，四千三百多公里共同边界成为连接两国人民友谊的纽带。双方签署《中俄睦邻友好合作条约》，将世代友好的理念以法律形式确立下来。双方达成"四个相互坚定支持"共识，即坚定支持对方维护本国主权、安全、领土完整等核心利益的努力，坚定支持对方走符合本国国情的发展道路，坚定支持对方发展振兴，坚定支持对方把自己的事情办好。中俄互为最可信赖的战略伙伴。

二是高层交往和各领域合作机制健全。我同普京总统建立了密切的工作关系和良好的个人友谊，保持年均五次会晤的频率，共同引领和规划两国关系发展。应普京总统邀请，我即将对俄罗斯进行国事访问，相信这次访问将为中俄关系发展注入新动力。两国各层级、各部门、各地方交往和磋商机制完备。中俄关系发展具有牢固的机制保障。

三是积极对接各自发展战略。我和普京总统达成"一带一路"建设同欧亚经济联盟对接的重要共识，两国能源、贸易、投资、高技术、金融、基础设施建设、农业等各领域合作发展迅速，现代化和科技创新含量不断提升。田湾核电站成为中俄核能合作的典范项目，中俄东线天然气管道项目进展顺利。双方正在积极开展联合研制远程宽体客机和重型直升机等战略性大项目合作，致力于提升两国综合国力和国际竞争力。双方还商定发展创新、电子商务等新兴领域合作，挖掘新的合作增长点和潜力。蓬勃发展的务实合作成为中俄关系持续发展的引擎。

四是社会和民意基础坚实牢固。今年是中俄友好、和平与发展委员会成立二十周年和俄中友协成立六十周年，也是中俄媒体交流年收官之年，双方正在举办一系列丰富多彩的人文交流活动。两国人员往来每年超过三百万人次，中国连续多年保持俄罗斯最大外国游客客源国地位。双方互设文化中心，成立联合大学，制定了二〇二〇年互派留学生规模达到十万人的目标。两国民众十分喜爱对方国家的语言和文化，相互了解和友谊与日俱增。发展中俄友好合作关系成为两国人民的共同心声和愿望。

五是在国际和地区事务中保持密切战略协作。中俄同为世界主要大国、联合国安理会常任理事国、新兴市场国家，都主张坚持以联合国宪章宗旨和原则为基石的国际关系基本准则，倡导世界多极化和国际关系民主化，坚决捍卫第二次世界大战胜利成果和国际公平正义。双方在联合国、二十国集团、亚太经合组织等国际多边框架内密切协调和配合，共同倡导建立了上海合作组织、金砖国家合作等多边机制并努力推动其发展，维护中亚、东北亚等共同周边和平稳定。两国在国际事务中的协作有力维护了地区及世界和平、安全、稳定，在动荡多变的国际局势中发挥了稳定器作用，体现了中俄两个大国对世界和平与发展的担当。

展望未来，我们对中俄全面战略协作伙伴关系发展充满信心。我愿继续同普京总统一道，引领和推动两国关系沿着既定轨道健康发展，更好促进两国各自发展振兴，更好促进世界繁荣稳定。

问：有人认为当前俄中政治关系发展水平远高于经贸关系，您认为应该采取何种措施来改善俄中双边经贸关系，哪些方向和大项目具有优先地位？

答：我和普京总统都高度重视并积极推动中俄经贸合作。经贸合作在中俄务实合作中基础领域最广，合作潜力巨大。

我们要全面看待两国经贸合作发展。中国连续七年保持俄罗斯第一大贸易伙伴地位。去年，中俄经贸合作克服世界经济不景气、原油等大宗商品价格波动等不利因素影响，实现止跌回升，双边贸易额达到六百九十五亿三千万美元、同比增长百分之二点二。今年前五个月，双边贸易进一步提速，增幅达到百分之二十六，全年贸易额有望超过八百亿美元。

尤其是两国经贸合作的结构不断优化，呈现不少新增长点。一是机电和高新技术产品保持快速增长，今年第一季度增幅分别为百分之二十点八和百分之十九点四。二是投资合作效应正在逐步显现。两国政府间投资合作委员会今年确定了新一批七十三个合作项目清单，部分项目正在按计划实施。三是金融合作深入推进。俄罗斯央行在中国设立首家海外代表处。俄罗斯企业成为"一带一路"沿线首家在中国成功发行熊猫债券的企业。中方宣布设立总规模为一千亿元人民币的中俄地区合作发展投资基金，用于促进中国东北地区和俄罗斯远东地区合作。四是农产品贸易发展迅速。中方欢迎更多俄罗斯优质农产品进入中国市场。五是远东开发合作提速。中国已成为俄罗斯远东地区第一大贸易伙伴，双方在资源深加工、港口物流、现代农业、基础设施建设等领域积极推进一批有潜力的合作项目。六是中俄能源、核能、航空、航天、跨境基础设施建设等领域战略性大项目稳步推进，比如，东线天然气管道建设进展顺利，中国企业积极参与亚马尔液化气项目建设，远程宽体客机合资公司已于今年五月在上海挂牌成立。

当然，中俄相互投资规模有待扩大、中小企业合作发展还需加快，需要双方共同努力。双方要加强传统经贸合作，包括中方自俄罗斯进口油气、煤炭、电力、锯材等大宗商品，扩大双边本币结算，落实好商定投资项目，充分用好中俄博览会、圣彼得堡国际经济论坛、东方经济论坛等展会平台作用，挖掘中俄"长江—伏尔加河"、"东北—远东"等地方和边境地区经贸合作潜力。

中俄两国发展离不开欧亚大陆发展，也将以自身发展促进欧亚大陆发展。今年五月，普京总统来华出席"一带一路"国际合作高峰论坛期间表示支持并愿积极参与"一带一路"建设。中俄两国正在积极推进"一带一路"建设同欧亚经济联盟对接合作。在对接合作框架内，双方正在积极商谈中国同欧亚经济联盟经贸合作协议和对接合作项目清单。这将为两国经贸合作开拓更加广阔的发展空间，有助于提升两国贸易和投资便利化水平，为两国企业家创造更多新的合作机遇，实现产业、技术、资本、市场等有效流通，使欧亚各国在经济全球化和区域一体化进程中实现利益共享。

在双边大项目合作层面，双方要坚持推进能源领域上下游一体化合作。战略性大项目是两国经贸合作的基石，其综合效益和战略效果不能用简单的数字体现和衡量，双方要开展更多联合研制、联合生产、推广应用等合作。

在互联互通层面，我们欢迎并愿积极参与俄方提出的共同开发建设滨海国际运输走廊建议，希望双方早日建成同江铁路桥、黑河公路桥等重大跨境基础设施，共同开发和利用海上通道特别是北极航道，打造"冰上丝绸之路"。这些互联互通领域的合作将为促进两国经贸合作深入发展提供新动能。

中小企业是国家经济增长的重要支撑，也是推动社会创新和创造大量就业的积极要素。两国政府要为中小企业合作创造有利条件，调动他们合作的积极性，使大企业和中小企业同步发展、相互促进，并共同开拓第三国市场。

总之，我和普京总统都认为，中俄两国要深化经贸合作，筑牢共同利益纽带，同时要着眼长远，弘扬相互扩大开放、开展互利合作精神，着眼提升两国综合国力和国际竞争力，使合作成果更多惠及两国人民。

问：今年五月您成功主持召开了"一带一路"国际合作高峰论坛，您对这次高峰论坛成果有何评价？对"一带一路"建设未来发展前景有何期待？您如何评价俄罗斯在"一带一路"建设中的作用？

答："一带一路"倡议是我在二〇一三年访问中亚和东南亚时提出来的，目的是通过加强国际合作，对接彼此发展战略，实现优势互补，促进共同发展。近四年来，"一带一路"相关合作稳步推进，受到各方普遍欢迎和积极参与，取得了一批重要早期收获。在这一背景下，我们今年五月在北京成功举办"一带一路"国际合作高峰论坛，主要是总结过去、规划未来。来自二十九个国家的领导人和联合国、世界银行、国际货币基金组织的负责人，一百四十多个国家和八十多个国际组织的一千六百多名代表参加。各方围绕"加强国际合作，共建'一带一路'，实现共赢发展"的主题，就加强政策协调和发展战略对接、深化伙伴关系、推动互联互通、促进人文交流等议题深入交换意见。会议总结了"一带一路"合作进展，达成广泛共识，各方形成五大类、七十六大项、二百七十多项具体成果，传递出各方打造合作平台、为世界经济增长谋求动力、为经济全球化发展提振信心的积极信号。

我们将以此为契机，以共商、共建、共享为指导原则，推动各国政策沟通、设施联通、贸易畅通、资金融通、民心相通。加强政策协调和发展战略对接，把互联互通作为重点合作领域，支持加快经济走廊建设，推进国际产能和装备制造合作，促进教育、科技、文化、医疗卫生等领域合作，共同挖掘经济增长新动力，实现各国共同发展，努力打造人类命运共同体。

俄罗斯总统普京是最早接受我邀请参加高峰论坛的领导人，体现了俄方对中方办会的重要支持和中俄关系的高水平。二〇一五年五月，中俄双方就"一带一路"建设同欧亚经济联盟对接合作达成重要共识，得到欧亚经济联盟其他成员国积极响应支持。两年来，对接合作稳步开展，进展显著。中方愿同俄方一道努力，以推进"一带一路"建设同欧亚经济联盟对接为契机，继续推动中俄关系不断向前发展。

问：能否请您简要介绍当前中国经济发展情况？您对即将召开的二十国集团领导人汉堡峰会有何期待？

答：今年以来，中国经济延续了去年下半年以来稳中向好的发展态势。第一季度，中国国内生产总值增长百分之六点九，实现了良好开局。随着中国重要领域和关键环节深层次改革持续推进并落地见效，新动能培育和传统动能改造协同发力，中国经济将继续保持平稳较快增长。

当前，世界经济增长势头进一步巩固，发达国家和新兴市场国家经济形势普遍向好，但也面临一些严峻挑战。在这一背景下，二十国集团继续发挥国际经济合作主要论坛作用、落实杭州峰会及历届峰会共识、引领世界经济前进方向尤为重要，也符合各方利益。中方对汉堡峰会有以下期待。

一是希望二十国集团继续秉持同舟共济、合作共赢的伙伴精神。这种精神曾指引二十国集团走过国际金融危机风雨，也将继续鼓舞二十国集团引领世界经济浪潮。正如我在杭州峰会欢迎晚宴致辞中讲的，"只要我们彼此包容、守望相助，就能无论晴时好、雨时奇，都坚定前行，共抵彼岸"。

二是希望二十国集团继续高举建设开放型世界经济

的时代旗帜。作为世界经济的引领力量，二十国集团应该坚持开放发展，支持以世界贸易组织为核心的多边贸易体制，推动贸易和投资继续发挥世界经济增长引擎作用。

三是希望二十国集团继续引领创新增长、长效治理的发展路径。各国需要继续通过创新挖掘世界经济增长新动力，推动数字经济、新工业革命深入发展，加强基础设施建设投资，综合运用财政政策、货币政策、结构性改革，促进世界经济实现强劲、可持续、平衡、包容增长。

五月在北京成功举行的"一带一路"国际合作高峰论坛，同今年汉堡峰会的主题——"塑造联动世界"高度契合。"一带一路"倡议和二十国集团合作可以相互补充、相互促进，共同促进世界经济增长。中方愿以汉堡峰会为契机，同各方一道努力，为促进世界经济增长、完善全球经济治理作出积极贡献。

问：朝鲜半岛紧张局势长期未能得到有效缓和，国际社会高度关注半岛问题。中国认为应该如何解决这一问题？中国如何看待美国在韩国部署"萨德"反导系统的行动？

答：中方高度关注半岛局势发展，坚持实现半岛无核化，坚持维护半岛和平稳定，坚持通过对话协商解决问题。半岛问题由来已久，错综复杂，解决起来必须坚持标本兼治，兼顾各方合理关切。为此，中方提出实现半岛无核化和建立半岛和平机制"双轨并行"思路，以及朝鲜暂停核导活动和美韩两国暂停大规模联合军演"双暂停"倡议。俄方明确予以理解和支持，中俄双方有着相同和相近的立场，国际社会也越来越多地作出积极回应。希望半岛问题相关各方呼应中俄双方的劝和促谈努力，负起各自应负责任，互释善意，相向而行，争取早日将半岛问题纳入对话协商解决的正确轨道。

美国在韩国部署"萨德"反导系统严重损害包括中俄在内域内国家战略安全利益，破坏地区战略平衡，无助于实现朝鲜半岛无核化目标和地区和平稳定。中方已对此表明坚决反对立场和严正关切。中俄在各层级就"萨德"问题保持密切沟通和协调，双方对这一问题本质和危害的认识高度一致。中俄坚决反对美国在韩国部署"萨德"反导系统，强烈敦促有关国家停止并取消相关部署，双方将共同或各自采取必要措施，维护两国安全利益和地区战略平衡。

问：国际社会高度关注叙利亚问题，中方认为应该如何解决这一问题？您如何评价俄方在叙利亚问题上的作用？

答：叙利亚问题是当前中东最为复杂难解的热点问题，给叙利亚人民带来了深重苦难，也给地区和世界和平稳定带来严峻挑战。

在叙利亚问题上，中方的立场是一贯的，主张叙利亚主权独立、领土完整应当得到维护和尊重，叙利亚国家未来应该由叙利亚人民自主决定，认为政治解决是叙利亚问题的唯一现实出路。我们真诚希望叙利亚问题尽快得到妥善解决，希望叙利亚人民企盼和平的愿望早日实现，能够重返并重建家园。

近来，叙利亚问题出现积极势头。有关各方在阿斯塔纳对话会上签署备忘录，同意在叙利亚设立冲突降级区。联合国方面主持的日内瓦和谈持续推进。中方主张，当前形势下，国际社会要维护来之不易的叙利亚问题政治解决势头，支持联合国继续发挥斡旋主渠道作用，推动叙利亚政府和反对派展现诚意、耐心协商，努力达成兼顾各方合理关切的政治解决方案。有关各方还应该加强协调，形成合力，在国际法框架内有效打击叙利亚境内的恐怖主义。

俄方为推动叙利亚问题妥善解决发挥了重要、积极影响和作用，中方对此表示赞赏。

问：恐怖主义是世界安全和发展的现实威胁。您如何评价俄中两国在打击"三股势力"方面的合作？

答：近期，全球反恐形势深刻演变，国际恐怖活动持续活跃。今年以来，许多国家接连遭受严重恐怖袭击，造成大量人员伤亡。各方面情况表明，尽管国际社会军事打恐取得一定进展，但全球恐怖活动仍将多发频发，对世界和平、稳定、发展构成持续冲击，应对恐怖主义威胁仍是全球安全治理的一个突出难题。

面对严峻的恐怖威胁，国际社会命运共同体意识在增强，反恐共识不断增多，合作打击恐怖主义取得重要成效。但是，问题依然突出：一是恐怖主义同热点问题叠加共振，成为国际社会"越反越恐"的重要原因。二是国际恐怖组织号召并策划在全球各地发动更多恐怖袭击。三是暴力恐怖思想通过网络和社交媒体在全球持续蔓延，其深层次影响将不断显现。四是一些国家仍将反恐作为推进本国利益的手段，在反恐上奉行双重标准，导致反恐国际合作工具化、碎片化，难成合力。

中方一直以建设性方式支持国际社会打击恐怖主义的努力。我们认为，开展反恐国际合作，一是要摒弃"双重标准"，充分发挥联合国在国际反恐斗争中的主导作用，矢志一心，形成合力；二是要妥善解决地区热点问题，帮助叙利亚等中东国家尽快恢复稳定，遏制住恐怖主义蔓延猖獗之势；三是要着眼长远，综合施策，标本兼治，政治、经济、文化等多措并举，从源头肃清恐怖主义滋生的温床。

中国和俄罗斯都是恐怖主义受害者。两国在反恐安全领域的合作是中俄全面战略协作伙伴关系的重要组成部分，为国际反恐合作树立了典范。这既符合两国根本利益，也有利于本地区乃至世界和平稳定。双方通过执法安全合作机制，在打击恐怖主义、分裂主义、极端主义"三股势力"等领域开展了良好合作，为维护两国和本地区稳定发展发挥了重要积极作用。中方愿同俄方深化双边务实合作，加大在彼此反恐核心关切上的相互支持，同时密切在联合国、上海合作组织等多边框架内协调和配合，坚持联合国在反恐国际合作中的主导作用，推动上海合作组织等机制反恐安全合作不断走向深入，共同推动反恐国际合作取得更大进展。

共同开创金砖合作
第二个"金色十年"*

（二〇一七年九月三日）

尊敬的特梅尔总统、尊敬的祖马总统，

各位工商界代表，

女士们，先生们，朋友们：

下午好！很高兴同大家相聚在风景怡人的"鹭岛"厦门。明天，金砖国家领导人会晤就要拉开帷幕。我谨代表中国政府和中国人民、代表厦门市民，并以我个人的名义，向参加会议的各位嘉宾表示热烈的欢迎！

厦门自古就是通商裕国的口岸，也是开放合作的门户，正所谓"厦庇五洲客，门纳万顷涛"。一九八五年我来到福建工作，厦门是第一站。当时的厦门身处中国改革开放前沿，是先行先试的经济特区，也是一片发展的热土。三十多载春风化雨，今天的厦门已经发展成一座高素质的创新创业之城，新经济新产业快速发展，贸

---

* 这是习近平同志在福建厦门举行的金砖国家工商论坛开幕式上的讲话。

易投资并驾齐驱,海运、陆运、空运通达五洲。今天的厦门也是一座高颜值的生态花园之城,人与自然和谐共生。

闽南民众常说,"爱拼才会赢"。这其中蕴含着一种锐意进取的精神。厦门这座城市的成功实践,折射着十三亿多中国人民自强不息的奋斗史。改革开放近四十年来,在中国共产党领导下,中国人民凭着一股逢山开路、遇水架桥的闯劲,凭着一股滴水穿石的韧劲,成功走出一条中国特色社会主义道路。我们遇到过困难,我们遇到过挑战,但我们不懈奋斗、与时俱进,用勤劳、勇敢、智慧书写着当代中国发展进步的故事。

女士们、先生们、朋友们!

金砖合作正处在承前启后的关键节点上。观察金砖合作发展,有两个维度十分重要。一是要把金砖合作放在世界发展和国际格局演变的历史进程中来看。二是要把金砖合作放在五国各自和共同发展的历史进程中来看。

现在,我们正处在一个大发展大变革大调整的时代。虽然全球范围内冲突和贫困尚未根除,但和平与发展的时代潮流愈发强劲。世界多极化、经济全球化、文化多样化、社会信息化深入发展,弱肉强食的丛林法则、你输我赢的零和游戏不再符合时代逻辑,和平、发展、合作、共赢成为各国人民共同呼声。

在这样的大背景下,一大批新兴市场国家和发展中国家异军突起,在国际事务中发挥着日益重要的作用。

金砖合作也应运而生，我们五国怀着追求和平与发展的共同愿望走到一起。在过去十年中，金砖国家携手同行，成长为世界经济的新亮点。

——十年中，金砖国家探索进取，谋求共同发展。二〇〇八年爆发的国际金融危机突如其来，直接导致世界经济急刹车，至今未能重回正轨。面对外部环境突然变化，我们五国立足国内，集中精力发展经济、改善民生。十年间，五国经济总量增长百分之一百七十九，贸易总额增长百分之九十四，城镇化人口增长百分之二十八，为世界经济企稳复苏作出突出贡献，也让三十多亿人民有了实实在在的获得感。

——十年中，金砖国家务实为先，推进互利合作。我们五国发挥互补优势，拉紧利益纽带，建立起领导人引领的全方位、多层次合作架构，涌现出一批契合五国发展战略、符合五国人民利益的合作项目。特别是新开发银行和应急储备安排的建立，为金砖国家基础设施建设和可持续发展提供了融资支持，为完善全球经济治理、构建国际金融安全网作出了有益探索。

——十年中，金砖国家敢于担当，力求在国际舞台上有所作为。我们五国秉持多边主义，倡导公平正义，就国际和地区重大问题发出声音、提出方案。我们五国积极推动全球经济治理改革，提升新兴市场国家和发展中国家代表性和发言权。我们五国高举发展旗帜，带头落实千年发展目标和可持续发展目标，加强同广大发展中国家对话合作，谋求联合自强。

万丈高楼平地起。如今，金砖合作基础已经打下，整体架构轮廓初现。回望来时路，我认为有三条启示十分重要，应该在今后的合作中发扬光大。

一是平等相待、求同存异。金砖国家不搞一言堂，凡事大家商量着来。我们五国尊重彼此发展道路和模式，相互照顾关切，致力于增进战略沟通和政治互信。我们五国在国情、历史、文化等方面存在差异，合作中难免遇到一些分歧，但只要坚定合作信念、坚持增信释疑，就能在合作道路上越走越稳。

二是务实创新、合作共赢。金砖国家不是碌碌无为的清谈馆，而是知行合一的行动队。我们五国以贸易投资大市场、货币金融大流通、基础设施大联通、人文大交流为目标，推进各领域务实合作，目前已经涵盖经贸、财金、科教、文卫等数十个领域，对合作共赢的新型国际关系作出生动诠释。

三是胸怀天下、立己达人。金砖国家都是在发展道路上一步一步走过来的，对那些身处战乱和贫困的百姓，我们感同身受。我们五国从发起之初便以"对话而不对抗，结伴而不结盟"为准则，倡导遵循联合国宪章宗旨和原则以及国际法和国际关系基本准则处理国家间关系，愿在实现自身发展的同时同其他国家共享发展机遇。如今，金砖合作理念得到越来越多理解和认同，成为国际社会的一股正能量。

这些都是金砖精神的具体体现，是我们五国历经十年合作凝聚的共同价值追求。这种精神在实践中不断升华，为五国人民带来福祉，也让世界因金砖合作而有所不同。

女士们、先生们、朋友们！

回首过去，是为了找准前进方向。放眼世界，我们看到世界经济重新恢复增长，新兴市场国家和发展中国家表现突出。新一轮科技革命和产业变革蓄势待发，改革创新潮流奔腾向前。我们有足够的理由相信，这个世界会更好。

同时，我们也看到，全球七亿多人口还在忍饥挨饿，数以千万的难民颠沛流离，无数民众包括无辜的孩子丧身炮火。世界经济尚未走出亚健康和弱增长的调整期，新动能仍在孕育。经济全球化遭遇更多不确定性，新兴市场国家和发展中国家发展的外部环境更趋复杂。世界和平与发展之路还很长，前行不会一路坦途。

现在，有人看到金砖国家等新兴市场国家和发展中国家的增长出现起伏，就断言"金砖失色、褪色"。毋庸讳言，受内外复杂环境影响，金砖国家发展难免遭遇不同程度的逆风。但是，金砖国家不断向前发展的潜力和趋势没有改变。我们对此充满信心。

千年潮未落，风起再扬帆。面向未来，金砖国家面临着发展经济、加强合作的重要任务。我们要总结成功经验，勾画合作愿景，踏上新的征程，共同开创金砖合作第二个"金色十年"。

第一，深化金砖合作，助推五国经济增加动力。近年来，金砖国家凭借大宗商品供给、人力资源成本、国际市场需求等优势，引领世界经济增长。随着五国经济不断发展，资源要素配置、产业结构等问题日渐突出。同时，世界经济结构经历深刻调整，国际市场需求萎缩，金融风险积聚。金砖国家经济传统优势在发生变化，进入到滚石上山、爬坡过坎的关键阶段。

如何跨越这一阶段？答案是不能片面追求增长速度，而是要立足自身、放眼长远，推进结构性改革，探寻新的增长动力和发展路径。要把握新工业革命的机遇，以创新促增长、促转型，积极投身智能制造、互联网+、数字经济、共享经济等带来的创新发展浪潮，努力领风气之先，加快新旧动能转换。要通过改革打破制约经济发展的藩篱，扫清不合理的体制机制障碍，激发市场和社会活力，实现更高质量、更具韧性、更可持续的增长。

金砖国家虽然国情不同，但处于相近发展阶段，具有相同发展目标。我们应该共同探索经济创新增长之道，加强宏观政策协调和发展战略对接，发挥产业结构和资源禀赋互补优势，培育利益共享的价值链和大市场，形成联动发展格局。我们要用改革创新的实践经验，为其他新兴市场国家和发展中国家抢抓机遇、应对挑战闯出一条新路。

经济合作是金砖机制的根基。我们应该紧紧围绕这条主线，落实《金砖国家经济伙伴战略》，推动各领域合作机制化、实心化，不断提升金砖合作含金量。今年，我们在新开发银行和应急储备安排建设、电子商务、贸易和投资便利化、服务贸易、本币债券、科技创新、工业合作、政府和社会资本合作等领域取得了一系列成果，拓展了经济合作广度和深度。我们要继续努力，落实以往的成果和共识，让现有机制发挥作用，同时积极探索务实合作新方式新内涵，拉紧联系纽带，让金砖合作行稳致远。

第二，勇担金砖责任，维护世界和平安宁。和平与发展互为基础和前提。要和平不要冲突、要合作不要对抗是世界各国人民共同愿望。在各国一道努力下，世界总体和平得以保持半个多世纪。但是，世界仍不太平，地区冲突和热点问题一波未平、一波又起。恐怖主义、网络安全等威胁相互交织，为世界蒙上一层阴影。

金砖国家是世界和平的维护者、国际安全秩序的建设者。今年，我们举行安全事务高级代表会议和外长正式会晤，建立常驻多边机构代表定期磋商机制，召开外交政策磋商、反恐工作组、网络安全工作组、维和事务磋商等会议，就是要加强在国际和地区重大问题上的沟通和协调，汇聚金砖合力。我们要维护联合国宪章宗旨和原则以及国际关系基本准则，坚定维护多边主义，推动国际关系民主化，反对霸权主义和强权政治。要倡导共同、综合、合作、可持续的安全观，建设性参与地缘政治热点问题解决进程，发挥应有作用。

我相信，只要坚持综合施策、标本兼治，坚决打击一切形式的恐怖主义，恐怖分子终将无处容身。只要坚持对话协商谈判，为叙利亚、利比亚、巴以等问题的政治解决创造条件，战火终将平息，流离失所的难民定能重返家园。

第三，发挥金砖作用，完善全球经济治理。唯有开放才能进步，唯有包容才能让进步持久。由于近年来世界经济处于疲弱期，发展失衡、治理困境、公平赤字等问题显得更加突出，保护主义和内顾倾向有所上升。世界经济和全球经济治理体系进入调整期，面临新的挑战。

对经济全球化进程中出现的问题，我们不能视而不见，也不能怨天尤人，而是要齐心协力拿出解决方案。我们要同国际社会一道，加强对话、协调、合作，为维护和促进世界经济稳定和增长作出积极贡献。为此，我们应该推动建设开放型世界经济，促进贸易和投资自由化便利化，合力打造新的全球价值链，实现经济全球化再平衡，使之惠及各国人民。我们五国要相互提高开放水平，在开放中做大共同利益，在包容中谋求机遇共享，为五国经济发展开辟更加广阔的空间。

新兴市场国家和发展中国家的发展，不是要动谁的奶酪，而是要努力把世界经济的蛋糕做大。我们要合力引导好经济全球化走向，提供更多先进理念和公共产品，推动建立更加均衡普惠的治理模式和规则，促进国际分工体系和全球价值链优化重塑。要推动全球经济治理体系变革，反映世界经济格局现实，并且完善深海、极地、外空、网络等新疆域的治理规则，确保各国权利共享、责任共担。

第四，拓展金砖影响，构建广泛伙伴关系。作为具有全球影响力的合作平台，金砖合作的意义已超出五国范畴，承载着新兴市场国家和发展中国家乃至整个国际社会的期望。金砖国家奉行开放包容的合作理念，高度重视同其他新兴市场国家和发展中国家合作，建立起行之有效的对话机制。

一箭易断，十箭难折。我们应该发挥自身优势和影响力，促进南南合作和南北对话，汇聚各国集体力量，联手应对风险挑战。我们应该扩大金砖合作的辐射和受益范围，推动"金砖+"合作模式，打造开放多元的发展伙伴网络，让更多新兴市场国家和发展中国家参与到团结合作、互利共赢的事业中来。

厦门会晤期间，中方将举行新兴市场国家与发展中国家对话会，邀请来自全球不同地区国家的五位领导人共商国际发展合作和南南合作大计，推动落实二〇三〇年可持续发展议程。

无论是深化金砖自身合作，还是构建广泛的伙伴关系，人民相互了解、理解、友谊都是不可或缺的基石。我们应该发挥人文交流纽带作用，把各界人士汇聚到金砖合作事业中来，打造更多像文化节、电影节、运动会这样接地气、惠民生的活动，让金砖故事传遍大街小巷，让我们五国人民的交往和情谊汇成滔滔江河，为金砖合作注入绵绵不绝的动力。

女士们、先生们、朋友们！

金砖合作机制不断走深走实的十年，也是中国全面推进改革开放、经济社会实现快速发展的十年。十年中，中国经济总量增长百分之二百三十九，货物进出口总额增长百分之七十三，成为世界第二大经济体，十三亿多中国人民的生活水平实现大幅飞跃，中国为世界和地区经济发展作出的贡献也越来越大。

不可否认的是，随着中国改革进入攻坚期和深水区，一些深层次的矛盾和问题凸显出来，需要下大决心、花大气力加以破解。中国有句话叫良药苦口。我们采用的是全面深化改革这剂良方。这五年来，我们采取了一千五百多项改革举措，推动改革呈现全面发力、多点突破、纵深推进的局面，经济结构调整和产业升级步伐不断加快，经济稳中向好态势不断巩固，经济持续发展的新动能不断积聚。今年上半年，中国经济增长百分之六点九，第三产业增加值占国内生产总值的百分之五十四点一，新增城镇就业七百三十五万人。事实证明，全面深化改革的路走对了，还要大步走下去。

面向未来，中国将深入贯彻创新、协调、绿色、开放、共享的发展理念，不断适应、把握、引领经济发展新常态，推进供给侧结构性改革，加快构建开放型经济新体制，以创新引领经济发展，实现可持续发展。中国将坚定不移走和平发展道路，为世界和平与发展作出新的更大贡献。

今年五月，中方成功主办"一带一路"国际合作高峰论坛，二十九个国家的元首和政府首脑，一百四十多个国家、八十多个国际组织的一千六百多名代表出席，标志着共建"一带一路"倡议已经进入从理念到行动、从规划到实施的新阶段。各国代表在会上共商合作大计，共谋发展良策，达成广泛共识。需要指出的是，共建"一带一路"倡议不是地缘政治工具，而是务实合作平台；不是对外援助计划，而是共商共建共享的联动发展倡议。我相信，共建"一带一路"倡议将为各国实现合作共赢搭建起新的平台，为落实二〇三〇年可持续发展议程创造新的机遇。

工商界是金砖国家经济发展的主力军。十年来，工商界人士将企业发展融入金砖合作，为构建金砖经济伙伴关系作出重要贡献。把工商论坛安排在领导人会晤前夕举行，就是为了听取工商界的意见和建议，共同把厦门会晤办好，把金砖合作建设好。希望你们发挥工商界在信息、技术、资金等方面的优势，开展更多互利共赢、利国利民的务实合作项目，为促进经济社会发展、增进人民福祉作出更大贡献。中国政府将继续鼓励中国企业到其他国家落地扎根，也热忱欢迎其他国家的企业来中国投资兴业。

女士们、先生们、朋友们！

金砖国家将迎来更富活力的第二个十年，让我们同国际社会一道努力，让我们的合作成果惠及五国人民，让世界和平与发展的福祉惠及各国民众。

最后，我预祝这次工商论坛取得圆满成功！

谢谢大家。

深化金砖伙伴关系，
开辟更加光明未来*

（二〇一七年九月四日）

尊敬的祖马总统，

尊敬的特梅尔总统，

尊敬的普京总统，

尊敬的莫迪总理，

女士们，先生们，朋友们：

很高兴同各位同事再次相聚。首先，我谨代表中国政府和中国人民，对大家出席金砖国家领导人厦门会晤表示热烈的欢迎。我期待着同各位同事一道，围绕"深化金砖伙伴关系，开辟更加光明未来"的会晤主题，回顾总结金砖合作，勾画未来发展蓝图，开启合作新航程。

金砖合作已经走过十年光辉历程。我们五国虽然山海相隔，但怀着合作共赢的共同目标走到了一起。

中国古人说："交得其道，千里同好，固于胶漆，

---

* 这是习近平同志在金砖国家领导人厦门会晤大范围会议上的讲话。

坚于金石。"金砖合作之所以得到快速发展，关键在于找准了合作之道。这就是互尊互助，携手走适合本国国情的发展道路；秉持开放包容、合作共赢的精神，持之以恒推进经济、政治、人文合作；倡导国际公平正义，同其他新兴市场国家和发展中国家和衷共济，共同营造良好外部环境。

事实证明，金砖合作契合我们五国发展共同需要，顺应历史大势。尽管我们五国国情不同，但我们对伙伴关系、繁荣发展的追求是共同的，这使我们能够超越差异和分歧，努力实现互利共赢。

当前，世界格局发生了许多深刻复杂变化。在这一背景下，金砖合作显得更加重要。五国人民希望我们携手促进发展，提高人民福祉。国际社会期待我们维护世界和平，推动共同发展。我们应该再接再厉，全面深化金砖伙伴关系，开启金砖合作第二个"金色十年"。

第一，致力于推进经济务实合作。务实合作是金砖合作的根基，在这方面我们成绩斐然。同时，我们也要看到，现在，金砖合作潜力还没有充分释放出来。据统计，二〇一六年金砖国家对外投资一千九百七十亿美元，只有百分之五点七发生在我们五国之间。这说明，我们五国还有广阔合作空间。

我们应该紧紧围绕经济务实合作这条主线，在贸易投资、货币金融、互联互通、可持续发展、创新和产业合作等领域拓展利益汇聚点。今年，我们制定了《金砖国家服务贸易合作路线图》、《金砖国家投资便利化纲要》、《金砖国家电子商务合作倡议》、《金砖国家创新合作行动计划》、《金砖国家深化工业领域合作行动计划》，成立了新开发银行非洲区域中心，决定建立金砖国家示范电子口岸网络，在税收、电子商务、本币债券、政府和社会资本合作、金融机构和服务网络化布局等方面达成积极共识，各领域务实合作不断机制化、实心化，含金量不断提升。

我愿借此机会宣布，中方将设立首期五亿元人民币金砖国家经济技术合作交流计划，用于加强经贸等领域政策交流和务实合作。向新开发银行项目准备基金出资四百万美元，支持银行业务运营和长远发展。我们愿同各方一道努力，把以往成果和共识落实好，让现有机制运行好，共同把握新工业革命带来的历史机遇，积极探索务实合作新领域新方式，拉紧联系纽带，让金砖合作机制行稳致远。

第二，致力于加强发展战略对接。我们五国虽然国情不同，但处在相近发展阶段，具有相同发展目标，都已进入经济爬坡过坎的时期。加强发展战略对接，发挥各自在资源、市场、劳动力等方面比较优势，将激发我们五国增长潜力和三十亿人民创造力，开辟出巨大发展空间。

我们应该在大局上谋划、关键处落子，本着共商、共建、共享原则，寻找发展政策和优先领域的契合点，继续向贸易投资大市场、货币金融大流通、基础设施大联通目标迈进。要从结构性改革、可持续发展等角度入手，在创新创业、产业产能等领域拓展利益汇聚点，交流分享经验，助力彼此经济发展。处理好增长速度和质量、效益的关系，以落实二〇三〇年可持续发展议程为契机，谋求经济、社会、环境效益协调统一，实现联动包容发展。

第三，致力于推动国际秩序朝更加公正合理方向发展。随着我们五国同世界的联系更为紧密，客观上要求我们积极参与全球治理。没有我们五国参与，许多重大紧迫的全球性问题难以有效解决。我们就事关国际和平与发展的问题共同发声，共提方案，既符合国际社会期待，也有助于维护我们的共同利益。

我们应该坚定奉行多边主义和国际关系基本准则，推动构建新型国际关系，为各国发展创造和平稳定环境。要推动开放、包容、普惠、平衡、共赢的经济全球化，建设开放型世界经济，支持多边贸易体制，反对保护主义。要推进全球经济治理改革，提高新兴市场国家和发展中国家代表性和发言权，为解决南北发展失衡、促进世界经济增长提供新动力。

第四，致力于促进人文民间交流。国之交在于民相亲。只有深耕厚植，友谊和合作之树才能枝繁叶茂。加强我们五国人文交流，让伙伴关系理念扎根人民心中，是一项值得长期投入的工作。这项工作做好了，将使金砖合作永葆活力。

我们高兴地看到，我们五国领导人就加强金砖人文交流达成的重要共识正在变成现实。今年，五国人文交流合作全面铺开，举行了运动会、电影节、文化节、传统医药高级别会议等丰富多彩的活动。希望在我们共同关心和推动下，这些活动能够经常化、机制化，并努力深入基层，面向广大民众，营造百花齐放的生动局面。

各位同事！

过去十年，是金砖国家集中精力谋发展的十年，也是坚持不懈深化伙伴关系的十年。在金砖合作的历史进程中，十年只是一个开端。正如年初我在致各位同事的信中所说，展望未来，金砖合作必将得到更大发展，也必将在国际事务中发挥更大作用。让我们共同努力，推动金砖合作从厦门再次扬帆远航，开启第二个"金色十年"的大门，使金砖合作造福我们五国人民，惠及各国人民！

谢谢大家。

坚持合作创新法治共赢，携手开展全球安全治理*

（二〇一七年九月二十六日）

各位代表，

各位嘉宾，

女士们，先生们，朋友们：

来自一百五十八个国家和地区的执法人士、国际刑警组织负责人、相关国际机构代表相聚北京，举行国际刑警组织第八十六届全体大会，共商国际执法安全合作大计，对推动全球安全治理、维护世界安全稳定具有十分重要的意义。

首先，我谨代表中国政府和中国人民，并以我个人名义，对各位代表、各位嘉宾的到来表示诚挚的欢迎！对本次会议的召开表示热烈的祝贺！

国际刑警组织是全球覆盖范围最大、成员数量最多、代表性最广的国际执法合作组织。国际刑警组织成

---

* 这是习近平同志在北京举行的国际刑警组织第八十六届全体大会开幕式上的主旨演讲。

立近百年来，以增进互信协作、促进世界安全为己任，遵循让世界更安全的理念，为凝聚世界各国警方共识、深化国际执法安全合作、共同打击犯罪发挥了不可替代的重要作用。中国自一九八四年恢复在国际刑警组织合法席位以来，恪守国际刑警组织宗旨，遵循国际刑警组织章程，不断深化同国际刑警组织及其成员国警方执法安全合作，为维护世界安全稳定作出了贡献。这次大会在北京召开，相信一定会圆满成功，为推动全球安全治理、维护世界安全稳定作出新贡献。

女士们、先生们、朋友们！

当今世界，各国相互联系、相互依存，全球命运与共、休戚相关，和平、发展、合作、共赢从来没有像今天这样成为不可阻挡的历史潮流。同时，当今世界并不太平，恐怖主义、网络犯罪、跨国有组织犯罪、新型犯罪等全球性安全问题愈加突出，安全领域威胁层出不穷，人类面临着许多共同挑战。

——安全问题的联动性更加突出。安全问题同政治、经济、文化、民族、宗教等问题紧密相关，非传统安全威胁和传统安全威胁相互交织。一个看似单纯的安全问题，往往并不能简单对待，否则就可能陷入头痛医头、脚痛医脚的困境。恐怖主义就是典型的例子，其滋生蔓延受经济发展、地缘政治、宗教文化等多种复杂因素影响，单纯靠一种手段无法从根本上解决问题。

——安全问题的跨国性更加突出。安全问题早已超越国界，任何一个国家的安全短板都会导致外部风险大量涌入，形成安全风险洼地；任何一个国家的安全问题积累到一定程度又会外溢成为区域性甚至全球性安全问题。各国可谓安危与共、唇齿相依，没有哪个国家能够置身事外而独善其身，也没有哪个国家可以包打天下来实现所谓的绝对安全。

——安全问题的多样性更加突出。全球安全问题的内涵和外延正在不断拓展，传统犯罪在互联网和新媒体的作用下翻陈出新，电信诈骗、金融诈骗等新型犯罪大量滋生，跨国有组织犯罪日趋升级，难民危机愈演愈烈，网络攻击、网络窃密已经成为危害各国安全的突出问题。各种安全问题相互交织、相互作用，解决起来难度更大。

当今世界既充满希望又充满不确定性，人们对未来既充满期待又感到困惑。安全问题解决不好，人类和平与发展的崇高事业就难以顺利推进。安全问题确实是事关人类前途命运的重大问题，必须引起各国和国际社会高度重视。

女士们、先生们、朋友们！

今年一月十八日，我在联合国日内瓦总部发表了演讲，表明中国对促进世界和平与发展的看法，基本点就是各国要共同构建人类命运共同体，实现共赢共享。实现各国共同安全，是构建人类命运共同体的题中应有之义。促进和平与发展，首先要维护安全稳定；没有安全稳定，就谈不上和平与发展。中国愿同各国政府及其执法机构、各国际组织一道，高举合作、创新、法治、共赢的旗帜，加强警务和安全方面合作，共同构建普遍安全的人类命运共同体。在这里，我提出四点主张。

第一，坚持合作共建，实现持久安全。"单者易折，众则难摧。"要有效应对人类面临的困难和挑战，合作是我们唯一的选择。世界命运应该由各国共同掌握，全球事务应该由各国共同商量。当今世界，没有绝对安全的世外桃源。安全问题是双向的、联动的，只顾一个国家安全而罔顾其他国家安全，牺牲别国安全谋求自身的所谓绝对安全，不仅是不可取的，而且最终会贻害自己。覆巢之下焉有完卵。各国都有平等参与国际和地区安全事务的权利，也都有维护国际和地区安全的责任。大国具备更多资源和手段，应该发挥好自己的作用，同时要支持和鼓励其他国家特别是广大发展中国家广泛平等参与全球安全治理，大家共同发挥作用。各国应该树立共同、综合、合作、可持续的全球安全观，树立合作应对安全挑战的意识，以合作谋安全、谋稳定，以安全促和平、促发展，努力为各国人民创造持久的安全稳定环境。

第二，坚持改革创新，实现共同治理。当今世界，安全形势十分复杂，安全挑战层出不穷，出现了许多新情况新问题。面对这些新情况新问题，现行全球安全治理体系有很多不适应的地方，应该加以改革完善，推动全球安全治理体系朝着更加公平、更加合理、更加有效的方向发展。完善全球安全治理体系，需要各国政府和国际组织及专门力量发挥积极作用，也需要社会各方面共同参与，不断提高全球安全治理的整体性和协同性。各国政府和政府间组织要承担安全治理的主体责任，同时要鼓励非政府组织、跨国公司、民间社会积极参与，形成安全治理合力。要改革完善全球治理体系，运用先进的理念、科学的态度、专业的方法、精细的标准提升安全治理效能，着力推进社会治理系统化、科学化、智能化、法治化，提高预测预警预防各类安全风险能力，增加安全治理的预见性、精准性、高效性。

第三，坚持法治精神，实现公平正义。二千多年前，中国古代思想家管仲就说："法者，所以兴功惧暴也；律者，所以定分止争也；令者，所以令人知事也。"法治是人类政治文明的重要成果，是现代社会治理的基本手段。国与国之间开展执法安全合作，既要遵守两国各自的法律规定，又要确保国际法平等统一适用，不能搞双重标准，更不能合则用、不合则弃。对同一性质的安全问题，特别是反恐、难民、疫情等问题，不能根据本国眼前利益对别国采取截然相反的态度。要坚持和维护联合国宪章以及国际刑警组织章程，认真履行打击跨国犯罪公约和反腐败公约，不断完善相关国际规则，确保国际秩序公正合理、人类社会公平正义。

第四，坚持互利共赢，实现平衡普惠。全球有一百九十多个国家和地区、七十多亿人口，已经成为休戚与共、命运相连的地球村。安全利益你中有我、我中有你，必须摈弃唯我独尊、损人利己、以邻为壑等狭隘思维。各方应该坚定奉行双赢、多赢、共赢理念，在谋求自身安全时兼顾他国安全，努力走出一条互利共赢的安全之路。我们认为，只有义利兼顾才能义利兼得，只有义利平衡才能义利共赢。要树立正确义利观，大国要在安全和发展上给予不发达国家和地区更大支持。只有这样，人类文明发展成果才能更好实现平衡共享，国际执法合作才能更多惠及每个国家，普遍安全的梦想才能早日成为现实。

女士们、先生们、朋友们！

我们认为，实现本国发展是对世界的贡献，实现本国安全稳定也是对世界的贡献。让民众享有一个安全稳定的生存生活环境，是中国治国理政的重要目标。近年来，在不断推进经济建设、提高人民生活水平的进程中，我们不断推进平安中国、法治中国建设，紧紧围绕影响人民群众安全感的突出治安问题，严厉打击、严密防范各类违法犯罪活动，全面加强社会治安防控体系建设，推进社会治理体系和治理能力现代化。当前，中国社会安定有序，人民安居乐业，越来越多的人认为中国是世界上最安全的国家之一。这是中国为世界安全稳定作出的贡献。

我们深刻认识到，中国要发展需要一个安全稳定的国际环境，中国不可能在一个乱哄哄的世界里发展起来。中国在办好自己事情的同时，始终认真履行自己的责任，遵守国际规则，履行国际义务，积极参与并倡导国际执法合作和全球安全治理。中国坚决支持国际反恐怖斗争，先后同七十多个国家和地区深度开展打击网络犯罪合作，提出责任共担、社会共治的国际禁毒合作方案，联合各国开展国际追逃追赃、打击电信诈骗等执法行动，全面参与联合国、国际刑警组织、上海合作组织、中国—东盟等国际和区域合作框架内的执法安全合作，创建了湄公河流域执法安全合作机制，建立了新亚欧大陆桥安全走廊国际执法合作论坛。中国坚定支持和积极参与联合国维和行动，是联合国安理会五个常任理事国中派出维和人员最多的国家，迄今为止已向九个联合国维和任务区派出维和警察和维和防暴队共二千六百零九人次。二〇一〇年一月十二日，八名中国维和警察在海地维和行动中光荣牺牲，为维护世界和平献出了宝贵生命。

女士们、先生们、朋友们！

中国愿同世界各国一起分享安全治理的经验，愿为全球安全治理贡献智慧和力量。中国高度赞扬国际刑警组织为维护世界安全稳定作出的努力，将继续支持国际刑警组织在全球安全治理中发挥更大作用。

在这里，我宣布，在未来五年内，中国政府将采取以下实际行动支持国际刑警组织。

一是加大对国际刑警组织全球行动支持力度，支持国际刑警组织在反恐、打击网络犯罪、打击新型有组织犯罪领域每年开展三次全球联合行动。

二是加大对国际刑警组织执法能力建设支持力度，支持建立全球培训体系，为发展中国家培训五千名执法人员；为一百个发展中国家援建升级国际刑警组织通信系统和刑事调查实验室，促进全球警方执法能力均衡发展。中国政府将成立公安部国际执法学院，为发展中国家培训二万名执法人员。

三是支持国际刑警组织提升全球影响力和领导力，支持国际刑警组织招聘二十名中高级人才特别是发展中国家人才，支持国际刑警组织建设战略研究机构、建立殉职警察抚恤基金。

女士们、先生们、朋友们！

人类的前途是光明的，但光明的前途不会自动到来，需要人类齐心协力去开创。和平与发展的道路不会一帆风顺，构建人类命运共同体的目标需要各国为之不懈奋斗。中国愿同广大成员国、国际组织和机构密切配合、通力合作，积极参与全球安全治理，为促进人类和平与发展的崇高事业作出新的更大的贡献！

谢谢大家。

坚持和平发展道路，
推动构建人类命运共同体[*]

（二〇一七年十月十八日）

中国共产党是为中国人民谋幸福的政党，也是为人类进步事业而奋斗的政党。中国共产党始终把为人类作出新的更大的贡献作为自己的使命。

中国将高举和平、发展、合作、共赢的旗帜，恪守维护世界和平、促进共同发展的外交政策宗旨，坚定不移在和平共处五项原则基础上发展同各国的友好合作，推动建设相互尊重、公平正义、合作共赢的新型国际关系。

世界正处于大发展大变革大调整时期，和平与发展仍然是时代主题。世界多极化、经济全球化、社会信息化、文化多样化深入发展，全球治理体系和国际秩序变革加速推进，各国相互联系和依存日益加深，国际力量对比更趋平衡，和平发展大势不可逆转。同时，世界面

---

* 这是习近平同志在中国共产党第十九次全国代表大会上的报告《决胜全面建成小康社会，夺取新时代中国特色社会主义伟大胜利》的一部分。

临的不稳定性不确定性突出，世界经济增长动能不足，贫富分化日益严重，地区热点问题此起彼伏，恐怖主义、网络安全、重大传染性疾病、气候变化等非传统安全威胁持续蔓延，人类面临许多共同挑战。

我们生活的世界充满希望，也充满挑战。我们不能因现实复杂而放弃梦想，不能因理想遥远而放弃追求。没有哪个国家能够独自应对人类面临的各种挑战，也没有哪个国家能够退回到自我封闭的孤岛。

我们呼吁，各国人民同心协力，构建人类命运共同体，建设持久和平、普遍安全、共同繁荣、开放包容、清洁美丽的世界。要相互尊重、平等协商，坚决摒弃冷战思维和强权政治，走对话而不对抗、结伴而不结盟的国与国交往新路。要坚持以对话解决争端、以协商化解分歧，统筹应对传统和非传统安全威胁，反对一切形式的恐怖主义。要同舟共济，促进贸易和投资自由化便利化，推动经济全球化朝着更加开放、包容、普惠、平衡、共赢的方向发展。要尊重世界文明多样性，以文明交流超越文明隔阂、文明互鉴超越文明冲突、文明共存超越文明优越。要坚持环境友好，合作应对气候变化，保护好人类赖以生存的地球家园。

中国坚定奉行独立自主的和平外交政策，尊重各国人民自主选择发展道路的权利，维护国际公平正义，反对把自己的意志强加于人，反对干涉别国内政，反对以强凌弱。中国决不会以牺牲别国利益为代价来发展自己，也决不放弃自己的正当权益，任何人不要幻想让中国吞下损害自身利益的苦果。中国奉行防御性的国防政策。中国发展不对任何国家构成威胁。中国无论发展到什么程度，永远不称霸，永远不搞扩张。

中国积极发展全球伙伴关系，扩大同各国的利益交汇点，推进大国协调和合作，构建总体稳定、均衡发展的大国关系框架，按照亲诚惠容理念和与邻为善、以邻为伴周边外交方针深化同周边国家关系，秉持正确义利观和真实亲诚理念加强同发展中国家团结合作。加强同各国政党和政治组织的交流合作，推进人大、政协、军队、地方、人民团体等的对外交往。

中国坚持对外开放的基本国策，坚持打开国门搞建设，积极促进"一带一路"国际合作，努力实现政策沟通、设施联通、贸易畅通、资金融通、民心相通，打造国际合作新平台，增添共同发展新动力。加大对发展中国家特别是最不发达国家援助力度，促进缩小南北发展差距。中国支持多边贸易体制，促进自由贸易区建设，推动建设开放型世界经济。

中国秉持共商共建共享的全球治理观，倡导国际关系民主化，坚持国家不分大小、强弱、贫富一律平等，支持联合国发挥积极作用，支持扩大发展中国家在国际事务中的代表性和发言权。中国将继续发挥负责任大国作用，积极参与全球治理体系改革和建设，不断贡献中国智慧和力量。

　　同志们！世界命运握在各国人民手中，人类前途系于各国人民的抉择。中国人民愿同各国人民一道，推动人类命运共同体建设，共同创造人类的美好未来！

中美合作是唯一正确选择，
共赢才能通向更好的未来[*]

（二〇一七年十一月九日）

两天来，我同特朗普总统就中美关系和共同关心的重大国际和地区问题深入交换了意见，就今后一个时期两国关系发展达成了一系列新的重要共识。我们的会晤是建设性的，取得了丰硕成果。中美两国的发展相辅相成、并行不悖，中美各自的成功符合双方共同利益。面对复杂多变的国际形势，中美两个大国在维护世界和平稳定、促进全球发展繁荣方面拥有共同利益更多了，肩负责任更大了，合作空间更广了。一个健康稳定发展的中美关系不仅符合两国人民根本利益，也是国际社会的共同期待。对中美两国来说，合作是唯一的正确选择，共赢才能通向更好的未来。我和特朗普总统同意继续通过多种方式保持密切联系，及时就共同关心的重大问题交换意见。双方同意充分用好中美外交安全、全面经

---

* 这是习近平同志在北京同美国总统特朗普共同会见记者时讲话的要点。

济、社会和人文、执法及网络安全四个高级别对话机制，共同努力推动对话机制取得更多成果。双方同意加强两军各层级交往和对话，加强执法及网络安全领域合作。

两国元首认为，中美作为世界前两大经济体和全球经济增长引领者，应该扩大贸易和投资合作，加强宏观经济政策协调，推动两国经贸关系健康稳定、动态平衡向前发展。有必要制定并启动下一步中美经济合作计划，积极拓展两国在能源、基础设施建设、"一带一路"建设等领域的务实合作。访问期间双方签署的商业合同和双向投资协议充分展示了两国在经贸领域的广阔合作空间，将给两国人民带来巨大实惠。

中美双方重申坚定致力于实现半岛无核化，维护国际核不扩散体系。双方将致力于通过对话谈判解决半岛核问题，并愿同有关各方共同探讨实现半岛和东北亚长治久安的途径。

中美的共同利益远大于分歧，应该尊重彼此的主权和领土完整，尊重彼此对发展道路的选择和彼此的差异性。只要始终采取建设性的态度，双方就能求同存异、聚同化异、推进合作。中美都是亚太地区具有重要影响的国家。太平洋足够大，容得下中美两国。双方应该在亚太事务中加强沟通和合作，培育共同的朋友圈，形成建设性互动的局面，共同维护和促进地区的和平与繁荣。

我和特朗普总统都认为，两国人民的友谊是中美关系长期稳定发展的根基，同意扩大人文交流。

特朗普总统对中国的国事访问是一次成功的历史性访问，此次两国元首会晤为今后一个时期中美关系的发展明确了方向、规划了蓝图。中方愿同美方一道，按照双方达成的共识，推动中美关系取得更大进展，更好造福两国人民和各国人民。

抓住世界经济转型机遇，
谋求亚太更大发展[*]

（二〇一七年十一月十日）

武进禄主席先生，

亚太工商界各位代表，

女士们，先生们，朋友们：

大家好！很高兴来到岘港，再次同亚太工商界的朋友见面。

亚太是全球经济最大的板块，也是世界经济增长的一个主要引擎。工商界是促进经济增长的生力军，是新发展理念的探索者、实践者。这几年，每次出席亚太经合组织领导人非正式会议，我都抽出时间同工商界的朋友见面，共同探讨应对当前挑战的思路和举措。

国际金融危机发生十年来，国际社会一起努力，推动世界经济逐步回到复苏的轨道。今天，我们迎来了世界经济逐步向好的局面。尽管仍然面临风险和不确定

---

* 这是习近平同志在越南岘港举行的亚太经合组织工商领导人峰会上的主旨演讲。

性，但全球贸易和投资回暖，金融市场预期向好，各方信心显著增强。

发展之路没有终点，只有新的起点。"往者不可谏，来者犹可追。"世界正处在快速变化的历史进程之中，世界经济正在发生更深层次的变化。我们要洞察世界经济发展趋势，找准方位，把握规律，果敢应对。

——我们正面临增长动能的深刻转变。当前，改革创新成为各国化解挑战、谋求发展的方向。结构性改革的正面效应和潜能持续释放，对各国经济增长的促进作用进一步显现。新一轮科技和产业革命形成势头，数字经济、共享经济加速发展，新产业、新模式、新业态层出不穷，新的增长动能不断积聚。

——我们正面临全球发展方式的深刻转变。随着时代进步，发展的内涵正在发生深刻变化。创新、协调、绿色、开放、共享的发展理念日益深入人心，实现更加全面、更有质量、更可持续的发展，是国际社会共同追求的目标。落实二〇三〇年可持续发展议程，应对气候变化等全球性挑战，成为国际社会重要共识。

——我们正面临经济全球化进程的深刻转变。过去数十年，经济全球化对世界经济发展作出了重要贡献，已成为不可逆转的时代潮流。同时，面对形势的发展变化，经济全球化在形式和内容上面临新的调整，理念上应该更加注重开放包容，方向上应该更加注重普惠平衡，效应上应该更加注重公正共赢。

——我们正面临全球经济治理体系的深刻转变。世界经济格局的演变对全球经济治理体系提出了更高要求。坚持多边主义，谋求共商共建共享，建立紧密伙伴关系，构建人类命运共同体，是新形势下全球经济治理的必然趋势。

女士们、先生们、朋友们！

面对世界经济的深刻转变，亚太在改革创新大潮中是勇立潮头，还是迟疑徘徊？是主动引导经济全球化继续前行，还是在挑战面前犹豫不定？是携手开辟区域合作新局面，还是各自渐行渐远？

答案是清楚的，我们必须顺应大势，勇于担当，共同开辟亚太发展繁荣的光明未来。

第一，继续坚持建设开放型经济，努力实现互利共赢。开放带来进步，封闭必然落后。亚太经济体通过自身发展实践，对这一点有着深刻体会。我们要努力打造平等协商、广泛参与、普遍受益的区域合作框架，合力构建开放型亚太经济，促进贸易和投资自由化便利化。我们要引导经济全球化朝着更加开放、包容、普惠、平衡、共赢的方向发展，造福不同国家、不同阶层、不同人群。我们要主动适应全球产业分工调整变化，积极引领全球价值链重塑，确立新定位，构筑新优势。我们要支持多边贸易体制，坚持开放的区域主义，帮助发展中成员更多从国际贸易和投资中受益。

建成亚太自由贸易区是亚太工商界多年的梦想。二〇〇六年，正是在工商界呼吁下，亚太经合组织成员领导人在河内首次把建设亚太自由贸易区确立为远景目标。二〇一四年，我们在北京启动亚太自由贸易区进程。我们应该行动起来，全面深入落实北京路线图，向着建成亚太自由贸易区的目标不断迈进，为开放型亚太经济提供机制保障。

第二，继续谋求创新增长，挖掘发展新动能。当前，世界经济回稳，周期性因素发挥了很大的作用，内生动能不足的顽疾并未消除。世界经济彻底摆脱"新平庸"的风险，只能向创新要动力。

我们正迎来新一轮科技和产业革命，数字经济、共享经济在全球范围内掀起浪潮，人工智能、量子科学等新技术不断取得突破，亚太不能等待和观望。我们应该抢抓机遇，加大创新投入，转变发展方式，培育新的经济增长点。要积极推进结构性改革，消除一切不利于创新的体制机制障碍，激发市场活力。要落实好北京会议《经济创新发展、改革与增长共识》，深化互联网和数字经济合作，引领全球创新发展的方向。

第三，继续加强互联互通，实现联动发展。联动发展是对互利共赢理念的最好诠释。亚太经济体利益交融，联系紧密。坚持联动发展，既能为伙伴提供发展动力，也能为自身创造更大发展空间。二〇一四年，我们制定完成了亚太经合组织互联互通蓝图。我们要以蓝图为指引，建立全方位、多层次、复合型的亚太互联互通网络。要充分发挥互联互通对实体经济的辐射和带动作用，打破发展瓶颈，释放发展潜力，形成协调联动发展的格局。

今年五月，"一带一路"国际合作高峰论坛在北京成功举办。共建"一带一路"倡议的核心内涵，就是促进基础设施建设和互联互通，加强经济政策协调和发展战略对接，促进协同联动发展，实现共同繁荣。这一倡议源自中国，更属于世界；根植于历史，更面向未来；重点面向亚欧非大陆，更向所有伙伴开放。我相信，共建"一带一路"倡议的深入推进，将为亚太各方提供更加广阔、更有活力的合作平台！

第四，继续增强经济发展包容性，让民众共享发展成果。当前，经济全球化进程遭遇逆风，一个重要原因是发展的包容性不足。让不同国家、不同阶层都能享受发展红利，让美好的愿景变为现实，仍需要作出不懈努力。

过去几年，我们围绕包容发展进行了积极探索，有了坚实的共识基础。我们要结合区域经济一体化的深入推进，做大开放普惠的市场，做强利益共享的链条。我们要把包容共享理念融入发展战略，努力健全讲求效率、注重公平的体制机制，维护社会公平正义。我们要在教育、医疗、就业等民生领域加大投入，解决好贫困、收入差距拉大等问题。我们要加大对弱势群体的扶持力度，改善中小微企业发展环境，增强劳动者适应产业变革的能力，让人人拥有机遇，享有成果！

女士们、先生们、朋友们！

中国古人说："口言之，身必行之。"实现亚太更大发展，需要每个成员脚踏实地拿出行动。作为全球第二大经济体，中国深知自身肩负的责任。过去五年，我们主动适应、把握、引领经济新常态，深入推进供给侧结构性改革，保持经济稳中向好、稳中有进，推动中国发展不断向着更高质量、更有效率、更加公平、更可持续的方向迈进。过去四年，中国经济平均增长率为百分之七点二，对世界经济增长的平均贡献率超过百分之三十，成为世界经济的主要动力源。

我们通过全面深化改革破除妨碍发展的体制机制障碍，推出三百六十个重大改革方案、一千五百多项改革举措，一批重要领域和关键环节改革取得突破性进展，主要领域改革主体框架基本确立。我们加快构建开放型经济新体制，转变对外贸易和投资方式，继续推动对外贸易由量的扩张转向质的提升。

我们全方位推进理论创新、实践创新、制度创新、文化创新以及其他各方面创新，不断释放增长新动能。中国正成为各种创新要素发挥集聚效应的广阔平台，不论基础设施还是经济业态，不论商业模式还是消费方式，都迸发出创新的澎湃动能。

我们深入贯彻以人民为中心的发展思想，努力提升发展的包容性和共享水平。居民收入持续较快增长，连续多年跑赢同期国内生产总值。城乡区域收入分配差距持续缩小，中等收入群体持续扩大，基尼系数下降，每年新增城镇就业已连续四年保持一千三百万人以上。绿色发展取得显著成效，能源资源消耗强度大幅下降，生态环境治理明显加强。

让所有贫困人口脱贫，是中国政府对人民作出的承诺，也是我牵挂最多、花精力最多的一件事情。过去五年，我走访了全国很多贫困地区，目的是找准致贫的根源，提出管用的举措。中国脱贫攻坚战取得决定性进展。五年来，又有六千多万贫困人口稳定脱贫，贫困发生率持续下降，贫困地区农村居民人均收入保持两位数增长。这一成果来之不易，我们为之感到自豪。

女士们、先生们、朋友们！

中国的发展是一个历史进程。上个月，中国共产党第十九次全国代表大会在北京胜利召开。大会聚焦人民对美好生活的向往，制定了新时代中国特色社会主义的行动纲领和发展蓝图。二〇二〇年，中国将全面建成小康社会。到二〇三五年，中国将基本实现社会主义现代化。到本世纪中叶，中国将建成富强民主文明和谐美丽的社会主义现代化强国。在中国共产党领导下，中国人民将开启新征程。

第一，这是全面深化改革、持续释放发展活力的新征程。解决前进道路上的困难和问题，关键在于全面深化改革。我们将强化问题导向，坚决破除一切不合时宜的思想观念和体制机制弊端，突破利益固化的藩篱，激发全社会创造力和发展活力。我们将构建系统完备、科学规范、运行有效的制度体系，不断推进国家治理体系和治理能力现代化。明年，我们将隆重纪念改革开放四十周年。中国改革的领域将更广、举措将更多、力度将更强。

第二，这是与时俱进、创新发展方式的新征程。中国经济已经由高速增长阶段转向高质量发展阶段。我们将贯彻新发展理念，坚持质量第一、效益优先，建设现代化经济体系。我们将以供给侧结构性改革为主线，推动经济发展质量变革、效率变革、动力变革，提高全要素生产率，着力加快建设实体经济、科技创新、现代金融、人力资源协同发展的产业体系，着力构建市场机制有效、微观主体有活力、宏观调控有度的经济体制，不断增强经济创新力和竞争力。我们将推动互联网、大数据、人工智能和实体经济深入融合，在数字经济、共享经济、清洁能源等领域培育新的增长动能。我们将不断探索区域协调发展新机制新路径，大力推动京津冀协同发展、长江经济带发展，建设雄安新区、粤港澳大湾区，建设世界级城市群，打造新的经济增长极。

一个创新步伐加快、发展质量更优的中国，经济新业态不断涌现，创新成果加快转化应用，区域经济实现协同发展，将产生更广泛、更强大的辐射效应，带来更多合作机会，让更多国家搭乘中国发展的快车。

第三，这是进一步走向世界、发展更高层次开放型经济的新征程。中国对外开放的脚步不会停滞。我们将同各国一道，深入推进"一带一路"建设，增添共同发展新动力。我们将实行高水平的贸易和投资自由化便利化政策，全面实行准入前国民待遇加负面清单管理制度，大幅度放宽市场准入，扩大服务业对外开放，保护外商投资合法权益。凡是在中国境内注册的企业，我们都会一视同仁、平等对待。我们将赋予自由贸易试验区更大改革自主权，探索建设自由贸易港。我们将加快同有关国家商签自由贸易协定和投资协定，推动建设亚太自由贸易区，推动区域全面经济伙伴关系协定谈判尽早结束，构建面向全球的自由贸易区网络。

未来十五年，中国市场将进一步扩大，发展将更加全面。预计将进口二十四万亿美元商品，吸收二万亿美元境外直接投资，对外投资总额将达到二万亿美元。明年十一月，我们将在上海举办首届中国国际进口博览会，这将为各方进行开辟中国市场的合作搭建新平台。

第四，这是以人民为中心、迈向美好生活的新征程。让人民过上好日子，是我们一切工作的出发点和落脚点。我们将坚持在发展中保障和改善民生，不断满足人民日益增长的美好生活需要，不断促进社会公平正义，使人民获得感、幸福感、安全感更加完善、更有保障、更可持续。我们将持续推进精准扶贫、精准脱贫，实现到二〇二〇年我国现行标准下农村贫困人口脱贫的目标。全面建成小康社会，十三亿多中国人，一个都不能少！

我们将加快生态文明体制改革，坚持走绿色、低碳、可持续发展之路，实行最严格的生态环境保护制度。到二〇三五年，中国的生态环境将根本好转，美丽中国目标将基本实现。我们将积极应对气候变化，保护好人类赖以生存的共同家园。中国二氧化碳排放将于二〇三〇年左右达到峰值并争取尽早达峰，非化石能源占一次能源消费比重将达到百分之二十左右。只要是认准了的事情，我们都会坚持不懈做下去！

第五，这是推动构建新型国际关系、推动构建人类命运共同体的新征程。中国人民的梦想同各国人民的梦想息息相通。当今世界充满挑战，前面的道路不会平坦，但我们不会放弃理想追求，将以更大的作为，同各方携手建设持久和平、普遍安全、共同繁荣、开放包容、清洁美丽的世界。

中国人民讲求以和为贵、协和万邦。我们将坚持走和平发展道路，始终做世界和亚太地区的和平稳定之锚。我们将秉持正确义利观，积极发展全球伙伴关系，扩大同各国的利益汇合点，推动建设相互尊重、公平正义、合作共赢的新型国际关系。我们将秉持共商共建共享理念，积极参与全球治理体系改革和建设，推动国际政治经济秩序朝着更加公正合理的方向发展。

女士们、先生们、朋友们！

　　亚太的和平、稳定、繁荣属于全体亚太人民，亚太的未来要靠亚太人民携手创造。互信、包容、合作、共赢的伙伴关系，是亚太大家庭的精神纽带，是确保亚太合作处在正确轨道上的重要保障。让我们脚踏实地推进合作，扎扎实实采取行动，共同建设亚太更加美好的明天！

　　谢谢大家。

携手建设更加美好的世界[*]

（二〇一七年十二月一日）

尊敬的各国政党领导人，

女士们，先生们，朋友们：

大家下午好！今天，有机会同来自世界各国的政党和政治组织领导人一起出席中国共产党与世界政党高层对话会，我感到十分高兴。年终岁末，大家工作都很繁忙，仍抽出宝贵时间齐聚北京，共商合作大计，充分体现了大家对人类发展和世界前途的关心。

在这里，我谨代表中国共产党，并以我个人的名义，向远道而来的各国朋友表示热烈的欢迎！中共十九大召开时，很多政党和政治组织及其领导人来信来电表示祝贺，我愿利用今天的机会，向大家表示衷心的感谢！

中共十九大规划了中国从现在到本世纪中叶的发展蓝图，宣示了中方愿同各方推动构建人类命运共同体的真诚愿望。政党在国家政治生活中发挥着重要作用，也是推动人类文明进步的重要力量。在座各位是来自世界

---

* 这是习近平同志在北京举行的中国共产党与世界政党高层对话会上的主旨讲话。

各国近三百个政党和政治组织的领导人。我愿同大家分享我们的心得。

女士们、先生们、朋友们！

古往今来，过上幸福美好生活始终是人类孜孜以求的梦想。在几千年文明发展史上，人类创造了灿烂的文明成果，但战争和冲突从未间断，加上各种自然灾害、疾病瘟疫，人类经历了无数的苦难，付出了惨痛的代价。今天，互联网、大数据、云计算、量子卫星、人工智能迅猛发展，人类生活的关联前所未有，同时人类面临的全球性问题数量之多、规模之大、程度之深也前所未有。世界各国人民前途命运越来越紧密地联系在一起。

面对这种局势，人类有两种选择。一种是，人们为了争权夺利恶性竞争甚至兵戎相见，这很可能带来灾难性危机。另一种是，人们顺应时代发展潮流，齐心协力应对挑战，开展全球性协作，这就将为构建人类命运共同体创造有利条件。我们要抓住历史机遇，作出正确选择，共同开创人类更加光明的未来。

中华民族拥有悠久历史和灿烂文明，但近代以后历经血与火的磨难。中国人民没有向命运屈服，而是奋起抗争、自强不息，经过长期奋斗，而今走上了实现中华民族伟大复兴的康庄大道。回顾历史，支撑我们这个古老民族走到今天的，支撑五千多年中华文明延绵至今的，是植根于中华民族血脉深处的文化基因。中华民族历来讲求"天下一家"，主张民胞物与、协和万邦、天下大同，憧憬"大道之行，天下为公"的美好世界。我们认为，世界各国尽管有这样那样的分歧矛盾，也免不了产生这样那样的磕磕碰碰，但世界各国人民都生活在同一片蓝天下、拥有同一个家园，应该是一家人。世界各国人民应该秉持"天下一家"理念，张开怀抱，彼此理解，求同存异，共同为构建人类命运共同体而努力。

二〇一三年，我首次提出构建人类命运共同体的倡议。我高兴地看到，中国同世界各国的友好合作不断拓展，人类命运共同体理念得到越来越多人的支持和赞同，这一倡议正在从理念转化为行动。

我提出"一带一路"倡议，就是要实践人类命运共同体理念。四年来，共建"一带一路"已成为有关各国实现共同发展的巨大合作平台。涓涓细流汇成大海，点点星光点亮银河。我深信，只要各方树立人类命运共同体理念，一起来规划，一起来实践，一点一滴坚持努力，日积月累不懈奋斗，构建人类命运共同体的目标就一定能够实现。

女士们、先生们、朋友们！

人类命运共同体，顾名思义，就是每个民族、每个国家的前途命运都紧紧联系在一起，应该风雨同舟，荣辱与共，努力把我们生于斯、长于斯的这个星球建成一个和睦的大家庭，把世界各国人民对美好生活的向往变成现实。

——我们要努力建设一个远离恐惧、普遍安全的世界。纵观人类文明发展进程，尽管千百年来人类一直期盼永久和平，但战争从未远离，人类始终面临着战火的威胁。人类生存在同一个地球上，一国安全不能建立在别国不安全之上，别国面临的威胁也可能成为本国的挑战。面对日益复杂化、综合化的安全威胁，单打独斗不行，迷信武力更不行。我们应该坚持共同、综合、合作、可持续的新安全观，营造公平正义、共建共享的安全格局，共同消除引发战争的根源，共同解救被枪炮驱赶的民众，共同保护被战火烧灼的妇女儿童，让和平的阳光普照大地，让人人享有安宁祥和。

　　——我们要努力建设一个远离贫困、共同繁荣的世界。今天的世界，物质技术水平已经发展到古人难以想象的地步，但发展不平衡不充分问题仍然普遍存在，南北发展差距依然巨大，贫困和饥饿依然严重，新的数字鸿沟正在形成，世界上还有很多国家的民众生活在困境之中。如果奉行你输我赢、赢者通吃的老一套逻辑，如果采取尔虞我诈、以邻为壑的老一套办法，结果必然是封上了别人的门，也堵上了自己的路，侵蚀的是自己发展的根基，损害的是全人类的未来。我们应该坚持你好我好大家好的理念，推进开放、包容、普惠、平衡、共赢的经济全球化，创造全人类共同发展的良好条件，共同推动世界各国发展繁荣，共同消除许多国家民众依然面临的贫穷落后，共同为全球的孩子们营造衣食无忧的生活，让发展成果惠及世界各国，让人人享有富足安康。

　　——我们要努力建设一个远离封闭、开放包容的世界。中国有句古话："万物并育而不相害，道并行而不相悖。"文明的繁盛、人类的进步，离不开求同存异、开放包容，离不开文明交流、互学互鉴。历史呼唤着人类文明同放异彩，不同文明应该和谐共生、相得益彰，共同为人类发展提供精神力量。我们应该坚持世界是丰富多彩的、文明是多样的理念，让人类创造的各种文明交相辉映，编织出斑斓绚丽的图画，共同消除现实生活中的文化壁垒，共同抵制妨碍人类心灵互动的观念纰缪，共同打破阻碍人类交往的精神隔阂，让各种文明和谐共存，让人人享有文化滋养。

　　——我们要努力建设一个山清水秀、清洁美丽的世界。地球是人类的共同家园，也是人类到目前为止唯一的家园。现在，有人正在外太空为人类寻找新的家园，但这还是一个遥远的梦想。在可预见的将来，人类都要生活在地球之上。这是一个不可改变的事实。我们应该共同呵护好地球家园，为了我们自己，也为了子孙后代。我们应该坚持人与自然共生共存的理念，像对待生命一样对待生态环境，对自然心存敬畏，尊重自然、顺应自然、保护自然，共同保护不可替代的地球家园，共同医治生态环境的累累伤痕，共同营造和谐宜居的人类家园，让自然生态休养生息，让人人都享有绿水青山。

　　女士们、先生们、朋友们！

　　当前，世界格局在变，发展格局在变，各个政党都要顺应时代发展潮流、把握人类进步大势、顺应人民共同期待，把自身发展同国家、民族、人类的发展紧密结合在一起。我们应该志存高远、敢于担当，着眼本国和世界，着眼全局和长远，自觉担负起时代使命。我们应该深入体察民情，把民众需求转化为政党的理念、宗旨、目标，制定符合实际的实施方案。构建人类命运共同体，需要世界各国人民普遍参与。我们应该凝聚不同民族、不同信仰、不同文化、不同地域人民的共识，共襄构建人类命运共同体的伟业。

实现伟大梦想需要各方面智慧和力量。我们应该全方位、多层次、多角度集思广益，从实践中总结经验、寻找思路、升华思想、获取动力。不同国家的政党应该增进互信、加强沟通、密切协作，探索在新型国际关系的基础上建立求同存异、相互尊重、互学互鉴的新型政党关系，搭建多种形式、多种层次的国际政党交流合作网络，汇聚构建人类命运共同体的强大力量。

事要去做才能成就事业，路要去走才能开辟通途。构建人类命运共同体是一个历史过程，不可能一蹴而就，也不可能一帆风顺，需要付出长期艰苦的努力。为了构建人类命运共同体，我们应该锲而不舍、驰而不息进行努力，不能因现实复杂而放弃梦想，也不能因理想遥远而放弃追求。

女士们、先生们、朋友们！

中国共产党是为中国人民谋幸福的党，也是为人类进步事业而奋斗的党。中国共产党是世界上最大的政党。我说过，大就要有大的样子。中国共产党所做的一切，就是为中国人民谋幸福、为中华民族谋复兴、为人类谋和平与发展。我们要把自己的事情做好，这本身就是对构建人类命运共同体的贡献。我们也要通过推动中国发展给世界创造更多机遇，通过深化自身实践探索人类社会发展规律并同世界各国分享。我们不"输入"外国模式，也不"输出"中国模式，不会要求别国"复制"中国的做法。中国共产党将始终做到以下几条。

第一，一如既往为世界和平安宁作贡献。将近一百年前，中国共产党在中国社会的剧烈动荡中诞生，成立时的任务之一就是结束中国从十九世纪中叶起陷入的战乱频仍、民不聊生的悲惨境地。从一九二一年到一九四九年，为实现中国和平稳定、中国人民安居乐业，中国共产党团结带领中国人民进行了长达二十八年的武装斗争，付出了巨大牺牲。所以，中国共产党人深知和平的可贵，也具有维护和平的坚定决心。中国将高举和平、发展、合作、共赢的旗帜，始终不渝走和平发展道路，积极推进全球伙伴关系建设，主动参与国际热点难点问题的政治解决进程。目前，中国累计派出三万六千余人次维和人员，成为联合国维和行动的主要出兵国和出资国。此时此刻，二千五百多名中国官兵正在八个维和任务区不畏艰苦和危险，维护着当地和平安宁。中国将积极参与全球治理体系改革和建设，推动国际政治经济秩序朝着更加公正合理的方向发展。中国无论发展到什么程度，都永远不称霸，永远不搞扩张。我们倡议世界各国政党同我们一道，做世界和平的建设者、全球发展的贡献者、国际秩序的维护者。

第二，一如既往为世界共同发展作贡献。中国共产党从人民中走来、依靠人民发展壮大，历来有着深厚的人民情怀，不仅对中国人民有着深厚情怀，而且对世界各国人民有着深厚情怀，不仅愿意为中国人民造福，也愿意为世界各国人民造福。长期以来，中国为广大发展中国家提供了大量无偿援助、优惠贷款，提供了大量技术支持、人员支持、智力支持，为广大发展中国家建成了大批经济社会发展和民生改善项目。今天，成千上万的中国科学家、工程师、企业家、技术人员、医务人员、教师、普通职工、志愿者等正奋斗在众多发展中国家广阔的土地上，同当地民众手拉手、肩并肩，帮助他们改变命运。根据中共十九大的安排，到二〇二〇年中国将全面建成小康社会，到二〇三五年中国将基本实现社会主义现代化，到本世纪中叶中国将建成富强民主文明和谐美丽的社会主义现代化强国。这将造福中国人民，也将造福世界各国人民。我们倡议世界各国政党同我们一道，为世界创造更多合作机会，努力推动世界各国共同发展繁荣。

第三，一如既往为世界文明交流互鉴作贡献。他山之石，可以攻玉。中国共产党历来强调树立世界眼光，积极学习借鉴世界各国人民创造的文明成果，并结合中国实际加以运用。马克思主义就是中国共产党人从国外学来的科学真理。我们结合中国实际，不断推进马克思主义中国化时代化大众化，使之成为指导中国共产党领导中国人民不断前进的科学理论。中国共产党将以开放的眼光、开阔的胸怀对待世界各国人民的文明创造，愿意同世界各国人民和各国政党开展对话和交流合作，支持各国人民加强人文往来和民间友好。未来五年，中国共产党将向世界各国政党提供一万五千名人员来华交流的机会。我们倡议将中国共产党与世界政党高层对话会机制化，使之成为具有广泛代表性和国际影响力的高端政治对话平台。

女士们、先生们、朋友们！

二千多年前，中国古代思想家孔子就说，益者三友，友直、友谅、友多闻。中国共产党愿广交天下朋友。长期以来，中国共产党同世界上一百六十多个国家和地区的四百多个政党和政治组织保持着经常性联系，"朋友圈"不断扩大。面向未来，中国共产党愿同世界各国政党加强往来，分享治党治国经验，开展文明交流对话，增进彼此战略信任，同世界各国人民一道，推动构建人类命运共同体，携手建设更加美好的世界！

最后，祝中国共产党与世界政党高层对话会圆满成功！

谢谢大家。

开放共创繁荣，创新引领未来*

（二〇一八年四月十日）

尊敬的各位元首，政府首脑，国际组织负责人，部长，

尊敬的各位博鳌亚洲论坛现任和候任理事，

各位来宾，

女士们，先生们，朋友们：

仲春时节的海南，山青海碧，日暖风轻。在这个美好的季节里，各国嘉宾汇聚一堂，出席博鳌亚洲论坛二〇一八年年会。海南有一首民歌唱道："久久不见久久见，久久见过还想见。"今天，有机会在此同各位新老朋友见面，我感到十分高兴。

首先，我谨代表中国政府和中国人民，并以我个人名义，对各位嘉宾的到来表示诚挚的欢迎！对年会的召开表示热烈的祝贺！

博鳌亚洲论坛成立以来，立足亚洲，面向世界，在凝聚亚洲共识、促进各方合作、推进经济全球化、推动构建人类命运共同体等方面建言献策，提出许多富有价

---

*　这是习近平同志在博鳌亚洲论坛二〇一八年年会开幕式上的主旨演讲。

值的"博鳌方案",作出了积极贡献。今年是论坛理事
会换届之年。借此机会,我谨向即将离任的各位理事表
示衷心的感谢!对新当选的各位理事表示热烈的祝贺!

本届年会以"开放创新的亚洲,繁荣发展的世界"
为主题,顺应时代潮流,符合各方期待。相信各位嘉宾
和各界人士将畅所欲言,提出真知灼见。

女士们、先生们、朋友们!

历史,总是在一些特殊年份给人们以汲取智慧、继
续前行的力量。二〇一八年是中国改革开放四十周年,
也是海南建省办经济特区三十周年。海南省可谓"因改
革开放而生,因改革开放而兴"。改革开放以来,海南
从一个较为封闭落后的边陲岛屿,发展成为中国最开
放、最具活力的地区之一,经济社会发展取得巨大成就。

一滴水可以反映出太阳的光辉,一个地方可以体现
一个国家的风貌。海南发展是中国四十年改革开放的一
个重要历史见证。

一九七八年,在邓小平先生倡导下,以中共十一届
三中全会为标志,中国开启了改革开放历史征程。从农
村到城市,从试点到推广,从经济体制改革到全面深化
改革,四十年众志成城,四十年砥砺奋进,四十年春风
化雨,中国人民用双手书写了国家和民族发展的壮丽
史诗。

——四十年来,中国人民始终艰苦奋斗、顽强拼
搏,极大解放和发展了中国社会生产力。天道酬勤,春

华秋实。中国人民坚持聚精会神搞建设、坚持改革开放不动摇，持之以恒，锲而不舍，推动中国发生了翻天覆地的变化。今天，中国已经成为世界第二大经济体、第一大工业国、第一大货物贸易国、第一大外汇储备国。四十年来，按照可比价格计算，中国国内生产总值年均增长约百分之九点五；以美元计算，中国对外贸易额年均增长百分之十四点五。中国人民生活从短缺走向充裕、从贫困走向小康，现行联合国标准下的七亿多贫困人口成功脱贫，占同期全球减贫人口总数百分之七十以上。

　　——四十年来，中国人民始终上下求索、锐意进取，开辟了中国特色社会主义道路。中国人民坚持立足国情、放眼世界，既强调独立自主、自力更生又注重对外开放、合作共赢，既坚持社会主义制度又坚持社会主义市场经济改革方向，既"摸着石头过河"又加强顶层设计，不断研究新情况、解决新问题、总结新经验，成功开辟出一条中国特色社会主义道路。中国人民的成功实践昭示世人，通向现代化的道路不止一条，只要找准正确方向、驰而不息，条条大路通罗马。

　　——四十年来，中国人民始终与时俱进、一往无前，充分显示了中国力量。中国人民坚持解放思想、实事求是，实现解放思想和改革开放相互激荡、观念创新和实践探索相互促进，充分显示了思想引领的强大力量。中国人民勇于自我革命、自我革新，不断完善中国特色社会主义制度，不断革除阻碍发展的各方面体制机制弊端，充分显示了制度保障的强大力量。中国人民敢闯敢试、敢为人先，积极性、主动性、创造性空前高涨，充分显示了十三亿多人民作为国家主人和真正英雄推动历史前进的强大力量。

——四十年来，中国人民始终敞开胸襟、拥抱世界，积极作出了中国贡献。改革开放是中国和世界共同发展进步的伟大历程。中国人民坚持对外开放基本国策，打开国门搞建设，成功实现从封闭半封闭到全方位开放的伟大转折。中国在对外开放中展现大国担当，从引进来到走出去，从加入世界贸易组织到共建"一带一路"，为应对亚洲金融危机和国际金融危机作出重大贡献，连续多年对世界经济增长贡献率超过百分之三十，成为世界经济增长的主要稳定器和动力源，促进了人类和平与发展的崇高事业。

今天，中国人民完全可以自豪地说，改革开放这场中国的第二次革命，不仅深刻改变了中国，也深刻影响了世界！

"天行有常"，"应之以治则吉"。中国进行改革开放，顺应了中国人民要发展、要创新、要美好生活的历史要求，契合了世界各国人民要发展、要合作、要和平生活的时代潮流。中国改革开放必然成功，也一定能够成功！

中国四十年改革开放给人们提供了许多弥足珍贵的

启示，其中最重要的一条就是，一个国家、一个民族要振兴，就必须在历史前进的逻辑中前进、在时代发展的潮流中发展。

女士们、先生们、朋友们！

放眼全球，当今世界正在经历新一轮大发展大变革大调整，人类面临的不稳定不确定因素依然很多。新一轮科技和产业革命给人类社会发展带来新的机遇，也提出前所未有的挑战。一些国家和地区的人民仍然生活在战争和冲突的阴影之下，很多老人、妇女、儿童依然饱受饥饿和贫穷的折磨。气候变化、重大传染性疾病等依然是人类面临的重大挑战。开放还是封闭，前进还是后退，人类面临着新的重大抉择。

面对复杂变化的世界，人类社会向何处去？亚洲前途在哪里？我认为，回答这些时代之问，我们要不畏浮云遮望眼，善于拨云见日，把握历史规律，认清世界大势。

当今世界，和平合作的潮流滚滚向前。和平与发展是世界各国人民的共同心声，冷战思维、零和博弈愈发陈旧落伍，妄自尊大或独善其身只能四处碰壁。只有坚持和平发展、携手合作，才能真正实现共赢、多赢。

当今世界，开放融通的潮流滚滚向前。人类社会发展的历史告诉我们，开放带来进步，封闭必然落后。世界已经成为你中有我、我中有你的地球村，各国经济社会发展日益相互联系、相互影响，推进互联互通、加快融合发展成为促进共同繁荣发展的必然选择。

当今世界，变革创新的潮流滚滚向前。中国的先人们早在二千五百多年前就认识到："苟利于民，不必法古；苟周于事，不必循俗"。变革创新是推动人类社会向前发展的根本动力。谁排斥变革，谁拒绝创新，谁就会落后于时代，谁就会被历史淘汰。

从顺应历史潮流、增进人类福祉出发，我提出推动构建人类命运共同体的倡议，并同有关各方多次深入交换意见。我高兴地看到，这一倡议得到越来越多国家和人民欢迎和认同，并被写进了联合国重要文件。我希望，各国人民同心协力、携手前行，努力构建人类命运共同体，共创和平、安宁、繁荣、开放、美丽的亚洲和世界。

——面向未来，我们要相互尊重、平等相待，坚持和平共处五项原则，尊重各国自主选择的社会制度和发展道路，尊重彼此核心利益和重大关切，走对话而不对抗、结伴而不结盟的国与国交往新路，不搞唯我独尊、你输我赢的零和游戏，不搞以邻为壑、恃强凌弱的强权霸道，妥善管控矛盾分歧，努力实现持久和平。

——面向未来，我们要对话协商、共担责任，秉持共同、综合、合作、可持续的安全理念，坚定维护以联合国宪章宗旨和原则为核心的国际秩序和国际体系，统筹应对传统和非传统安全挑战，深化双边和多边协作，促进不同安全机制间协调包容、互补合作，不这边搭台、那边拆台，实现普遍安全和共同安全。

——面向未来，我们要同舟共济、合作共赢，坚持走开放融通、互利共赢之路，构建开放型世界经济，加强二十国集团、亚太经合组织等多边框架内合作，推动贸易和投资自由化便利化，维护多边贸易体制，共同打造新技术、新产业、新业态、新模式，推动经济全球化朝着更加开放、包容、普惠、平衡、共赢的方向发展。

——面向未来，我们要兼容并蓄、和而不同，加强双边和多边框架内文化、教育、旅游、青年、媒体、卫生、减贫等领域合作，推动文明互鉴，使文明交流互鉴成为增进各国人民友谊的桥梁、推动社会进步的动力、维护地区和世界和平的纽带。

——面向未来，我们要敬畏自然、珍爱地球，树立绿色、低碳、可持续发展理念，尊崇、顺应、保护自然生态，加强气候变化、环境保护、节能减排等领域交流合作，共享经验、共迎挑战，不断开拓生产发展、生活富裕、生态良好的文明发展道路，为我们的子孙后代留下蓝天碧海、绿水青山。

女士们、先生们、朋友们！

去年十月召开的中共十九大宣告中国特色社会主义进入了新时代，制定了全面建设社会主义现代化强国的宏伟蓝图。中国特色社会主义进入新时代，掀开了实现中华民族伟大复兴的新篇章，开启了加强中国同世界交融发展的新画卷。

一个时代有一个时代的问题，一代人有一代人的使命。虽然我们已走过万水千山，但仍需要不断跋山涉水。在新时代，中国人民将继续自强不息、自我革新，坚定不移全面深化改革，逢山开路，遇水架桥，敢于向顽瘴痼疾开刀，勇于突破利益固化藩篱，将改革进行到底。中国人民将继续大胆创新、推动发展，坚定不移贯彻以人民为中心的发展思想，落实新发展理念，建设现代化经济体系，深化供给侧结构性改革，加快实施创新驱动发展战略、乡村振兴战略、区域协调发展战略，推进精准扶贫、精准脱贫，促进社会公平正义，不断增强人民获得感、幸福感、安全感。中国人民将继续扩大开放、加强合作，坚定不移奉行互利共赢的开放战略，坚持引进来和走出去并重，推动形成陆海内外联动、东西双向互济的开放格局，实行高水平的贸易和投资自由化便利化政策，探索建设中国特色自由贸易港。中国人民将继续与世界同行、为人类作出更大贡献，坚定不移走和平发展道路，积极发展全球伙伴关系，坚定支持多边主义，积极参与推动全球治理体系变革，构建新型国际关系，推动构建人类命运共同体。

无论中国发展到什么程度，我们都不会威胁谁，都不会颠覆现行国际体系，都不会谋求建立势力范围。中国始终是世界和平的建设者、全球发展的贡献者、国际秩序的维护者。

女士们、先生们、朋友们！

综合研判世界发展大势，经济全球化是不可逆转的时代潮流。正是基于这样的判断，我在中共十九大报告中强调，中国坚持对外开放的基本国策，坚持打开国门搞建设。我要明确告诉大家，中国开放的大门不会关闭，只会越开越大！

实践证明，过去四十年中国经济发展是在开放条件下取得的，未来中国经济实现高质量发展也必须在更加开放条件下进行。这是中国基于发展需要作出的战略抉择，同时也是在以实际行动推动经济全球化造福世界各国人民。

在扩大开放方面，中国将采取以下重大举措。

第一，大幅度放宽市场准入。今年，我们将推出几项有标志意义的举措。在服务业特别是金融业方面，去年年底宣布的放宽银行、证券、保险行业外资股比限制的重大措施要确保落地，同时要加大开放力度，加快保险行业开放进程，放宽外资金融机构设立限制，扩大外资金融机构在华业务范围，拓宽中外金融市场合作领域。在制造业方面，目前已基本开放，保留限制的主要是汽车、船舶、飞机等少数行业，现在这些行业已经具备开放基础，下一步要尽快放宽外资股比限制特别是汽车行业外资限制。

第二，创造更有吸引力的投资环境。投资环境就像空气，空气清新才能吸引更多外资。过去，中国吸引外资主要靠优惠政策，现在要更多靠改善投资环境。我们将加强同国际经贸规则对接，增强透明度，强化产权保护，坚持依法办事，鼓励竞争、反对垄断。今年三月，我们组建了国家市场监督管理总局等新机构，对现有政府机构作出大幅度调整，坚决破除制约使市场在资源配置中起决定性作用、更好发挥政府作用的体制机制弊端。今年上半年，我们将完成修订外商投资负面清单工作，全面落实准入前国民待遇加负面清单管理制度。

第三，加强知识产权保护。这是完善产权保护制度最重要的内容，也是提高中国经济竞争力最大的激励。对此，外资企业有要求，中国企业更有要求。今年，我们将重新组建国家知识产权局，完善执法力量，加大执法力度，把违法成本显著提上去，把法律威慑作用充分发挥出来。我们鼓励中外企业开展正常技术交流合作，保护在华外资企业合法知识产权。同时，我们希望外国政府加强对中国知识产权的保护。

第四，主动扩大进口。内需是中国经济发展的基本动力，也是满足人民日益增长的美好生活需要的必然要求。中国不以追求贸易顺差为目标，真诚希望扩大进口，促进经常项目收支平衡。今年，我们将相当幅度降低汽车进口关税，同时降低部分其他产品进口关税，努力增加人民群众需求比较集中的特色优势产品进口，加快加入世界贸易组织《政府采购协定》进程。我们希望发达国家对正常合理的高技术产品贸易停止人为设限，放宽对华高技术产品出口管制。今年十一月，我们将在上海举办首届中国国际进口博览会。这不是一般性的会展，而是我们主动开放市场的重大政策宣示和行动。欢迎各国朋友来华参加。

我想强调的是，我刚才宣布的这些对外开放重大举措，我们将尽快使之落地，宜早不宜迟，宜快不宜慢，努力让开放成果及早惠及中国企业和人民，及早惠及世界各国企业和人民。我相信，经过努力，中国金融业竞争力将明显提升，资本市场将持续健康发展，现代产业体系建设将加快推进，中国市场环境将大大改善，知识产权将得到有力保护，中国对外开放一定会打开一个全新的局面。

五年前，我提出了共建"一带一路"倡议。五年来，已经有八十多个国家和国际组织同中国签署了合作协议。共建"一带一路"倡议源于中国，但机会和成果属于世界，中国不打地缘博弈小算盘，不搞封闭排他小圈子，不做凌驾于人的强买强卖。需要指出的是，"一带一路"建设是全新的事物，在合作中有些不同意见是完全正常的，只要各方秉持和遵循共商共建共享的原则，就一定能增进合作、化解分歧，把"一带一路"打造成为顺应经济全球化潮流的最广泛国际合作平台，让共建"一带一路"更好造福各国人民。

女士们、先生们、朋友们！

"积土而为山，积水而为海。"幸福和美好未来不会自己出现，成功属于勇毅而笃行的人。让我们坚持开放共赢，勇于变革创新，向着构建人类命运共同体的目标不断迈进，共创亚洲和世界的美好未来！

最后，预祝博鳌亚洲论坛二〇一八年年会圆满成功！

谢谢大家。

加强党中央对外事工作的
集中统一领导，努力开创
中国特色大国外交新局面*

（二〇一八年五月十五日）

要加强党中央对外事工作的集中统一领导，准确把握当前国际形势发展变化，锐意进取，开拓创新，努力开创中国特色大国外交新局面，为实现"两个一百年"奋斗目标、实现中华民族伟大复兴的中国梦作出更大贡献。

党的十八大以来，在党中央坚强领导下，我们积极推进外交理论和实践创新，完善和深化全方位外交布局，倡导和推进"一带一路"建设，深入参与全球治理体系改革和建设，坚定捍卫国家主权、安全、发展利益，加强党对外事工作的集中统一领导，走出了一条中国特色大国外交新路，取得了历史性成就。

当今世界不确定不稳定因素增多，我国发展面临的机遇和挑战并存。我们要准确把握国际形势变化的规

---

* 这是习近平同志在中央外事工作委员会第一次会议上讲话的要点。

律，既认清中国和世界发展大势，又看到前进道路上面临的风险挑战，未雨绸缪、妥善应对，切实做好工作。当前和今后一个时期，要深化外交布局，落实重大外交活动规划，增强风险意识，坚定维护国家主权、安全、发展利益。

"一带一路"建设是我们推动构建人类命运共同体的重要实践平台。几年来，"一带一路"建设从理念到行动，发展成为实实在在的国际合作，取得了令人瞩目的成就。要抓好首届"一带一路"国际合作高峰论坛成果的落实，凝聚各方共识，规划合作愿景，扩大对外开放，加强同各国的沟通、协商、合作，推动"一带一路"建设走深走实、行稳致远，更好造福各国人民。

地方外事工作是党和国家对外工作的重要组成部分，对推动对外交往合作、促进地方改革发展具有重要意义。要在中央外事工作委员会集中统一领导下，统筹做好地方外事工作，从全局高度集中调度、合理配置各地资源，有目标、有步骤推进相关工作。

做好新形势下外事工作，中央外事工作委员会要发挥决策议事协调作用，推动外交理论和实践创新，为外事工作不断开创新局面提供有力指导。要强化顶层设计和统筹协调，提高把方向、谋大局、定政策能力，推进对外工作体制机制改革，加强外事工作队伍建设，抓好重点工作的推进、检查、督办，确保党中央对外决策部署落到实处。

弘扬"上海精神"，构建命运共同体[*]

（二〇一八年六月十日）

尊敬的各位同事：

六月的青岛，风景如画。在这美好的时节，欢迎大家来到这里，出席上海合作组织成员国元首理事会第十八次会议。早在二千五百多年前，中国古代伟大的思想家孔子就说："有朋自远方来，不亦乐乎?"今天，孔子的故乡山东喜迎远道而来的各方贵宾，我们在这里共商上海合作组织发展大计，具有特殊意义。

再过五天，上海合作组织将迎来十七岁生日。抚今追昔，本组织走过了不平凡的发展历程，取得了重大成就。

十七年来，我们以《上海合作组织宪章》、《上海合作组织成员国长期睦邻友好合作条约》为遵循，构建起不结盟、不对抗、不针对第三方的建设性伙伴关系。这是国际关系理论和实践的重大创新，开创了区域合作新模式，为地区和平与发展作出了新贡献。

---

* 这是习近平同志在山东青岛举行的上海合作组织成员国元首理事会第十八次会议上的讲话。

今天，上海合作组织是世界上幅员最广、人口最多的综合性区域合作组织，成员国的经济和人口总量分别约占全球的百分之二十和百分之四十。上海合作组织拥有四个观察员国、六个对话伙伴，并同联合国等国际和地区组织建立了广泛的合作关系，国际影响力不断提升，已经成为促进世界和平与发展、维护国际公平正义不可忽视的重要力量。

上海合作组织始终保持旺盛生命力、强劲合作动力，根本原因在于它创造性地提出并始终践行"上海精神"，主张互信、互利、平等、协商、尊重多样文明、谋求共同发展。这超越了文明冲突、冷战思维、零和博弈等陈旧观念，掀开了国际关系史崭新的一页，得到国际社会日益广泛的认同。

各位同事！

"孔子登东山而小鲁，登泰山而小天下"。面对世界大发展大变革大调整的新形势，为更好推进人类文明进步事业，我们必须登高望远，正确认识和把握世界大势和时代潮流。

尽管当今世界霸权主义和强权政治依然存在，但推动国际秩序朝着更加公正合理方向发展的呼声不容忽视，国际关系民主化已成为不可阻挡的时代潮流。

尽管各种传统和非传统安全威胁不断涌现，但捍卫和平的力量终将战胜破坏和平的势力，安全稳定是人心所向。

　　尽管单边主义、贸易保护主义、逆全球化思潮不断有新的表现，但"地球村"的世界决定了各国日益利益交融、命运与共，合作共赢是大势所趋。

　　尽管文明冲突、文明优越等论调不时沉渣泛起，但文明多样性是人类进步的不竭动力，不同文明交流互鉴是各国人民共同愿望。

　　各位同事！

　　当前，世界发展既充满希望，也面临挑战，我们的未来无比光明，但前方的道路不会平坦。我们要进一步弘扬"上海精神"，破解时代难题，化解风险挑战。

　　——我们要提倡创新、协调、绿色、开放、共享的发展观，实现各国经济社会协同进步，解决发展不平衡带来的问题，缩小发展差距，促进共同繁荣。

　　——我们要践行共同、综合、合作、可持续的安全观，摒弃冷战思维、集团对抗，反对以牺牲别国安全换取自身绝对安全的做法，实现普遍安全。

　　——我们要秉持开放、融通、互利、共赢的合作观，拒绝自私自利、短视封闭的狭隘政策，维护世界贸易组织规则，支持多边贸易体制，构建开放型世界经济。

　　——我们要树立平等、互鉴、对话、包容的文明观，以文明交流超越文明隔阂，以文明互鉴超越文明冲突，以文明共存超越文明优越。

　　——我们要坚持共商共建共享的全球治理观，不断改革完善全球治理体系，推动各国携手建设人类命运共同体。

各位同事！

"上海精神"是我们共同的财富，上海合作组织是我们共同的家园。我们要继续在"上海精神"指引下，同舟共济，精诚合作，齐心协力构建上海合作组织命运共同体，推动建设新型国际关系，携手迈向持久和平、普遍安全、共同繁荣、开放包容、清洁美丽的世界。为此，我愿提出以下建议。

第一，凝聚团结互信的强大力量。我们要全面落实青岛宣言、长期睦邻友好合作条约实施纲要等文件，尊重各自选择的发展道路，兼顾彼此核心利益和重大关切，通过换位思考增进相互理解，通过求同存异促进和睦团结，不断增强组织的凝聚力和向心力。

第二，筑牢和平安全的共同基础。我们要积极落实打击"三股势力"二〇一九至二〇二一年合作纲要，继续举行"和平使命"等联合反恐演习，强化防务安全、执法安全、信息安全合作。要发挥"上海合作组织—阿富汗联络组"作用，促进阿富汗和平重建进程。未来三年，中方愿利用中国—上海合作组织国际司法交流合作培训基地等平台，为各方培训二千名执法人员，强化执法能力建设。

第三，打造共同发展繁荣的强劲引擎。我们要促进发展战略对接，本着共商共建共享原则，推进"一带一路"建设，加快地区贸易便利化进程，加紧落实国际道路运输便利化协定等合作文件。中国欢迎各方积极参与今年十一月将在上海举办的首届中国国际进口博览会。中国政府支持在青岛建设中国—上海合作组织地方经贸合作示范区，还将设立"中国—上海合作组织法律服务委员会"，为经贸合作提供法律支持。

我宣布，中方将在上海合作组织银行联合体框架内设立三百亿元人民币等值专项贷款。

第四，拉紧人文交流合作的共同纽带。我们要积极落实成员国环保合作构想等文件，继续办好青年交流营等品牌项目，扎实推进教育、科技、文化、旅游、卫生、减灾、媒体等各领域合作。未来三年，中方将为各成员国提供三千个人力资源开发培训名额，增强民众对上海合作组织大家庭的了解和认同。中方愿利用风云二号气象卫星为各方提供气象服务。

第五，共同拓展国际合作的伙伴网络。我们要强化同观察员国、对话伙伴等地区国家交流合作，密切同联合国等国际和地区组织的伙伴关系，同国际货币基金组织、世界银行等国际金融机构开展对话，为推动化解热点问题、完善全球治理作出贡献。

各位同事！

一年来，在各成员国大力支持和帮助下，中方完成了主席国工作，并举办了本次峰会。在这里，我向大家表示诚挚的谢意。中方愿同各成员国一道，本着积极务实、友好合作的精神，全面落实本次会议的共识，支持下一任主席国吉尔吉斯斯坦的工作，携手创造本组织更加光明的美好未来！

　　谢谢各位。

坚持以新时代中国特色社会主义外交思想为指导，努力开创中国特色大国外交新局面[*]

（二〇一八年六月二十二日）

我国对外工作要坚持以新时代中国特色社会主义外交思想为指导，统筹国内国际两个大局，牢牢把握服务民族复兴、促进人类进步这条主线，推动构建人类命运共同体，坚定维护国家主权、安全、发展利益，积极参与引领全球治理体系改革，打造更加完善的全球伙伴关系网络，努力开创中国特色大国外交新局面，为全面建成小康社会、进而全面建设社会主义现代化强国创造有利条件、作出应有贡献。

党的十八大以来，在党中央坚强领导下，面对国际形势风云变幻，我国对外工作攻坚克难、砥砺前行、波澜壮阔，开创性推进中国特色大国外交，经历了许多风险考验，打赢了不少大仗硬仗，办成了不少大事难事，

---

[*] 这是习近平同志在中央外事工作会议上讲话的要点。

取得了历史性成就。在实践中，我们积累了有益经验和深刻体会，对外工作要坚持统筹国内国际两个大局，坚持战略自信和保持战略定力，坚持推进外交理论和实践创新，坚持战略谋划和全球布局，坚持捍卫国家核心和重大利益，坚持合作共赢和义利相兼，坚持底线思维和风险意识。

党的十八大以来，我们深刻把握新时代中国和世界发展大势，在对外工作上进行一系列重大理论和实践创新，形成了新时代中国特色社会主义外交思想，概括起来主要有以下十个方面：坚持以维护党中央权威为统领加强党对对外工作的集中统一领导，坚持以实现中华民族伟大复兴为使命推进中国特色大国外交，坚持以维护世界和平、促进共同发展为宗旨推动构建人类命运共同体，坚持以中国特色社会主义为根本增强战略自信，坚持以共商共建共享为原则推动"一带一路"建设，坚持以相互尊重、合作共赢为基础走和平发展道路，坚持以深化外交布局为依托打造全球伙伴关系，坚持以公平正义为理念引领全球治理体系改革，坚持以国家核心利益为底线维护国家主权、安全、发展利益，坚持以对外工作优良传统和时代特征相结合为方向塑造中国外交独特风范。我们要全面贯彻落实新时代中国特色社会主义外交思想，不断为实现中华民族伟大复兴的中国梦、推动构建人类命运共同体创造良好外部条件。

把握国际形势要树立正确的历史观、大局观、角色观。所谓正确历史观，就是不仅要看现在国际形势什么样，而且要端起历史望远镜回顾过去、总结历史规律，展望未来、把握历史前进大势。所谓正确大局观，就是不仅要看到现象和细节怎么样，而且要把握本质和全局，抓住主要矛盾和矛盾的主要方面，避免在林林总总、纷纭多变的国际乱象中迷失方向、舍本逐末。所谓正确角色观，就是不仅要冷静分析各种国际现象，而且要把自己摆进去，在我国同世界的关系中看问题，弄清楚在世界格局演变中我国的地位和作用，科学制定我国对外方针政策。当前，我国处于近代以来最好的发展时期，世界处于百年未有之大变局，两者同步交织、相互激荡。做好当前和今后一个时期对外工作具备很多国际有利条件。

从党的十九大到党的二十大，是实现"两个一百年"奋斗目标的历史交汇期，在中华民族伟大复兴历史进程中具有特殊重大意义。纵观人类历史，世界发展从来都是各种矛盾相互交织、相互作用的综合结果。我们要深入分析世界转型过渡期国际形势的演变规律，准确把握历史交汇期我国外部环境的基本特征，统筹谋划和推进对外工作。既要把握世界多极化加速推进的大势，又要重视大国关系深入调整的态势。既要把握经济全球化持续发展的大势，又要重视世界经济格局深刻演变的动向。既要把握国际环境总体稳定的大势，又要重视国际安全挑战错综复杂的局面。既要把握各种文明交流互鉴的大势，又要重视不同思想文化相互激荡的现实。

对外工作要根据党中央统一部署，加强谋篇布局，突出工作重点，抓好工作。要围绕党和国家工作重要节点，推动对外工作不断开创新局面。未来五年第一个百年奋斗目标要实现，第二个百年奋斗目标要开篇，其中有一系列重要时间节点和重大活动。对外工作要以此为坐标，通盘考虑，梯次推进，既整体布局又突出重点，既多点开花又精准发力，发挥综合积极效应。要高举构建人类命运共同体旗帜，推动全球治理体系朝着更加公正合理的方向发展。要坚持共商共建共享，推动"一带一路"建设走实走深、行稳致远，推动对外开放迈上新台阶。要运筹好大国关系，推动构建总体稳定、均衡发展的大国关系框架。要做好周边外交工作，推动周边环境更加友好、更加有利。要深化同发展中国家团结合作，推动形成携手共进、共同发展新局面。广大发展中国家是我国在国际事务中的天然同盟军，要坚持正确义利观，做好同发展中国家团结合作的大文章。要深入推动中国同世界深入交流、互学互鉴。

外交是国家意志的集中体现，必须坚持外交大权在党中央。要增强政治意识、大局意识、核心意识、看齐意识，坚决维护党中央权威和集中统一领导，自觉在思想上政治上行动上同党中央保持高度一致，确保令行禁止、步调统一。对外工作是一个系统工程，政党、政府、人大、政协、军队、地方、民间等要强化统筹协调，各有侧重，相互配合，形成党总揽全局、协调各方的对外工作大协同局面，确保党中央对外方针政策和战略部署落到实处。

政治路线确定之后，干部就是决定的因素。要建设一支忠于党、忠于国家、忠于人民，政治坚定、业务精湛、作风过硬、纪律严明的对外工作队伍。要加强理想信念教育，提高外事干部队伍的专业能力和综合素质。要改善驻外人员工作生活条件，为大家解决后顾之忧，把党中央关怀落到实处。

对外工作体制机制改革是推进国家治理体系和治理能力现代化的内在要求。要根据党中央统一部署，落实对外工作体制机制改革，加强驻外机构党的建设，形成适应新时代要求的驻外机构管理体制。

图书在版编目(CIP)数据

论坚持推动构建人类命运共同体／习近平著.—北京：中央文献出版社，2018.10

ISBN 978-7-5073-4678-7

Ⅰ.①论… Ⅱ.①习… Ⅲ.①习近平-著作-学习参考资料②国际关系-学习参考资料 Ⅳ.①D2-0 ②D80

中国版本图书馆 CIP 数据核字(2018)第 228703 号

论坚持推动构建人类命运共同体

LUN JIANCHI TUIDONG GOUJIAN RENLEI MINGYUN GONGTONGTI

中央文献出版社 出版发行

http://www.zywxpress.com

(北京市西城区前毛家湾 1 号 邮编：100017 电话：010-63097018/66183303)

北京盛通印刷股份有限公司印刷

787 毫米×1092 毫米 16 开本 34.75 印张 319 千字

2018 年 10 月第 1 版 2021 年 1 月第 4 次印刷

ISBN 978-7-5073-4678-7 定价：92.00 元